COMMANDANT DE BELVÈZE

LETTRES

CHOISIES DANS SA CORRESPONDANCE

1824 — 1875

BOURGES

TYPOGRAPHIE PIGELET ET FILS ET TARDY

15, Rue Joyeuse, 15

1882

LE COMMANDANT DE BELVÉZE

1801 + 1875

Héliog.^re et imp. Lemercier et Cie Paris

LE

COMMANDANT DE BELVÈZE

LETTRES

LE

COMMANDANT DE BELVÈZE

LETTRES

CHOISIES DANS SA CORRESPONDANCE

1824 — 1875

BOURGES

TYPOGRAPHIE PIGELET ET FILS ET TARDY

15, *Rue Joyeuse*, 15

—

1882

Tiré à 300 exemplaires,

dont le n° a été offert par Madame de Belvèze

à M

AVANT-PROPOS

Parmi les papiers de notre père nous avons retrouvé une correspondance qu'il avait précieusement conservée et qui en était très-digne par son charme affectueux, sa grâce littéraire et sa verve intarissable. Cette correspondance est celle du commandant de Belvèze, son camarade d'école polytechnique et son plus intime ami. Nous avons eu la pensée de l'offrir, pour la publier, à Madame de Belvèze, qui nous a accueillis avec un empressement digne de son cœur, et s'est montrée heureuse d'élever ainsi à ses frais ce modeste monument à la mémoire de son mari; nous la remercions de sa pieuse libéralité en notre nom et, aussi, croyons-nous pouvoir ajouter, au nom des lecteurs privilégiés de ce recueil qui s'associeront à ce témoignage de reconnaissance.

Nous y joignons sur son conseil les lettres de quelques amis et les plus notables de celles que l'on conserve aux archives de la marine, pour combler les lacunes de cette collection qui composera une sorte de biogra-

phie écrite par le Commandant lui-même. Cependant, comme un lien était nécessaire entre ces fragments biographiques, nous avons emprunté à M. Denis de Thézan quelques passages d'une notice écrite il y a quelques années, et nous y avons ajouté ses recherches savantes sur les origines de la famille de Belvèze. On nous saura gré de ces emprunts, où l'érudition n'a pas étouffé la grâce du style, ni éteint les sentiments les plus délicats de l'amitié.

HUBERT et GEORGES ROHAULT DE FLEURY.

NOTICE BIOGRAPHIQUE

ET HISTORIQUE

Le nom de Belvèze, qu'on trouve aussi orthographié Belvèse, Betbèze; et en latin : *de Bello viso, de Bello videre,* est essentiellement méridional. Il existe, tant en Languedoc qu'en Guienne, diverses localités portant cette désignation. A laquelle la famille du commandant Belvèze a pris ou donné son nom, c'est ce qu'il serait oiseux de rechercher.

Quoiqu'il en soit, le nom de Belvèze apparaît dans des chartes et dans des montres militaires depuis le XIIIe siècle, comme on va le voir par la succession chronologique, sinon sûrement directe, qui va suivre.

Manfred de Belvèze est inscrit au commencement du XIIIe siècle parmi les rares seigneurs séculiers du Languedoc qui, désertant l'étendard des comtes de Toulouse, se rangèrent sous la bannière des Français du nord, dans la croisade dite des Albigeois.

Pierre de Belvèze, frère servant de l'ordre du Temple, était détenu en 1310 dans les prisons d'Alais, en Languedoc, par suite de la procédure contre cet ordre.

Bernard de Belvèze apparaît, en 1339, avec la qualité de sergent d'armes du roi de France et viguier royal de Carcassonne, Minervois et Cabardès.

Arnaud-Guillem de Belvèze est également qualifié sergent d'armes du roi et châtelain du château de Montréal, au diocèse de Carcassonne, en 1347 et 1354.

Jean de Belvèze était lieutenant d'épée du sénéchal de Toulouse en 1355.

Guillaume de Belvèze assista à Saint-Afrique (Rouergue), à la revue des gens de guerre faite le 2 juillet 1387, par M. de Soulages, sur le commandement du comte d'Armagnac, capitaine-général-ès-pays de Languedoc et de Guienne.

Bertrannet de Belvèze figure au nombre des cinquante arbalétriers servant sous la charge et conduite du comte de Foix, qui fit montre à Montpellier, le 10 septembre 1431.

Guillaume-Arnaud de Belvèze et Jacquet de Belvèze furent élus capitouls de Toulouse en 1453 et 1480; et on lit dans un mémoire relatif à la fondation du grand couvent de Saint-François de Toulouse, que sa restauration est due à la famille de Belvèze de la Bastide, en Lauraguais. Le capitoul Jacques de Belvèze est rappelé dans ce document, avec la qualité d'écuyer, ainsi que Denis de Belvèze, baron de la Bastide et seigneur du Petit-Paradis, mort en 1541 et inhumé dans l'église dudit couvent. Denis de Belvèze, qui était maître et visiteur des ports et passages des sénéchaussées de Toulouse et Bigorre en 1523, résigna sa charge à son fils, qui suit :

Jean de Belvèze, qui occupait ces fonctions en 1540, mourut en 1544.

Arnaud de Belvèze, archer dans la compagnie du roi de Navarre, assista à la revue passée à Condom, le 23 juillet 1550. Nous croyons que c'est le même qui, en qualité d'homme d'armes sous la charge et conduite du prince de Navarre, se trouvait à Villeneuve-d'Agen, le 15 juillet 1563.

Guillaume de Belvèze était homme d'armes dans la compagnie de M. de Bellegarde, en 1572.

N. de Belvèze, châtelain et gouverneur de Ceintegabelle en Lauraguais, reçut, lors de la démolition de ce château faite par ordre du roi, en 1633, la somme de 12,000 livres, laquelle fut imposée sur les diocèses voisins.

Guion de Belvèze, prieur de Langogne, au diocèse de Mende, en 1669, avait pour neveu François de Belvèze, sieur de Jonchères, maintenu dans sa noblesse à cette époque.

Jean de Belvèze, major du régiment de cavalerie Dauphin-Étranger, donna quittance de ses appointements, au camp d'Auvermulen, le 5 octobre 1690. Il était lieutenant-colonel de ce régiment, lorsqu'il fut décoré de la croix de Saint-Louis, en 1694.

Enfin le capitaine Belvèze, du régiment du colonel d'Arnaud, fut tué par les Camisards, dans une attaque près Vezenobre, en 1703.

Arrêtons-nous ici. Longtemps habitants de Montauban, les Belvèze embrassèrent le protestantisme. Ils durent dès lors perdre beaucoup de leur lustre ; mais après leur abjuration, ils figurent dans les plus honorés de cette cité. Trois Belvèze occupèrent successivement, au dernier siècle, la mairie de Montauban : ils étaient les prédécesseurs directs de celui qui donne lieu à cette notice.

Paul-Henry de Belvèze, fils d'Antoine-Jean-François-Élisabeth de Belvèze et de dame Marie-Joseph-Jeanne Garrigues de Saint-Faust, naquit à Montauban le 11 mars 1801. Reçu élève à l'École polytechnique le 1er novembre 1820, il entra le 1er novembre 1822 dans la marine royale, en qualité d'élève de première classe. L'année suivante, il fit partie de l'expédition des colonies espagnoles et assista à leur chute ; le 22 mai 1825 il était nommé enseigne de vaisseau ; et le 16 avril 1837 élevé au grade de capitaine de frégate. Le ministre de la marine le prenait pour un de ses aides de camp le 1er juin suivant. Enfin, par ordonnance royale du 8 septembre 1846, il fut fait capitaine de vaisseau.

Si brillants qu'eussent été ses débuts militaires, on ne tarda pas à reconnaître chez lui des qualités de diplomate plus éminentes encore que celles de marin. On lui confia dès lors diverses missions en Espagne, en Grèce, aux Lieux-Saints, dont il s'acquitta toujours avec la plus rare habileté. En 1849, monté sur *Le Panama*, il participa à l'expédition romaine, puis fut chargé de commander l'escadre de l'Adriatique au milieu de la lutte entre l'Autriche et l'Italie. Il devait sauvegarder l'influence française en évitant un conflit que la moindre imprudence pouvait soulever. C'est ce qu'il sut faire avec autant de tact que de fermeté. A l'issue de cette campagne, il fut promu officier de la Légion d'honneur. En 1852, il était nommé commandeur. Il fut appelé plus tard au conseil d'Amirauté.

Lorsqu'il s'agit de renouer les anciennes relations françaises avec le Canada (1855) le ministre de la marine jeta les yeux sur M. de Belvèze et lui donna le commandement de l'expédition. Rétablir notre influence dans la colonie si pleine encore de sympathies pour la France, ménager les susceptibilités anglaises, étendre nos traités de commerce : telle était la nouvelle tâche dans laquelle il devait comme toujours se montrer un esprit supérieur. Homme de mer aussi brave qu'expérimenté, diplomate consommé, il fit preuve à Montréal de la verve et de l'éloquence d'un véritable orateur. Les Canadiens, qui saluaient alors en lui le souvenir de leur ancienne patrie, furent vivement émus par cette parole aisée et spirituelle, vive et mesurée, dans l'accent de laquelle ils reconnaissaient un écho de la France. A partir de cette expédition un consulat français fut établi au Canada.

Les souverains dont ses missions l'avaient rapproché lui témoignèrent leur haute estime; il fut ainsi revêtu des insignes de commandeur de Saint-Grégoire-le-Grand, d'Isabelle la Catholique, du Sauveur de Grèce, du Nichan et du Saint-Sépulcre. Sa mise à la retraite en 1861 termina une carrière si brillamment commencée sur *Le Scipion* dans sa lutte contre les brûlots de Navarin. Libre de lui-même, encore dans la force de l'âge et dans toute l'activité de l'intelligence, M. de Belvèze put dès lors consacrer presque tout son temps aux devoirs de l'amitié. Il en est résulté une correspondance qui mérite les honneurs de la publicité. On remarque tout à la fois dans ces lettres un style étincelant d'esprit et d'originalité, joint à la sûreté d'expression de l'homme d'État, dans le jugement qu'il porte sur les événements contemporains. M. de Belvèze possédait au plus haut degré le secret de l'art épistolaire et s'y réflétait tout entier. Son style ressemblait à sa vive physionomie, à son sourire qui s'ouvrait dans l'ironie pour s'effacer sous une expression d'ineffable bonté.

Au commencement de l'année 1875, après un voyage à Rome où S. S. Pie IX, qu'il avait connu dans sa mission du Chili, le bénit avec effusion, le commandant de Belvèze revint habiter son hôtel à Toulon. Bientôt il y ressentit les atteintes d'une maladie inexorable qu'avaient peut-être développés des deuils cruels accumulés sur ses dernières années. Il s'aperçut lui-même de la gravité du mal et prit avec un rare sang-froid ses dispositions suprêmes. Il consacra ses derniers moments à la religion, à la foi catholique, dans les bras de laquelle il s'endormit, le 8 février de la même année, avec la résignation et la simplicité d'un marin chrétien.

NOTES DE SES CHEFS

Fort instruit, fort capable, il me seconde parfaitement dans la mission hydrographique que je remplis. (Le lieut. de vaisseau Baral, comm'. de *L'Émulation*, 1ᵉʳ mai 1831.)

La conduite de M. de Belvèze, lors de la voie d'eau qui s'est manifestée à bord de *L'Émulation*, a été louable sous tous les rapports, c'est à son énergie qu'est due la conservation de toutes les munitions et des vivres. (Cap. de c^{te} Ollivier comm' *La Perle*, côtes de Catalogne, 5 décembre 1835.)

Témoignage de satisfaction sur le courage et le dévouement dont cet officier a fait preuve lors du terrible ouragan qui a éclaté à Barcelone le 22 décembre. (Le Ministre à M. de Belvèze.)

M. de Belvèze a une intelligence et un caractère au-dessus de la ligne commune, je demande pour lui le grade de capitaine de vaisseau. (Vice-amiral Baudin, préfet maritime de Toulon, 23 mai 1846.)

Au milieu des circonstances très-critiques où s'est trouvé *Le Panama*, M. de Belvèze a su déployer les qualités les plus élevées du commandement. Son sang-froid, sa fermeté, la confiance qu'il a su inspirer à son équipage et à ses passagers, son habileté et les sages mesures qu'il a su prendre pour arracher *Le Panama* à une perte certaine lui ont acquis de nouveaux titres à l'intérêt de Votre Excellence. Je n'hésite pas à vous le signaler comme un des capitaines les plus capables et les plus dignes de commander. (Parseval, préfet maritime de Toulon, 2 février 1848.)

M. de Belvèze avait épousé à Paris, le 11 février 1833, Mlle Suzanne-Baptistine-Victoire-Louise Émériau. Il paraît donc convenable de rappeler ici succinctement l'origine de la famille Émériau, ses alliances et quelques souvenirs de la glorieuse vie de l'amiral, père de Madame de Belvèze.

D'une ancienne noblesse d'Écosse, la famille Émériau se réfugia en Bretagne à la suite des Stuart ; et, ce fait établi, sans aller rechercher outre-mer le passé de son ascendance, il suffira de constater ici qu'à l'encontre des familles qui émigrent par suite des bagares politiques ou pour cause de religion, les Émériau conservèrent, quant aux alliances — fait capital en Bretagne — un lustre tout particulier.

Joseph Émériau, qualifié noble, né vers 1700, mort à Carhaix, le 10 avril 1754, avait épousé demoiselle *Julienne de Piéfort*, d'une famille noble du Mans, aussi décédée à Carhaix, le 21 octobre 1771. De cette union vint :

Noble Louis-François Émériau, qui s'allia en 1761 à demoiselle *Suzanne-Françoise Pourcelet de Beauverger*, fille de noble François-Joseph Pourcelet, seigneur de Beauverger, de Tréveret, de Goariva, de Maisonblanche et autres lieux, et de dame *Marie-Thérèse de Labbaye de Maisonneuve*, dame de Penanguer, petite-fille, par sa mère, du vicomte *de Barry-Buttevant*, des marquis de Barrymore, gouverneur des Iles du Vent. Madame Émériau avait, entr'autres, pour frère et sœurs :

1° Maurice-Yves Pourcelet de Beauverger de Tréveret, écuyer, seigneur de Tréveret, de Goariva, de l'Isle, etc., conseiller du roi et son bailli civil et criminel en la juridiction royale de Carhaix, maire de ladite ville, subdélégué de l'Intendance de Bretagne, et plusieurs fois député aux États de la province, qui l'envoyèrent en mission particulière près du Saint-Père, en 1758. Il est mort sans alliance.

2° Jeanne-Françoise Pourcelet de Beauverger, mariée en 1750 à noble *Joseph-Louis Buet du Plessis*, écuyer, sieur de Rosselin et de Campostal, issu de Geraud Buet, chevalier croisé en 1108 et dont Aymeric Buet, chevalier de l'Ordre du Temple en 1307, et François Buet, chevalier de Saint-Jean de Jérusalem en 1522. De cette union vinrent :

A. — Marie-Joseph Buet de Rosselin, mariée à *Charles-François le Frotter*, seigneur de Poulmestre, chef des nom et armes de sa maison, dont deux fils, morts lieutenants de vaisseau à la fleur de l'âge ;

B. — Marie-Jeanne Buet de Rosselin, qui donna sa main au chevalier *François-Louis de Kerimel de Kerveno*, capitaine des frégates du roi et chevalier de Saint-Louis, issu de Geoffroy de Kerimel, maréchal de Bretagne, en 1380 ;

C. — Marie-Victoire Buet de Rosselin, femme de *Jean-Baptiste-Charles de Thézan de Gaussan*, marquis de Thézan, officier supérieur d'infanterie, etc., d'une famille méridionale connue depuis le xe siècle et dont le nom est inscrit dans les salles des croisades, au musée de Versailles.

3° Marie-Louise-Eulalie Pourcelet de Beauverger, demoiselle de Goariva, fut femme de noble *Jean-Joseph Veller*, sieur de Kersalaun, de Goaremou, de Croixmen et de Chefdubois, d'une famille noble, originaire de Flandre, dont une fille unique : (*a*) Marie-Louise Veller de Kersalaun, femme de *René-Jean-Guillaume de Luce*, officier de la Légion d'honneur, commandant le corps de la gendarmerie française en Espagne, tué à l'ennemi en 1808. Jean-Joseph Veller de Kersalaun était oncle du colonel Veller de Chefdubois, chevalier de Saint-Louis, officier de la Légion d'honneur, qui, à la tête du 3e de ligne, eut la mâchoire emportée à la bataille de Toulouse, en 1814.

Louis-François Émériau, mort en 1789, laissa de son alliance avec mademoiselle de Beauverger, morte à Carhaix, à l'âge de 84 ans, en 1820 :

1° Maurice-Julien, comte Émériau, qui va suivre ;

2° Louis-Joseph Émériau, né en 1775, était chef de bataillon d'artillerie de marine, quand, grièvement blessé à Bautzen, il fut fait lieutenant-colonel sur le champ de bataille, où il mourut bientôt après, ayant eu une jambe emportée par un boulet. Il avait épousé demoiselle *Anne-Honorine Garnier de Saint-Maurice*, sœur de Thérèse-Éléonore, femme de *Jean-Baptiste-Charles de Saurin*, issu au quatrième degré de Charles de Saurin, chevalier de Saint-Louis, capitaine de vaisseau au département de Toulon, marié en 1712 avec *Élisabeth de Thézan,* mère de Charles de Saurin, aussi capitaine de vaisseau et chevalier de Saint-Louis. Louis-Joseph Émériau fut père d'un fils unique :

A. — Augustin-Victor-Maurice Émériau, lieutenant en premier au 2° régiment des carabiniers, mort à Rambouillet au mois de mai 1844, sans avoir contracté d'alliance.

3° Tréfine-Louise Émériau, née en 1767, mariée en 1806 avec *Alexandre-Dominique-Joseph Augeard*, alors capitaine au 15e régiment de ligne, officier de la Légion d'honneur, tué, étant lieutenant-colonel, devant Dantzig en 1813, et dont la postérité est éteinte.

Maurice-Julien Émériau, comte de l'Empire, né à Carhaix en 1762, entra dans la marine royale comme volontaire en 1776, fit l'expédition d'Amérique, où il reçut plusieurs blessures et fut décoré de l'ordre de Cincinnatus. Sous-lieutenant de vaisseau en 1786, il fut fait capitaine de vaisseau en 1794. Commandant *Le Spartiate* et chef de file à l'expédition d'Égypte, il fit des prodiges de valeur à la bataille d'Aboukir. Contre-amiral en 1803 et préfet maritime à Toulon, il y remplit ces fonctions jusqu'à 1811. Commandant en chef de toutes les forces de la Méditerranée, il fut créé vice-amiral en 1813 et inspecteur-général des côtes. Il était grand-officier de la Légion d'honneur et grand'croix de l'ordre de la Réunion, quand Louis XVIII le nomma chevalier de Saint-Louis et grand'croix de la Légion d'honneur. Louis-Philippe l'appela à la pairie en 1831. Il est mort en 1845. Le nom de l'amiral Émériau est inscrit sur l'arc-de-triomphe de l'Étoile.

On a vu que l'amiral avait pour aïeul maternel noble *François-Joseph Pourcelet de Beauverger*, mari de dame *Marie-Thérèse de Labbaye*. Celle-ci comptait dans ses ancêtres Alain de Labbaye, chevalier, qui, en 1276, ratifia un bail à rachat fait par Olivier de Montauban, chevalier ; et par suite du mariage de ses frères et sœurs, elle tenait aux *Folliot de Fierville*, dont le général comte de Crenneville, grand chambellan de Sa Majesté l'Empereur d'Autriche et chevalier de la Toison d'or ; — aux *de Lécluse de Longraye*, dont plusieurs officiers supérieurs, tous chevaliers de Saint-Louis ; — aux *Pilot de Mesanrun*, dont un capitaine de vaisseau, en l'an VII ; — aux *Palasne de Champeaux*, dont un adjudant-général des armées françaises et plusieurs capitaines de vaisseaux ; — aux *Aubert de Vincelles*, dont des capitaines de vaisseaux, des colonels d'artillerie, etc.; — aux *du Clos-Guyot*, dont deux généraux du génie ; — aux *de Leissègues*, dont un vice-amiral, cordon rouge, mort en 1832 ; etc., etc.

Quant à la famille *de Pourcelet* ou *Porcelet*, issue des anciens comtes de Castille, elle était en possession de la co-seigneurie de la ville d'Arles dès l'an 1000, et les armes de Bertrand Pourcelet, l'un des héros de la première croisade, sont rapportées dans les salles du musée de Versailles. La descendance de ce Bertrand a donné cinq prélats, dont un évêque de Digne en 1200 ; un évêque-prince de Metz en 1261 ; un évêque-comte de Toul, prince du saint-empire, camérier d'honneur de Clément VIII, de Léon XI et référendaire de Paul V ; elle compte des officiers-généraux, un grand nombre de chevaliers du Temple et de Malte, dont plusieurs dignitaires. Mais dans la foule d'illustrations de cette maison, et qu'il serait beaucoup trop long de rappeler ici, deux noms sont à citer : Guillaume et autre Guillaume Pourcelet. L'un, ayant armé et mené un corps de troupes à la croisade de 1188, sauva par sa présence d'esprit le roi Richard d'Angleterre, tombé dans une embuscade de Sarrasins ; l'autre, grand-maître d'hôtel du roi Charles Ier d'Anjou, conseiller d'État, gouverneur de Pouzzol, marquis de Fos en Provence, etc., fut le seul Français que ses qualités et ses mérites firent épargner dans le massacre dit des *Vêpres Siciliennes*, dont la première fête commémorative a été célébrée à Palerme en 1882 !...

Les Pourcelet s'apparentaient à la maison royale de France et aux princes de Condé et de Conti, par Louise de Pourcelet, baronne de Portes, bisaïeule de Louis de Bourbon, prince de Condé, surnommé *le Grand* ; aux races souveraines d'Autriche (saint Reynaud de Pourcelet, évêque de Digne en 1324, était petit-fils de Barbe d'Autriche, fille du duc d'Autriche) ; de Lorraine (Jean Pourcelet de Maillane, maréchal de Lorraine, était beau-frère du duc) ; de Savoie, etc.; enfin aux ducs d'Anjou, de Bourgogne, aux dauphins d'Auvergne, aux princes de Baux, de Nassau, d'Orange, etc., etc.

Telle fut la noble race de laquelle naquit à Carhaix, comme on a dit, en 1762, l'amiral Émériau. Il n'avait pas encore quatorze ans, lorsqu'il s'embarqua à Brest comme volontaire d'honneur. Dès le début de la guerre d'Amérique, en 1778, il se fit particulièrement remarquer du comte d'Estaing à la prise de Grenade, où il monta un des premiers à l'assaut, puis aux combats qui eurent lieu en mars 1780 et dans l'un desquels il fut blessé au pied droit.

Au siége de Savannah, il sauta le premier dans la tranchée,

il fut grièvement atteint à l'œil droit et reçut à cette occasion le brevet de lieutenant de frégate.

Nommé sous-lieutenant de vaisseau en 1786, il remplit à Saint-Domingue diverses missions délicates. Monté sur *L'Embuscade*, il exécuta diverses croisières suivies de captures avantageuses. Il contribua efficacement, par son habileté, à ramener en France 400 bâtiments qui, indépendamment de leur cargaison coloniale, estimée plus de cent millions, apportaient à la population, réduite à la plus affreuse disette, environ 400,000 barils de farine. La valeur de cet exploit fut encore augmentée, pendant la traversée, par la prise de quarante navires ennemis richement approvisionnés.

A Aboukir, il soutint sur *Le Spartiate* une lutte désespérée. Attaqué en même temps par quatre vaisseaux anglais, parmi lesquels *Le Wangard*, monté par l'amiral Nelson, le capitaine Émériau prit de si justes mesures qu'il désempara le vaisseau-amiral ennemi. Après avoir pendant plusieurs heures, seul de la flotte française, résisté aux attaques de quatre vaisseaux, privé de plus de la moitié de son équipage, ayant plusieurs mètres d'eau dans la cale, réduit à ne pouvoir plus riposter à l'ennemi faute de poudre, frappé lui-même de deux graves blessures, Émériau s'était fait asseoir sur le pont dans un fauteuil, et là, au milieu des débris de son vaisseau, entouré de monceaux de cadavres, il donnait des ordres et combattait à outrance.

Enfin, la lutte devenant impossible, le capitaine français amena pavillon ; Nelson, rempli d'admiration, ordonna, après l'avoir reçue, qu'on lui rendît aussitôt son épée.

Émériau fut nommé contre-amiral en 1802 ; envoyé peu après à Saint-Domingue, il put sauver la ville du Port-au-Prince.

Créé comte de l'empire en 1810, vice-amiral en 1811, il reçut le commandement de toutes les forces navales de la Méditerranée, et devant une escadre anglaise plus forte que la sienne, il eut divers engagements dont les résultats lui furent toujours favorables.

Décoré du grand cordon de l'Ordre de la Réunion en 1813, il reçut la grand'croix de la Légion d'honneur, le 24 août 1814. Appelé à la pairie en 1831, il se signala alors dans les votes de la Chambre haute par la chaleureuse défense du jour expiatoire, quand il s'agit de l'anniversaire du 21 janvier.

Le comte Émériau, avons-nous dit, est mort dans son hôtel à Toulon, le 2 février 1845.

LE

COMMANDANT DE BELVÈZE

LETTRES

Rio-Janeiro, le 8 avril 1824.

Ma bonne Mère,

Nous venons d'entrer dans la baie de Rio-Janeiro et je m'empresse de profiter du premier moment libre pour te donner de mes nouvelles, nous sommes entrés de nuit dans la baie et le temps ne nous a pas permis d'avancer jusque devant la ville, aussi demain sera un jour de travail ; notre traversée de 48 jours a été des plus heureuses, un vent toujours favorable ne nous a pas quittés depuis le détroit de Gibraltar et nous avons tous joui d'une santé parfaite.

Tout ce que je puis te dire, c'est que ce pays-ci est magnifique, la nature y est grande, majestueuse. Le climat est des plus beaux, la végétation forte. Les Brésiliens, à qui la nature

n'a rien refusé, sont dans ce moment-ci dans la crise d'une révolution terrible. Leur nouvel Empereur leur a donné des
chambres représentatives qu'il a détruites plusieurs fois à coups
de canon.

Rio-Janeiro, le 13 avril 1824.

Mon bon Père,

Nous ne resterons probablement pas longtemps dans ce
pays-ci et j'en suis bien aise, car les habitants sont, sans contredit, les plus indécrotables Portugais que le Portugal ait jamais
vus. Ici, l'affabilité, la politesse ne sont pas connus, et l'égoïsme
est le caractère dominant des Brésiliens [1]. En compensation, le
sol est un des plus beaux, des plus riches qu'il soit possible de
voir. Les terres sont des masses grandes, neuves, où la végétation a toute l'activité, toute la fraîcheur imaginables. Les roches
où la terre végétale manque sont hautes, produites comme d'un
seul jet et exemptes de ces accidents qui semblent annoncer
dans notre Europe une nature presque décrépite. La ville de
Rio-Janeiro est très-grande, elle a des maisons bien bâties,
mais basses comme toutes les villes coloniales. Les églises sont
très-riches. L'empereur habite une bicoque décorée du nom
de palais et que nos préfets dédaigneraient; il a une garde
assez nombreuse composée de noirs, de mulâtres, de Brésiliens et d'un ramassis de toutes les nations; il avait des députés
il les a dissous constitutionnellement à coups de canon. Ca-

---

1. Nous conservons ces jugements et ceux qui suivront malgré leur
sévérité peut-être exagérée, mais qu'expliquent la jeunesse de l'auteur
et l'abandon de la correspondance.

chram, aventurier anglais, fils du fameux lord, est le grand amiral du Brésil et a son pavillon à bord d'un vaisseau portugais
mouillé en rade ; nous avons eu sa visite, il y a deux jours.
Il y a ici une station anglaise, commandée par un contre-
amiral, et il est à remarquer que Français et Anglais rendent au
pavillon brésilien et au chef de la marine de cette nation,
tous les honneurs qu'on rend en pareil cas chez les nations
reconnues.

La ville qui est très-étendue présente beaucoup d'activité,
on y trouve de riches magasins fournis de toutes les marchandises d'Europe. Mais tout y est horriblement cher, cette cherté
s'étend aussi aux productions du pays ce qui semble incompa-
tible avec la petite quantité de numéraire qui est en circulation,
aussi les habitants sont en général pauvres.

La vue est continuellement attristée par une énorme quantité de nègres esclaves qui encombrent les rues. Ces malheureux, toujours courbés sous le faix, n'ont pas trouvé dans ce
pays-ci le généreux désintéressement qui nous a fait renoncer
à les traiter comme des bêtes de somme. Je t'assure qu'il n'est
rien de pénible comme de voir les magasins où se vendent ces
infortunés Africains, ou les bâtiments où on les entasse pour les
transporter à deux ou trois mille lieues de leur patrie sur une
terre inhospitalière qu'ils sont destinés à arroser de leurs sueurs
jusqu'à la fin de leur vie.

Il est possible qu'en partant d'ici nous allions mouiller quelques jours à l'île Sainte-Catherine ou dans la rivière de la
Plata.

Valparaiso, le 26 août 1824.

Ma bonne Mère,

J'apprends à l'instant que demain un bâtiment part pour l'Europe. Séparé de vous par un vaste continent et par un Océan immense, je n'ai garde de manquer cette occasion de vous donner de mes nouvelles et cela sans m'informer des circuits que pourra faire une lettre. Nous sommes arrivés aujourd'hui à Valparaiso après une traversée de 38 jours pendant laquelle, bien que nous ayons été très-favorisés, nous avons eu les incommodités qu'on éprouve sous des climats aussi âpres que ceux du cap Horn ; aucun malheur, aucune maladie cependant n'a marqué cette traversée difficile et nous sommes tous en parfaite santé. Le pavillon indépendant du Chili flotte dans cette ville, nous le traitons comme celui d'une nation amie, quoiqu'il n'ait pas été reconnu par notre gouvernement.

Valparaiso, le 15 septembre 1824.

Mon bon Père,

Dix-huit mois encore avant de vous embrasser, c'est bien long, bien long, après la traversée du cap Horn ; vous pensez bien que nous jouissons avec délices du mouillage de Valparaiso, le climat est beau et nous trouvons chez quelques habitants du pays un accueil extrêmement agréable. Mais quelle différence de la société de ce pays-ci à celle de France. On ne trouve pas ici la moindre trace d'éducation, mais en compensation, on y trouve beaucoup de goût pour les réunions et les danses, aussi

nous devenons ici danseurs malgré nous. Le Chili est encore
dans un état de crise politique qui ne cessera que lorsque le pavillon espagnol ne flottera plus sur les côtes d'Amérique; quelques combats, soutenus par les débris des troupes royales
contre les indépendants de toutes les couleurs, décideront probablement bientôt du sort de ces contrées; toutefois il est à
désirer que ce pays-ci se peuple de gens industrieux, car en
vérité, il est difficile de voir un peuple plus misérable que ces
Chiliens; au reste le sol qu'ils foulent leur fournira, quand ils
voudront le cultiver, tout ce qui est nécessaire à la vie et cela
sans beaucoup de peine.

Notre général part dans peu de jours pour Santiago, pour
traiter avec le gouvernement de la République. D'après les intentions du roi de France, nous pouvons obtenir de grands
avantages pour notre commerce, mais nous avons à lutter ici
contre des concurrents bien adroits, bien actifs et bien industrieux. Les Anglais ont ici des stations et beaucoup de bâtiments de commerce; nous avons aussi des stations, mais pour
des navires marchands, ils sont rares.

Valparaiso, le 10 octobre 1824.

Ma bonne Mère,

Il y a près de deux mois que nous sommes dans ce port et
nous n'en pouvons pas partir encore; que t'en dirai-je? c'est
une pauvre ville dans un pauvre pays, habité par des gens bien
pauvres. Voilà fort longtemps que les Européens viennent chercher ici des piastres et n'en rapportent jamais. L'état de révo-

lution d'où il sort ne contribue pas à augmenter ses ressources. Quand au Pérou, quelques affaires ont eu lieu, il y a peu de temps, entre Bolivar et les troupes du vice-roi, le succès a été obtenu par le premier et Lima n'est plus aux Espagnols.

Notre bord est bien triste, ma chère maman, malgré tout ce que nous pouvons faire pour égayer un peu le temps de notre exil ; quelques habitants du pays nous reçoivent chez eux et les femmes de ce pays-ci ont pris aux Espagnols leur fureur pour la danse et leur penchant à la paresse. Mais quelle distance à nos Françaises ! on ne trouve ici absolument aucune éducation, aucun talent, elles tâchent de compenser cela par la bonhomie. Du reste, comme j'ai eu occasion de te le dire, je crois, notre position à bord n'est nullement agréable et bien des raisons me font désirer le moment où je passerai enseigne. J'ai été heureux de trouver pendant une aussi longue absence un homme dont les mœurs, le caractère s'accordent parfaitement avec le mien. M. Laborel, lieutenant, commandant de la frégate, est ici mon meilleur ami ; sa position à bord est fort intéressante, il a quitté à vingt-trois ans une femme charmante dont il faisait le bonheur ; je voudrais bien trouver à mon retour quelque occasion de te faire connaître mon ami, tu l'apprécierais bientôt.

Nous apprenons à l'instant quelques nouvelles de Lima assez intéressantes. Lima pris et repris plusieurs fois sur les Espagnols est en ce moment-ci un vaste désert que tous les habitants abandonnent. Le port est encore au pouvoir des Espagnols. Le vaisseau *Lasia* qui est depuis quelque temps dans l'Océan Pacifique n'a encore rien fait d'éclatant, il vient d'entrer dans le port de Lima et a été se réfugier avec quelques autres petits bâtiments du roi d'Espagne sous le feu des forts. Les frégates indépendantes se disposent à le bloquer, il eût évité cette extrémité fâcheuse si, lors de son entrée, il eût combattu la frégate péruvienne *La Prueba* qui se trouvait avant lui aux environs de Lima. Une affaire a eu lieu dernièrement au Pérou, on dit qu'elle a été meurtrière, il y a eu beaucoup de morts et tous ont été tués à l'arme blanche. Les indépendants ont remporté la victoire, personne ne peut prévoir les suites de toutes ces affaires, ce qu'il y a de sûr, c'est que le commerce est stagnant ici, et que ces guerres ruinent de plus en plus ces provinces à qui la nature a fait un bien triste cadeau en leur donnant l'or et l'argent.

Valparaiso, le 30 octobre 1824.

Ma bonne Mère,

Dans peu de temps nous irons probablement à Lima où se passent maintenant les affaires les plus importantes de l'Amérique du Sud. Il paraît que Bolivar continue à chasser devant lui le vice-roi du Pérou. Le vaisseau espagnol *Lasia* est entré au Callao (port de Lima). On attend avec impatience l'issue de son combat avec l'amiral péruvien ; le succès de cette affaire décidera presque complétement du sort des possessions espagnoles sur ce continent. Le Chili est tranquille, le directeur suprême de la République est depuis quelques jours ici ; je crois qu'il viendra à bord demain. En résumé, ma chère maman, c'est un triste pays que celui-ci, et combien le séjour de ces contrées que les Européens croient riches et florissantes fait regretter notre belle France ; combien on l'apprécie lorsqu'on a vu d'autres peuples !

Je ne sais si je ne me trompe, mais depuis un an que je vois des pays nouvellement affranchis, je n'ai pas eu lieu un seul instant de regretter pour notre patrie les institutions nouvelles qui les régissent ; nulle industrie, nulle instruction ne soutient ici les institutions libérales qu'ils ont puisées en Europe, et cette impuissance morale les mettra longtemps à la discrétion du premier ambitieux qui se présentera.

Valparaiso, le 13 décembre 1824.

Mon bon Père,

Nous devons espérer, rentrant dans notre patrie, que nous la trouverons plus heureuse, plus florissante qu'avant. Combien sa position paraîtrait fortunée à tous les Français, si, comme nous, ils avaient la faculté de la comparer à ces nouveaux États sans cesse agités par des factions, assaillis d'étrangers que les richesses métalliques du pays attirent ici, sans lois, sans force publique, sans garantie de la part de leurs gouvernements ! Ils ont tout le luxe de l'Europe et n'ont pas la moindre idée des arts industriels qui peuvent détruire ses effets.

Les journaux anglais et français qui donnent des nouvelles sur l'Amérique du Sud les colorent toujours de la teinte qui caractérise leurs opinions politiques. Ici les événements ont un caractère particulier : toutes les causes sont faibles et les effets sont grands. Bolivar est en campagne sur les terres du Pérou pour en chasser le peu d'Espagnols qui y restent et qui seuls font l'obstacle essentiel à l'indépendance de fait du Pérou ; toutes les autres parties de l'Amérique se gouvernent elles-mêmes. Le vaisseau espagnol *Lasia* semble n'être venu dans ces mers

que pour encourager les efforts des indépendants, tant sa conduite est timide, il n'a pas eu encore un engagement sérieux.
Lima n'est plus occupé par personne, tous les établissements
publics sont fermés, toutes les autorités sont sorties ; les Mon-
taneros, espèce de voleurs de grands chemins, font à coups de
sabre la police des rues et des routes. Les habitants ont enfoui
leurs trésors, et, chose inouïe, les maisons de commerce anglaises
y sont seules protégées par une garnison qu'y a placée le commandant des forces navales de cette nation. Les forts du Callao
sont maintenant le seul point où flotte le pavillon espagnol.

Le Chili moins riche en numéraire que le Pérou est plus tranquille que lui, à l'extérieur son gouvernement dictatorial n'a
pas la stabilité nécessaire pour travailler efficacement à sa prospérité intérieure, et les habitants payeront encore longtemps
avec leur or les marchandises européennes qu'on y apporte de
tous côtés. Cette perte continuelle de numéraire ruine ce pays
dont le sol fertile produirait à des habitants plus industrieux
une existence douce et une très-grande prospérité ; mais ici
l'habitant loge sous le chaume, paye excessivement cher les
objets les plus nécessaires à la vie, sans s'informer s'il pourrait
se les procurer par le travail des mains. Il y aurait beaucoup à
dire sur ces pays, dont en Europe on a une idée complétement
fausse. Je crois qu'on peut affirmer que dans l'état actuel des
choses, l'Espagne n'a qu'à perdre en travaillant à recouvrer ses
propriétés sur l'Océan pacifique. Car en admettant que ses
entreprises à main armée soient couronnées du succès le plus
prompt et le plus complet, elle aura toujours à contenir une
population nombreuse qui a tous les besoins, tous les vices
des Européens, qui a reçu avec enthousiasme les idées politiques qui forment le principe des gouvernements des États-Unis
et de Colombie et professe, par suite, une haine mortelle contre le nom espagnol.

On attend tous les jours ici avec impatience des nouvelles du Pérou où une grande bataille entre Bolivar et l'armée espagnole devait avoir lieu, les résultats seront d'une grande importance pour toutes les possessions espagnoles, et le Chili se ressentira peut-être de cet événement. On lit aujourd'hui un discours curieux du ministre de la guerre du Chili à l'assemblée des représentants qui donne une idée assez juste de la position actuelle de l'Amérique Méridionale; si j'ai le temps de le faire copier je te l'enverrai, il est probable que le général l'enverra au ministre et peut-être le verrez-vous dans les journaux.

Depuis hier des nouvelles arrivées du Pérou annoncent que l'avant-garde de Bolivar a été battue par l'armée espagnole, on ne sait trop quelles conclusions tirer de cet événement. Il paraît que l'armée colombienne a été occuper Lima; la division navale espagnole parcourt la côte, elle ne s'est pas encore montrée sur celle du Chili.

Notre départ est prochain, et il paraît certain qu'avant d'aller à Lima nous irons mouiller pendant quelque temps à Conception.

Des papiers anglais annoncent la mort de Louis XVIII, ils disent en même temps qu'aucun trouble n'a signalé en France l'avénement de Charles X; il est inconcevable qu'un contre-amiral français reçoive par des voies étrangères une nouvelle aussi importante que celle-là, et nous attendons avec impatience la confirmation de ces bruits. La dernière guerre d'Espagne a donné aux peuples indépendants de ces pays-ci un esprit de défiance des Français que la mort du roi semble avoir augmenté.

Ils craignent que le nouveau gouvernement de France ne soit plus favorable encore que le précédent au roi d'Espagne, contre l'Amérique du Sud, et il est risible de les entendre parler des dangers qu'ils courent sous ce rapport-là, comme si la plus grande affaire de la France était de se mêler des mouvements de la petite population de cet immense continent.

———

Valparaiso, le 15 décembre 1824.

Ma bonne Mère,

Le papier me manque dans la lettre de mon père pour lui annoncer des nouvelles importantes arrivées hier du Pérou par la corvette du roi, *La Diligente*. Les troupes de Bolivar ont rencontré l'armée espagnole, commandée par le vice-roi Laserna, dans les plaines de Guamanguilla. L'action a été longue et meurtrière, le vice-roi a été blessé, pris et avec lui les généraux Valdès et une partie de l'armée; le reste a capitulé et tout le matériel est resté au pouvoir des indépendants; une des principales conditions de la capitulation est la reddition des forts du Callao. Bolivar est en ce moment à Lima, occupé à organiser un gouvernement analogue à celui qui régit Colombie. Il résulte de là que les Espagnols ne possèdent plus d'armée sur le continent américain, que leurs forces navales n'ont plus sur la côte un seul port où elles puissent se réfugier. L'île de Cheloë leur reste, cela sera-t-il une raison suffisante pour engager une puissance pauvre à porter la guerre à 4000 lieues de chez elle, pour régner sur des peuples plus nombreux qu'elle, et dont le sentiment dominant est la haine du nom espagnol? Quelle que soit la décision de l'Espagne à cet égard, je pense que les hommes qui conseillent à son gouvernement de ne pas abandonner ses possessions, n'ont pas d'idée des ressources

que la population de ce pays-ci possède contre des envahisseurs aussi faibles et aussi détestés que les Espagnols.

Los Chorillos, le 14 mai 1825.

Mon bon Père,

Je t'ai déjà écrit du mouillage de Chorillos et ma lettre
envoyée par Panama aura souffert j'espère peu de retard. Tu
y auras vu que le point où nous nous trouvons, peu éloigné du
Callao, est le seul port des environs de Lima que puissent
occuper les bâtiments de guerre et de commerce à cause du
blocus étroit qui ferme aux étrangers les avenues des forteresses où le général espagnol Rodillo tient encore, assiégé par
terre et bloqué par mer par les indépendants; il attend de jour
en jour des secours d'Europe, qui, quoiqu'annoncés depuis longtemps, ne paraissent pas devoir arriver de sitôt et n'assureraient
même pas le succès des Espagnols dans ce pays-ci. Le commandant de l'armée dans le haut Pérou est mort, dit-on, par
suite de ses blessures. Les forts du Callao restent donc seuls,
et l'Espagne paraît bien peu en mesure de renverser l'ouvrage
de Bolivar. Ce dernier a quitté Lima, il y a peu de temps, et
s'est dirigé vers le haut Pérou. Voilà, mon excellent père, l'état
des affaires dans ce pays-ci, notre séjour y est rendu aussi
désagréable que possible, par la continuation des hostilités.
Le mouillage où nous sommes est incommode, le village de
Chorillos, habité seulement par les négociants et les Indiens, est
d'un abord très-difficile, de sorte que nous restons continuelle-

ment à bord; il y a peu de différence entre cette vie et celle d'un prisonnier.

A Monsieur Thierry Poux.

Los Chorillos, le 30 mai 1825.

Mon cher Thierry,

L'égoïsme assis sur des monceaux d'or se présente sous un aspect plus hideux ici que partout ailleurs. L'habitant du pays et l'étranger ne songent qu'aux métaux précieux dont le sol affligea ces contrées et renoncent aux charmes qui résultent du commerce des hommes civilisés, aussi vivons-nous ici comme des ours; il y a près de deux mois que je ne suis pas descendu à terre, et je crois que je n'y descendrai pas tant que nous resterons mouillés dans ce port.

Le général espagnol Rodillo tient encore au Callao, mais bloqué dans l'enceinte des forts, sa résistance ne peut avoir de résultat heureux qu'autant qu'une expédition maritime armée par l'Espagne viendrait seconder ses efforts. Si comme cela est probable, cette expédition n'arrive pas, le gouverneur opiniâtre sera forcé de se rendre ou de se faire sauter lui et les siens, lorsque ses approvisionnements seront achevés. Soit par incapacité, soit par l'effet d'une résolution motivée, les indépendants se contentent de bloquer sans pousser le siége de la place d'une manière régulière; il y a donc eu perte de temps, mais économie d'hommes; il est vrai aussi que le matériel de leur armée n'est pas assez fort pour pouvoir enlever la meilleure forteresse de l'Amérique du Sud. Bolivar a quitté Lima depuis assez longtemps, il parcourt le haut Pérou; il paraît que le but de ce voyage est de détruire les restes de la division d'Alanetta, dont on a annoncé la mort comme certaine. Au retour le libérateur arrêtera la constitution péruvienne et déposera le sceptre dictatorial qu'il a accepté provisoirement. J'ai fait un voyage à Lima, pendant qu'il y était; j'ai encore assisté à une fête qu'on lui a donnée et où j'ai pu le voir pendant cinq ou six heures. Je t'avoue qu'en quittant le nouveau monde, j'aurais été fâché de ne pas connaître ce législateur de l'hémisphère austral. Peu d'hommes ont eu une carrière plus semée de périls, de succès, de revers, de travaux de toute espèce que Bolivar; peu d'hommes se sont dévoués à la cause de l'indépendance de leur pays aussi entièrement que lui. Les derniers résultats sont plus décisifs qu'il n'eût jamais osé l'espérer. Washington paraît être le modèle qu'il s'est proposé dans sa carrière. Comme lui, il refuse tous les ans la présidence de la République de Colombie, mais les vœux de ses concitoyens le rappellent toujours aux fonctions administratives; il a voulu terminer sa carrière militaire en chassant les Espagnols de leurs derniers retranchements; il y a réussi. Il va donner une constitution au Pérou et il se propose ensuite d'abandonner les affaires d'Amérique et d'aller achever en Europe une vie qu'on ne peut s'empêcher de considérer comme glorieuse. Il a fait part de ses projets plusieurs fois au général, et la résolution de se retirer en Europe, dans la classe des simples particuliers, paraît bien arrêtée dans son esprit. Mais le libérateur de Colombie et du Pérou, l'homme dont la volonté est aujourd'hui la loi de la moitié de l'Amérique, résistera-t-il à l'attrait du pouvoir? Celui qui a été dévoré toute sa vie par l'ambition de chasser les Espagnols d'Amérique maîtrisera-t-il l'ambition de régner sur ceux qu'il a affranchis? S'il agit ainsi, l'histoire devra lui assigner une place élevée dans la

liste des conquérants. Au reste, l'extérieur du *Libertador* est
des plus simples, sa taille est ordinaire, sa figure sévère et usée
indique les travaux qui ont rempli sa vie, il parle plusieurs lan-
gues avec vivacité; la mobilité et la vivacité de son regard
anime singulièrement sa conversation; ses mœurs et sa manière
de vivre sont simples; dans sa personne, il a quelque chose
de la sévérité guerrière que portait dans les camps l'homme
qui régna sur la France et qui mourut à Sainte-Hélène.

Bolivar vante souvent les lois françaises, il nous envie notre
code et prétend *qu'il vaut à lui seul une révolution.* Ce seul mot
prouve que Bolivar n'est pas seulement conquérant, mais que
la nouvelle population qu'il vient d'affranchir est peu digne des
efforts qu'il a faits pour elle? Il n'est pas de peuple plus lâche,
plus corrompu, plus fait pour la servitude que les Péruviens.
Ignorants autant qu'on peut l'être, ils font profession de mépriser tout ce qui n'est pas eux, et ce sentiment fortifié par une
paresse sans égale, leur donne cet orgueil ridicule qui les fait
mépriser même de leurs voisins les Colombiens, qui les ont
délivrés du joug espagnol.

Los Chorillos, le 20 août 1825.

Mon bon Père,

Pendant que le défaut de vivres force la frégate à rester dans
un port où on peut s'en procurer sans difficultés, les petits
navires de la division qui ont moins d'équipage peuvent seuls
être expédiés sur les côtes où nous stationnons; la circonstance
fortuite de mon nouvel embarquement m'a procuré l'occasion

de faire un voyage à la fois agréable et instructif; nous avons été de Chorillos à l'île de Chéloë, après 16 jours de traversée heureuse. En dépit des coups de vent et des pluies que l'hiver amène dans les latitudes australes, nous avons mouillé à San-Carlos de Chéloë, où nous sommes restés 15 jours; 19 jours après nous étions de retour à Chorillos, après avoir relâché à Valparaiso. Chéloë est l'unique possession des Espagnols sur la côte d'Amérique et probablement elle leur sera enlevée, dès que le général espagnol Rodillo cessera d'occuper les forts du Callao. Dans l'état actuel des choses l'archipel de Chéloë ne peut se suffire à lui-même et malgré l'attachement presque fanatique qu'ont ses misérables habitants pour la domination espagnole, ils seront obligés plus tard de se livrer au gouvernement du Chili. La position politique de cette île et la rareté de ses communications avec l'Europe et le reste du nouveau monde en font un des points les plus curieux de notre station, et je crois que depuis la guerre de la succession, on n'y avait pas vu de bâtiment français.

Le Callao résiste encore, ce fort qui ne contient pas deux mille hommes est commandé par un brave homme, mais la résistance n'est que glorieuse, elle ne sera pas utile à l'Espagne, elle a perdu pour toujours ses colonies, elle aurait pu concevoir cependant de grandes espérances lors du départ du vaisseau *Lasia* de Cadix; il n'eût tenu qu'à la division espagnole de détruire à son arrivée dans ce pays-ci les forces navales indépendantes et de renverser des républiques qui, à peine établies, étaient déjà déchirées par les factieux. La conduite de celui à qui Ferdinand avait confié cette importante expédition a d'abord été celle d'un homme présomptueux, ensuite celle d'un incapable; sa fuite a été non-seulement la perte de l'Amérique, mais encore celle des bâtiments que l'Espagne était parvenue à équiper.

L'équipage du vaisseau s'est révolté aux îles Marianne;

après avoir déposé les officiers à terre, il a été conduit en Amérique et livré par le lieutenant Martinez à la République du Mexique. Les officiers du brick *L'Achille* ont eu le même sort et ce magnifique navire a été amené à Valparaiso et remis au gouvernement chilien. Cette double défection est une des plus grandes pertes que dût souffrir l'Espagne dans ce moment-ci.

Mais en voilà assez sur ces nouveaux États que la plus grande partie de l'Europe repousse, pendant que tâtonnant pour chercher un bon gouvernement, ils auraient besoin des leçons que l'expérience et les révolutions ont données à nos vieilles monarchies. Que font-elles maintenant ces monarchies ? Que fait-on en France ? Quelques feuilles françaises ou anglaises nous arrivent de temps à autre, les premières ne contiennent que des débats parlementaires qui ont pour but et pour résultat d'augmenter l'impôt et les entraves de l'industrie et du commerce et de renouveler les destructions et les haines. Les feuilles de nos voisins sont la critique des nôtres ; ils ne songent qu'à accroître la fortune publique, qu'à nourrir cet esprit national qu'ils portent partout et qui fait leur force.

Los Chorillos, le 1er octobre 1825.

« Mon bon Père,

« A bord de la gabare *L'Ariége* qui est arrivée depuis peu avec des vivres, on a embarqué les 7 élèves sortis de l'école en 1824, ils reviendront en France sur le même navire. En entrant dans notre corps, ils ont éprouvé dans leur voyage des contrariétés faites pour les dégoûter de la marine, s'ils eussent été susceptibles de ce sentiment. *L'Ariége*, après avoir relâché à Rio-Janeiro, a reçu un coup de vent à la hauteur de la rivière de la Plata, qui lui a occasionné plusieurs avaries ; un coup de mer a emporté à la fois ses grands bastingages, deux embarcations, un grand nombre de petites voiles ; un mât de hune sur son pont a été rompu par cette terrible lame. Cet événement a démoralisé l'équipage ; arrivé par les latitudes australes du cap de Horn, *L'Ariége* a essuyé encore plusieurs tempêtes. Ses voiles ont été emportées deux fois ; forcée par le temps, elle a couru pendant six semaines entre les glaces du pôle austral et les roches des terres magellaniques. Dans ces parages, l'équipage était devenu insensible aux prières, aux menaces, aux coups mêmes, ils refusaient de monter sur le pont couvert de glace. Plusieurs fois les élèves seuls sont montés sur les vergues pour enverguer et déverguer des voiles ; il y a du mérite quand on a à peine 6 ou 7 mois de navigation, d'oser aller au bout d'une vergue, au-dessus d'une mer affreuse, que le froid le plus rigoureux couvre de roches flottantes. Je ne doute pas qu'il ne soit fait un rapport très-avantageux de la belle conduite des 7 élèves que l'école a fournis cette année et qu'on leur tiendra compte de leur dévouement. Quant à ces pays-ci, ils sont encore dans le même état où ils étaient lors de mes dernières lettres ; et la vérité, quoique Rodillo n'occupe ici qu'un fort bloqué par terre et par mer, il y a si peu d'activité, si peu d'ensemble dans les opérations des indépendants, que l'on ne peut trop prévoir quand finira cette lutte de quelques Espagnols contre les forces combinées de trois républiques. Au reste, à mesure qu'on connait mieux les Péruviens d'aujourd'hui, on apprend à les apprécier et on s'aperçoit des effets du long état de servitude dans lequel ils ont vécu sous le régime espagnol ; il n'y a ni dignité, ni bonne foi dans leurs relations politiques, comme dans leurs relations particulières. Le libertinage et l'ava-

rice sont les vices dominants de tous ces États, et peu d'hommes sont moins faits pour être libres que les habitants du Pérou.
Il parait que la nouvelle de la victoire d'Agacucho a fait grande
sensation en France, les journaux indépendants ont déjà tra-
duit l'adresse que les négociants français ont envoyée au roi.
Le commerce de notre pays, en raison d'une reconnaissance
franche et décisive, serait très-avantageux à nos intérêts, mais
si l'on croit que la cause de l'Espagne ne soit pas perdue à
jamais en Amérique, on devrait du moins envoyer ici des agents
consulaires accrédités. Les discussions qu'entraînent les relations commerciales de ces gouvernements avec nos bâtiments
sont continuelles, et la présence d'un représentant du roi de
France peut seule y mettre un terme.

Los Chorillos, le 16 janvier 1826.

Mon bon Père,

Nous allons assister à la reddition du Callao, qui, depuis
13 mois, est assiégé par terre et par mer, par les forces combinées de Colombie, du Pérou et du Chili. La défection de
quelques officiers supérieurs de la garnison et la démoralisation
qui s'en est suivie ont déterminé le général espagnol Rodillo
à entrer en arrangement ; on ne sait pas encore quelle sera
l'issue des conférences qui ont lieu dans ce moment-ci. Après
cette capitulation, je doute que l'Espagne puisse jamais reprendre le sceptre de ces pays-ci, il ne lui restera plus qu'à
imiter l'exemple tardif de la France et à reconnaître l'indépen-

dance de l'Amérique, comme notre gouvernement a reconnu celle de Saint-Domingue ; c'est un des moyens efficaces de ranimer l'industrie et le commerce de la Péninsule.

———

Callao, le 29 janvier 1826.

Ma bonne Mère,

Nous avons enfin quitté cette rade de Chorillos, où on ne pouvait avoir un moment de repos ; la mer y est toujours fatigante, le débarcadère impraticable ; tu dois juger d'après cela que c'est avec plaisir que nous avons vu la reddition des forts du Callao. Le général Rodillo, après avoir soutenu dans cette place un siége de 13 mois et demi, a capitulé honorablement et l'unique point que les Espagnols occupaient encore au Pérou est enfin au pouvoir des indépendants. La manière dont le Callao a été défendu est un des plus beaux exemples de ce courage opiniâtre qui caractérise les Espagnols, lorsqu'ils soutiennent des siéges. A l'époque de la capitulation, Rodillo avait sa garnison réduite à 600 hommes environ, presque tous blessés ou attaqués du scorbut. Le fort ne contenait plus que 8 jours de vivres à 3 onces de comestibles par jour pour un homme. Les conspirations se succédaient et, malgré la vigilance du général, des désertions fréquentes avaient lieu ; il a fallu toute la fermeté et tous les talents militaires de Rodillo pour prolonger la défense aussi longtemps avec des moyens aussi faibles ; il méritait de combattre pour une meilleure cause. La reddition du Callao va rendre le commerce de ce pays-ci beaucoup plus actif, et j'espère que nous verrons bientôt arriver ici des bâti-

ments français. Nous commençons tous à manquer d'effets et
tout est ici à un prix 6 ou 7 fois plus élevé qu'en Europe,
tu dois penser si nous désirons que des compatriotes bienveillants nous cèdent quelques marchandises au prix français.

———

> En mer, le 8 septembre 1826.
> Près Rio-Janeiro.

Mon bon Père,

Au moment d'entrer à Rio, nous rencontrons un brick qui
va à Marseille, j'en profite pour t'annoncer que nous avons
passé le cap Horn, le plus heureusement du monde ; ma santé
est excellente. J'espère que nous partirons bientôt pour la
France.

Je t'embrasse ainsi que ma chère maman et toute ma
famille.

———

> Brest, le 29 décembre 1826.

Ma bonne Mère,

Enfin me voilà rentré dans cette patrie après laquelle je sou-
pirais depuis si longtemps, nous ne sommes plus séparés par
d'immenses océans, et, dans un mois au plus, j'aurai le bonheur

de vous embrasser tous. Je ne te peindrai pas tout ce que mon arrivée au sein de ma famille me fait éprouver, ton bonheur, je le sais est au moins égal au mien.

Lorsque cette lettre te parviendra, tu auras sans doute reçu depuis peu de temps, un billet tracé à la mer, avant notre arrivée à Rio-Janeiro et une lettre datée de cette ville, confiée au brick *La Cécile*. Le bonheur qui nous a accompagnés dans notre traversée du cap Horn, nous a suivis sur les côtes de France et quoique nous soyons arrivés dans les parages orageux du golfe de Gascogne au cœur de l'hiver, nous n'avons cessé de jouir du plus beau temps, jusqu'à notre entrée à Brest qui a eu lieu avant-hier.

Toulon, le 28 juillet 1827.

Ma bonne Mère,

Notre départ est fixé à après-demain et c'est décidément dans le Levant que nous irons d'abord. Quelle sera l'issue, quand arrivera la fin de cette campagne ; je l'ignore, mais j'ai lieu de croire qu'elle ne sera point longue. Me voilà donc prêt à me séparer encore du sol de la patrie ; cette fois la séparation me semble plus pénible ; mais espérons que nous trouverons des compensations.

Le vaisseau *Le Scipion* sur lequel je suis embarqué est commandé par le baron Milius, officier célèbre, longtemps en défaveur, oublié, et qui va probablement obtenir au bout de cette campagne le grade de contre-amiral. Je ne le connais pas encore, je te dirai plus tard ce que c'est.

Rade de Milo, le 20 août 1827.

Mon bon Père,

Je profite du départ d'un bâtiment français retenu comme nous depuis quelques jours dans la rade de Milo, par les vents contraires, pour t'écrire quelques lignes. L'histoire de notre navigation de Toulon ici, est sans intérêt ; la traversée a été extrêmement agréable et ma santé n'a pas même été altérée par le mal de mer. L'intervention des puissances maritimes paraît décidée ; trois vaisseaux anglais sont déjà dans l'Archipel et notre escadre sera sans doute bientôt renforcée par l'arrivée des vaisseaux de Brest. Je ne suis pas encore assez initié dans les affaires de la Grèce pour te parler de la position de cette malheureuse nation. Quant à Milo, les mers qui l'entourent sont infestées de forbans et plusieurs centaines de Candiotes, réfugiés depuis peu dans l'île, exercent des brigandages sur toutes les propriétés du pays. La vie de notre consul a été menacée par ces émigrés ; le vaisseau lui a fourni une petite garde.

Ma position à bord du *Scipion* n'est point désagréable et pourrait peut-être un jour devenir heureuse. Je suis chargé des montres marines et des signaux, c'est-à-dire de la *partie savante ;* mes fonctions me rapprochent souvent du commandant et me dispensent d'une partie du service maritime, partie dans laquelle les enseignes ne sont qu'en sous-ordre à bord d'un vaisseau. Le baron Milius, qui commande le vaisseau, est un homme âgé, de beaucoup d'esprit, d'un jugement sain, d'un caractère indépendant ; il a gouverné depuis la paix les colonies de Bourbon et de Cayenne, et, chose difficile dans les colonies, il a fait des choses utiles et a satisfait tout le monde. Du reste, M. Milius est un homme inaccessible aux commérages et auprès duquel le service se fait avec une judicieuse sévérité. Il n'est pas impossible qu'après que les affaires de la Grèce auront pris une tournure déterminée il succède à M. de Rigny dans le commandement de la station du Levant.

———

Devant Navarin, le 25 septembre 1827.

Ma bonne Mère,

Ma position à bord du *Scipion* a pris un caractère particulier depuis quelque temps. M. Milius étant le plus ancien capitaine de vaisseau, commande l'escadre toutes les fois que M. de Rigny est absent ; il en résulte que toutes les fois qu'il commande, je remplis auprès de lui les fonctions d'adjudant, et que lorsque l'amiral est présent, comme officier chargé des signaux, je continue à être toujours en contact avec le commandant. Il ne faut pas croire que cette position soit toujours agréable. M. Milius, avec des qualités essentiellement bonnes, est doué d'une organisation nerveuse singulièrement violente et il joint à cela beaucoup de hauteur. Aussi M. Milius sera estimé par tous ceux qui serviront sous ses ordres, mais il sera rarement aimé. Quoiqu'il en soit, je ne suis point mal avec lui et il est probable que si, comme il y a lieu de le croire, il est fait contre-amiral et s'il commande la station du Levant il me conservera comme aide de camp ; la suite m'apprendra si j'accepterai.

(Le 26 septembre.) — Depuis deux jours, les deux amiraux anglais et français sont dans le port de Navarin en conférence avec Ibrahim-Pacha. Plus de 100 voiles turques sont rassemblées dans le port, nous ignorons absolument les négociations qui nous retiennent ici ; quoiqu'il en soit, on nous annonce par le télégraphe qu'un bâtiment sera expédié pour la France dans peu d'heures.

En rade de Navarin, le 21 octobre 1827.

Mon bon Père,

Hier, à une heure, les escadres combinées ont forcé le port de Navarin où était mouillée une escadre turque de soixante voiles environ ; des circonstances que je ne puis te raconter en ce moment ont déterminé une action. Après quatre heures de combat et plus de trois mille coups de canon tirés, la nuit a amené la fin d'un combat où je n'ai pas eu la moindre égratignure. Trelissas a été légèrement blessé à la cuisse, sa blessure n'est pas dangereuse, il marche aujourd'hui. Quelles seront les suites de cette affaire, je l'ignore ; dans un moment plus opportun, je te parlerai en détail du combat le plus terrible qui ait été livré sur mer, depuis dix-huit ans. Une douzaine de bâtiments turcs ont sauté en l'air.

Adieu, mon excellent père, tu ne saurais croire combien dans ces moments, en dehors de la nature, l'homme s'oublie ; c'est heureux, si les sentiments fondés sur les affections du cœur se présentaient dans ces moments, notre position serait horrible.

En rade de Navarin, le 22 octobre 1827.

Mon bon Père,

Hier j'ai remis une lettre à bord de *La Provence*, les ordres ont été changés et son départ différé. Je profite de ce délai pour te donner quelques détails sur un combat dont les résultats influeront probablement beaucoup sur la politique européenne. Le sort de la Grèce était en question, il est décidé ; la marine ottomane n'est plus ; les possessions turques dans la Morée et dans l'Archipel ne peuvent donc être désormais que des possessions isolées, privées de défense, de communication réciproque, elles doivent nécessairement rentrer sous la domination grecque. Pour te mettre à même d'apprécier les causes qui ont déterminé le combat du 20, il faut remonter à l'époque où l'armée turco-égyptienne, sortie de Navarin pour opérer l'attaque d'Hydera, fut rencontrée, retenue par les vents contraires, par l'armée combinée anglo-française. Par suite de négociations entre les amiraux et Ibrahim-Pacha, il fut convenu que l'armée ottomane rentrerait à Navarin, et que toute espèce d'hostilité serait suspendue jusqu'à l'arrivée de nouveaux ordres de la Porte. L'armée française fit route vers l'est (et c'est à cette époque qu'eut lieu notre abordage avec *La Provence*). L'armée anglaise fit route vers l'ouest, et l'amiral anglais seul resta aux environs de Navarin. Quelques jours se passent et une partie de l'armée turque sort du port, malgré les conventions faites. L'amiral anglais se place parmi eux et force le commandant de ces forces de rentrer. La croisière de l'armée combinée est rétablie devant Navarin ; l'armée russe rallie, et le 16 ou 17, la flotte européenne était réunie et comptait 3 vaisseaux anglais, 3 vaisseaux français, les vaisseaux russes, 2 frégates françaises, 3 russes, 3 anglaises et plusieurs bricks, corvettes et autres bâtiments

légers des trois nations. Une frégate anglaise fut envoyée, le
18, pour porter des dépêches des amiraux aux Turcs : les dépêches furent refusées, la frégate revint. Il fut décidé que l'armée combinée entrerait dans le port, qu'elle serait prête à
combattre, mais qu'elle ne tirerait que lorsque les Turcs auraient commencé les hostilités. Les instructions données
aux commandants portaient textuellement que les bâtiments des trois nations mouilleraient devant le front de
l'armée turque et que si un des bâtiments faisait feu, l'armée combinée se réunirait pour terrasser l'agresseur. A
1 heure, la brise devenant favorable, nous avons fait route
sur le port. Les Anglais occupaient la tête de la ligne, les
Français venaient après. Les Russes étaient à la queue
de la ligne. Les petits bâtiments entraient à peu près
en même temps que nous et formaient une seconde ligne
sous le vent ; la disposition des Turcs était à peu près celle que
je figure sur ma lettre ; 3 vaisseaux, 14 ou 15 frégates, dont
4 de premier rang, formaient la première ligne ; de grandes
corvettes, des bricks et autres bâtiments légers formaient les
deuxième et troisième rangs ; 7 brûlots étaient placés à droite
et à gauche de l'entrée. L'amiral anglais est entré précédé par
un brick et une petite frégate, il a été mouiller par le travers du
Capitan-Pacha, ses deux vaisseaux ont pris le travers des deux
autres vaisseaux turcs, les Français devaient prendre poste devant la flotte égyptienne qui occupait l'entrée de la baie à droite ;
la gauche devait être combattue par les Russes ; les bâtiments
légers devaient contenir les brûlots. Les Anglais et les Français
avaient dépassé les forts, sans qu'on eût brûlé une amorce.
L'amiral anglais avait déjà pris son mouillage, lorsqu'une frégate
anglaise, mouillée près d'un brûlot, envoie un canot à bord
pour l'engager à s'éloigner. Rien d'hostile dans cette mesure,
un bâtiment incendiaire ne peut pas être souffert à côté d'un

bâtiment de guerre. Les Anglais en montant à bord du brûlot sont assaillis par une fusillade qui tue l'officier commandant et plusieurs hommes ; on riposte, l'embarcation est soutenue par la mousqueterie de la frégate : le feu ne se ralentissant pas, un coup de canon part de la frégate ; le feu prend au brûlot, aussitôt une canonade très-vive commence entre tous les bâtiments ; les Russes qui n'étaient pas entrés reçoivent plusieurs volées du fort, *Le Scipion* prend le poste qui lui était assigné près des brûlots, l'un deux ne tarde pas à nous tomber dessus et met le feu à notre beaupré. Sans ralentir la canonnade, nous parvenons à nous dégager du brûlot et à éteindre le feu. Tous les bâtiments incendiaires sautent sans occasionner d'accident. Il serait difficile maintenant de te dire une infinité de circonstances qui ont marqué pendant deux heures et demie d'un combat acharné ; chacun faisait de son mieux, près de deux mille coups de canon ont été tirés par *Le Scipion*. L'affaire avait commencé à deux heures et demie ; à cinq heures le feu des bâtiments turcs était ralenti ; plusieurs d'entre eux étaient démâtés, nous présentons alors le travers à la ville et nous ne cessons de tirer qu'à six heures et demie. La nuit était déjà faite, les forts se taisaient, mais dans l'armée turque quatre frégates en feu répandaient au milieu de nous une lumière effroyable ; elles ont sauté en l'air les unes après les autres ; un grand nombre d'autres se sont jetées à la côte ; trois frégates avaient été amarinées par l'armée. La nuit avait été horrible, le jour le fut davantage. Tous les bâtiments turcs criblés de boulets, les uns à la côte, les autres criblés et coulant bas d'eau, ne pouvaient combattre, les forts ne tiraient plus. Les vaincus rendirent notre victoire plus complète, en incendiant eux-mêmes leurs bâtiments ; pendant toute la journée du 21, l'incendie n'a pas cessé parmi les restes de l'armée turque. Ce spectacle de destruction était interrompu de temps à autre par l'explosion des navires sautant en l'air avec un horrible fracas. Le carnage des Turcs a été affreux, leurs navires chargés de monde ont été criblés ; quelques-unes de leurs grandes frégates qui sont échouées ont été visitées hier ; les ponts sont jonchés de morts. Nous évaluons à 7 ou 8,000 hommes le nombre de Turcs qui ont péri. Quant à nous, quoique je ne possède pas le relevé de nos pertes, d'après celles qu'ont faites plusieurs bâtiments, on ne peut évaluer à plus de 500 le nombre d'hommes tués ou blessés à bord de l'armée combinée. Presque tous les bâtiments ont eu leur gréement endommagé ; l'amiral français a été démâté de son mât d'artimon, et a été en général maltraité ; deux vaisseaux anglais ont perdu le même mât : notre beaupré est en partie brûlé. *Le Scipion* a peu souffert, 25 hommes ont été mis hors de combat : 5 seulement sont morts. Dans quelque temps nous aurons des documents plus certains sur les détails d'un combat où figuraient un trop grand nombre de bâtiments pour que tout puisse être apprécié par le même individu. De plus de 100 bâtiments composant la flotte turque, les 50 plus forts sont détruits ; parmi ceux qui restent, on compte une grande frégate, plusieurs corvettes et bricks et des transports. Voilà le résultat matériel du combat naval le plus meurtrier qui ait été livré depuis *Trafalgar*. Quel en sera le résultat politique ? Privée de flotte, épuisée d'argent, cernée sur ses frontières par les armées puissantes de la Russie, la Porte peut-elle conserver encore aujourd'hui ses espérances ? Si la considération de la balance politique empêche de refouler en Asie les possesseurs de Constantinople, il est certain au moins que l'occupation de la Morée et de l'Archipel devient dès aujourd'hui presqu'impossible pour les Ottomans. L'Égypte est en belle position pour céder au désir de se rendre indépendante. Il est à craindre que dans l'état d'irritation où va se trouver la Porte, les Francs de Constantinople et de Smyrne ne soient égorgés. Je pense que dès

que la flotte se sera réparée, elle avisera au moyen de pré-
server les négociants européens de cette épouvantable repré-
saille.

Hier je t'ai écrit deux mots, j'étais trop près de l'événement
pendant l'action, étranger à toute autre idée que celle du succès,
auquel j'avais à contribuer de mon mieux. Les circonstances,
les dangers, les affections de cœur, se sont retracés après le
péril avec force; on peut dire, et je puis affirmer qu'un combat
naval est la plus belle et la plus épouvantable chose que l'on
puisse voir.

Depuis la soirée qui a été si fatale à la flotte turque, plus de
signes de guerre, les colonnes turques défilent sous la volée de
nos canons, avec le pavillon de paix en tête : il semble que les
Turcs de Navarin regardent ce combat comme le résultat malheureux d'une méprise qui aurait déterminé le premier acte
hostile des brûlots turcs. Je ne sais si ce sera là l'opinion de
la Porte; quoi qu'il en soit, il paraît que nous devons nous regarder comme très-heureux d'avoir détruit sitôt les vaisseaux
turcs. Leur projet était de nous laisser entrer tranquillement
et de profiter de la première brise de terre, pendant la nuit,
pour appareiller et nous envoyer, en nous canonnant, des bâtiments incendiaires mouillés au fond de la baie; notre position
eût été horrible.

En mer, le 30 octobre 1827.

Mon bon Père,

J'ajoute à la lettre que j'ai déjà écrite et qui déjà cachetée
était destinée à être envoyée par un autre bâtiment. Lorsque
ce paquet te parviendra, déjà la France retentira de mille ver-

sions du combat de Navarin et l'opinion publique aura jugé cette bataille honorable pour nos armées, grande, immense par ses résultats, mais dont les suites politiques sont incalculables. J'ai réfléchi souvent, depuis, à la singulière position de l'homme avant, pendant et après ces terribles événements. Avant et pendant l'action du 20, occupé par une seule idée, toute autre devient importune, et telle est heureusement l'influence des idées d'hommes militaires, que l'esprit ressent une espèce de joie aux approches d'un événement qui terrasserait le cœur le plus ferme, si le souvenir des affections qui nous attachent à la vie se présentait dans ces moments. Mais aussi lorsque les dangers ont à peu près cessé, lorsqu'un regard en arrière m'a montré le sacrifice que j'avais fait la veille, en faisant abnégation de moi, des miens, de tout ce que j'aime, ah ! j'avoue que dans le moment j'ai éprouvé un sentiment bien pénible et qui m'était resté inconnu. Je pense que le bout de lettre que j'écrivis le 21 se ressentira de cette impression du moment. Eh bien ! aujourd'hui, malgré l'effet indéfinissable que j'ai éprouvé en traçant ces lignes, peu d'heures après l'événement, je sens qu'un nouveau combat amènerait la même série d'effets moraux. Je ne sais si l'étude de cette position faite par tous les hommes conduirait aux mêmes résultats.

Je ne t'ai pas parlé du *Scipion* dont sans doute il sera fait mention dans les feuilles françaises et étrangères ; il faut avoir été là pour se figurer un vaisseau accroché avec un bâtiment incendiaire ; les flammes qui s'échappaient de ce volcan entraient avec fureur dans les batteries, où elles ont brûlé plusieurs hommes ; des gargousses ont pris feu dans cet horrible moment et mis le désordre dans la partie des batteries où elles ont éclaté. Malgré cela, notre canon s'est toujours fait entendre, et dégagés enfin de l'infernale machine, le feu éteint partout, nous avons continué jusqu'à la nuit à prendre part au combat. Encouragés par le succès de leurs brûlots, les Turcs avaient redoublé leurs feux pendant le temps que *Le Scipion* a été exposé à sauter. Ils ont succombé enfin, et des visites faites à bord de quelques-uns de leurs bâtiments ont montré le spectacle horrible de la destruction poussé à son plus haut degré. Les bâtiments visités n'avaient pas un seul objet à bord qui n'ait été fracassé par les boulets ; percés à jour, leurs ponts étaient littéralement jonchés de morts et de mourants ; presque tous ces derniers ont péri, soit lorsque leurs bâtiments ont coulé, soit lorsqu'ils ont sauté ; c'est pour cela que la perte des Turcs se sera élevée tant au-dessus de celle des chrétiens.

En rade de Toulon, le 5 décembre 1827.

Ma bonne Mère,

Nous voilà enfin arrivés après la plus malencontreuse traversée qu'il soit possible de faire ; sans cesse contrariés depuis notre départ de Navarin, nous avons essuyé coup de vent sur coup de vent, le dernier nous a achevés à l'entrée même de Toulon. Juge combien nous devions être propres à résister à toutes ces contrariétés, à peine réparés des suites d'un abordage et d'un combat. Mais enfin nous voilà tous en bonne santé, Dieu merci ; nous n'en ferons pas moins une quarantaine qui sera probablement fort longue.

J'ignore encore si *Le Scipion* restera armé, tout porte à le croire, mais il n'est pas également probable que M. Milius en conservera le commandement. Le voilà contre-amiral et je pense qu'il va chercher à jouir tranquillement de ses revenus et

de ses lauriers. Je voudrais bien trouver quelques moyens pour
aller cet hiver, faire une petite excursion à Montauban, ne fût-
elle que d'un mois, j'aurais le bonheur de vous embrasser.
Pensez-vous, ma chère maman, à me marier? Quant à moi,
toujours doué de la même inclination matrimoniale, c'est au
milieu de la vie la plus agitée qu'on puisse mener, que je sens
se renforcer tous les jours la tendance à chercher le bonheur
dans une sphère moins brillante.

La France doit retentir de nos *hauts faits*, tout ce qu'il y a
de chrétiens en Europe doit être satisfait; il ne reste de l'armée
navale des Turcs que le souvenir. Ibrahim a eu son combat de
Salamine. Jusqu'ici les officiers subalternes qui ont assisté à
cette affaire sont récompensés dans la personne de leurs chefs,
croit-on que cela suffira? Trelissac n'est pas encore guéri de sa
blessure qui pourtant n'aura pas de suite. Il sera possible qu'il
parvienne à obtenir un congé de convalescence.

Toulon, le 10 janvier 1828.

Ma bonne Mère,

Je profite de l'occasion favorable pour expédier des chapelets
de Jérusalem et je les adresse à la famille Darassus. Je ne doute
pas que ces reliques ne fassent plaisir à Fanny; tu lui diras que
je l'aime toujours beaucoup et que je compte bien n'être
pas oublié dans les prières des personnes qui prieront avec ces
rosaires.

M. Milius est parti pour Paris, il a été on ne peut plus gracieux en me quittant; il m'a annoncé d'une manière officielle la

demande qu'il avait faite pour moi et m'a de plus assuré que si le commandement d'une escadre lui était de nouveau confié, il m'avait déjà choisi pour son chef d'état-major ; au reste il est à peu près certain qu'il ne commandera plus ; tant pis pour moi, s'il eût continué à commander, en le quittant, j'eusse sans doute été fait lieutenant de vaisseau ; mais ce sont aujourd'hui des rêves auxquels il ne faut plus songer.

Toulon, 9 mai 1828.

Ma bonne Mère,

Rien de nouveau pour notre départ, notre escadre semble être une escadre de précaution et on parle maintenant dans le public de nous faire sortir en escadre d'évolution, jusqu'à ce que les événements réclament notre présence ; il n'est pas probable que cet armement soit jamais dirigé contre Alger. J'ai peu de chose à te dire sur *Le Scipion*, ma position est toujours la même. Je couche souvent à bord. Je suis encore resté pendant longtemps sans logement à terre ; mais notre séjour se prolongeant, j'ai repris une chambre à Toulon et lorsque j'abandonne le bord, ce qui n'arrive que le soir, si le spleen n'est pas trop fort, je vais promener mes grâces dans quelqu'une des sociétés où je suis reçu. Si je me sens trop ennuyé et ennuyeux je vais prendre place sur une banquette du théâtre et j'y trouve quelquefois le sommeil. Je ne t'ai pas, je crois, mis encore au fait des maisons que je fréquente. D'abord l'excellente famille Laborel où j'ai mes entrées en redingote et mon couvert mis tous les dimanches. Après le dîner, nous nous acheminons vers la maison du commissaire ***, la maîtresse de la maison excellente femme ; Claire, sa fille aînée, prête à marier à un jeune et bel officier de la garde ; ils auraient dû s'y prendre six ans ans plutôt, Claire était, dit-on, une merveille ; Amélie, sœur de Claire, peu jolie mais d'une amabilité rare, d'un esprit peu commun, et très-avenante ; enfin Aglaé, jeune et jolie cousine des précédentes, brune, piquante, éveillée. Voilà le noyau de cette société où on trouve ordinairement une assez jolie réunion ; il suffit d'avoir été une fois dans la maison pour en aimer les maîtres. Quelquefois, mais plus rarement, affublé d'un ton plus grave et plus cérémonieux, je passe la soirée chez D***, beaucoup d'hommes, peu de femmes composent cette société, où l'écarté vient au secours de la conversation. Une jeune personne grande comme Anastasie, pas tout à fait aussi laide, moins spirituelle, plus jeune et plus riche en fait les honneurs ; tu penses bien qu'avec une composition pareille, on va dans la maison pour conserver la bienveillance des maîtres, pas plus.

Enfin, ma chère maman, tu me trouverais quelquefois chez M. de ***. Là se trouve une petite Caroline, jolie petite perfection, d'une figure charmante, d'un ton ravissant, un organe et un accent qui flattent singulièrement le tympan. Mais peu ou point d'argent. Voilà la statistique des principales maisons où je me produis. M. de Bérard a presque toujours la préférence, il a tant de bonhomie.

Par un singulier renversement, nous n'avons pas encore éprouvé dans ce pays-ci de très-fortes chaleurs ; je vais me promener dans les champs, quand je puis ; quelle différence de la rocailleuse Provence à nos belles plaines, à nos jolis coteaux ! tu ne saurais croire combien il me tarde de revoir

Le Scipion dans l'intérieur du port et toute la nichée s'envolant.

———

Toulon, le 17 mai 1828.

Mon bon Père,

Nous partons demain, peut-être même avant, pour le Levant. *Le Breslau*, *Le Scipion* et *La Syrène* ont seuls reçu l'ordre de mettre à la voile. Il est vraisemblable que cette augmentation de forces est tout simplement destinée à égaler dans l'escadre française le nombre de bâtiments à celui que comptent les divisions russes et anglaises.

———

Devant Milo, le 5 juin 1828.

Ma bonne Mère,

Après une traversée assez heureuse, nous arrivons devant Milo, nous n'y entrons pas ; mais le vaisseau *Le Trident* qui part après-demain se charge de nos lettres, c'est par lui que celle-ci te parviendra ; ma santé n'a pas cessé d'être excellente.

Tu penses bien qu'à la mer nous n'avons guère appris de nouvelles ; nous nous sommes arrêtés un jour devant Navarin où des bâtiments français, anglais et russes bloquent quatre petits bâtiments turcs. Ibrahim est à Modon avec les débris de ses troupes ; on dit qu'il y est en proie à la peste et probablement à la famine. Aussi paraît-il avoir envie de retourner en

Égypte, il n'a plus rien à faire en Morée, il n'y a plus rien à manger et il ne lui reste plus guère d'économies. Nous allons à Syra chercher des ordres et de là probablement à Paros, ou à Égine, ou je ne sais où.

———

Devant Navarin, le 13 juillet 1828.

Ma bonne Mère,

Je t'ai déjà écrit depuis que je suis dans le Levant et je n'ai encore eu le plaisir de recevoir aucune de vos lettres, je profite aujourd'hui du départ prochain d'un bâtiment pour vous donner de mes nouvelles. Ma santé n'a pas cessé d'être excellente, quoiqu'un séjour un peu prolongé à Paros ait occasionné à bord un assez grand nombre de maladies. En fuyant un climat où l'été est quelquefois funeste, nous arrivons devant le théâtre de nos exploits pour y bloquer ce même Ibrahim, dont nous avons si joliment détruit la flotte. Au reste il paraît que l'évacuation de la Morée, par les troupes turques, est à peu près décidée, en l'absence des ordres du sultan. Méhemet-Ali a expédié à son fils l'ordre de retourner en Égypte, tout tend donc à faire croire que les affaires de la Grèce marchent vers un prompt arrangement.

Le progrès des Russes, d'une part ; l'espèce de défection d'Ibrahim, de l'autre, vont placer l'empire Ottoman dans une position critique, et il est impossible que le sultan n'en passe pas par les volontés des puissances alliées, trop heureux s'il ne paye pas de sa tête son absurde obstination et surtout l'ancien licenciement des redoutables janissaires. Au reste j'ai sous les yeux une lettre de Constantinople du 29 juin, de laquelle il résulte que la Porte ne doit plus compter sur l'intervention de l'Autriche ; cette puissance s'est enfin décidée à se prononcer pour la neutralité.

L'enthousiasme fanatique qu'inspirait autrefois le salut de l'islamisme a cessé d'exister, le pavillon du Prophète ne fait plus d'effet et la conscription la plus rigoureuse a remplacé ces appels d'enthousiasme qui faisaient soulever comme par enchantement la population entière de l'empire turc.

Grande leçon pour les partisans du despotisme, il est dans sa nature d'user tous les ressorts, même ceux que soutient une religion appuyée sur le fanatisme.

———

Toulon, le 18 août 1828.

Mon bon Père,

Nous arrivons à Toulon, les progrès croissants de la fièvre intermittente dont les premières atteintes se sont fait sentir à Paros, sont la cause de notre retour prématuré ; malgré le plaisir qu'on trouve toujours à revoir la terre natale, nous n'avons pas lieu de nous féliciter (nous qui nous portons bien) d'avoir été forcés de quitter le théâtre des événements, au moment où ils peuvent devenir les plus intéressants et les plus décisifs à notre départ. En effet, Ibrahim réduit à la dernière misère dans le camp de Modon n'attendait plus pour rejoindre l'Égypte que l'arrivée de la flotte égyptienne que des bâtiments de guerre européens sont allés chercher à Alexandrie. A cela se joignent les progrès des Russes qui vont faire retourner à Constantinople les ambassadeurs chrétiens. L'émancipation de la Grèce, la libre navigation des Dardanelles, seront sans doute les résultats de la guerre impolitique faite sur la Porte.

Au milieu d'une atmosphère épidémique qui a étendu sur les cadres plus de 100 hommes de notre équipage, ma santé n'a pas cessé d'être excellente.

A Monsieur Léon de Belvèze

Toulon, le 26 août 1828.

Mon cher Léon,

Ta lettre s'est croisée avec celle que j'ai expédiée à Montauban, le jour même de notre entrée à Toulon, et par elle, mon cher Léon, tu verras que j'ignorais l'heureuse ordonnance du 3 août, il te sera plus facile de sentir qu'à moi d'exprimer tout le plaisir que m'a fait cette nouvelle ; et le bonheur qu'elle cause à nos parents me fait apprécier bien hautement cette distinction qui d'ailleurs aplanira un peu les voies de l'avancement.

Je ne l'ai pas encore porté ce ruban si désiré ; et dans l'état de séquestre où nous sommes, je pense que si nous ne sortons point de quarantaine, il faudra attendre, pour qu'on me chausse les éperons et qu'on me donne l'accolade, que nous soyons admis à libre pratique. Je suis enchanté de l'empressement qu'un grand nombre de nos compatriotes ont mis à féliciter mon excellente mère.

———

Toulon, le 28 octobre 1828.

Mon cher Léon,

Je te félicite, voilà tes vœux et les nôtres comblés ; et quoique tu sois du nombre des élus, tu es comme ces heureux gladiateurs à qui leur adresse et leur force reconnues attiraient le choix du peuple, mais qui n'avaient pas moins à courir les chances du combat. Mais au reste tu sais ce que je t'ai déjà dit à cet égard, un travail soutenu, voilà les conditions indispensables et nécessaires. Les deux années que tu vas passer sont deux années d'épreuves, de privations, de travail ; mais elles seront suivies d'années de liberté, si tu parviens à obtenir une place dans un corps civil. Je te le répète, à une épaulette sont suspendues des chaînes brillantes dont le poids se fait toujours sentir et qui sont devenues plus lourdes encore, depuis qu'heureusement pour la France, la considération publique distingue l'habit de l'individu qui le porte. Les démarches de mon oncle auront, j'espère, un résultat heureux et alors tu seras lié plus que jamais et forcé de travailler plus que moi, si tu veux avoir le choix.

On dit que nous partons dimanche, la voix publique nous envoie encore devant Alger, remplacer momentanément *La Provence* dont la rentrée serait devenue nécessaire par suite du dernier accident arrivé dans la batterie de 36. J'aime à croire que ce bruit est dénué de fondement, il ne serait point amusant d'aller passer un hiver à rouler et tanguer sur les côtes inhospitalières de la Barbarie et pour continuer des démonstrations de guerre contre une puissance qui se moquera de nous, tant que nous ne ferons pas une expédition ruineuse.

Plusieurs bâtiments nous sont arrivés du Levant, on ne sait trop que dire de cette expédition du Levant, qui arrive en Morée pour trouver, toute faite, une capitulation que sa présence devait décider un peu plus tard, qui, en attendant, est obligée de camper dans l'inactivité devant des places que la capitulation l'oblige à respecter et qui trouve, sur une terre inculte et que vont envahir les pluies annuelles, des privations, de l'ennui, rien ou peu de chose à faire, et le germe de la fièvre intermittente. Nul doute que cet état de choses ne peut durer; qu'il faudra de gré où de force entrer à Navarin, Coron, Modon, Patras, etc. Mais alors voilà une levée de boucliers contre le Grand Seigneur; et je pense qu'on voudrait éviter cela; quoi qu'il en soit, le temps nous apprendra si nous devons applaudir à une expédition qui peut nous donner une immense prépondérance, ou nous couvrir de ridicule. L'essentiel est que nos ministres sachent profiter des événements; surtout, qu'ils aient une volonté ferme, qu'ils se souviennent qu'ils dirigent les destinées de la grande nation, et qu'ils demandent au Ciel une étincelle de ce génie immense qui suggérait à Napoléon ses vastes combinaisons et leurs résultats les plus lointains.

Toulon, le 11 novembre 1828.

Mon bon Père,

Je t'ai parlé dans une de mes lettres de mon intention d'aborder un jour la navigation des bâtiments à vapeur. Je suis bien aise que tu aies apprécié ce que cette résolution peut avoir d'avantageux. Le gouvernement vient d'établir à Indrets une usine où se fabriqueront les machines des bâtiments qui seront construits sur la Loire. On parle d'attacher des officiers de marine à cet établissement. Dans ce cas, lorsque j'aurai savouré un long et s'il se peut très-long congé, je demanderai à suivre ces travaux et il me semble que par là je pourrai espérer de me placer dans la classe peu nombreuse des officiers propres à commander ces sortes de bâtiments.

M. de Rosamel est parti pour le Levant, jusqu'ici sa mission paraît être de servir sous les ordres de M. de Rigny; quant au rappel de ce dernier, si le gouvernement en avait l'idée, ce serait un véritable malheur, personne dans la marine et peut-être en France n'est susceptible d'hériter de la haute influence de M. de Rigny dans le Levant, de son activité, et de sa grande connaissance des hommes et des choses de ce pays.

Navarin, le 12 décembre 1828.

Ma bonne Mère,

Nous sommes arrivés à Navarin après onze jours de traversée.

Les lieux où se sont passés bien des événements depuis quinze mois et qui, dans ce moment, ressemblent assez à un sol récemment bouleversé par un tremblement de terre ; des tentes, des baraques en bois aux environs d'une ville de ruines et qui n'étaient habitables que par des Turcs, des soldats errants au milieu de ces décombres : tel est le spectacle que présente la côte de Navarin. Le plus grand ennemi qu'ait rencontré l'armée n'est pas l'ennemi ; les maladies ont pris plus que le canon et l'armée aspire à abandonner une terre où elle n'a pas trouvé une moisson de gloire qui pût compenser la douleur de se voir décimer par les fièvres et les autres maladies. Du reste, aux logements près, qui cependant deviennent tous les jours plus supportables, les troupes ont ici une bonne nourriture, un parc de 1,200 bœufs se trouve entre Navarin et Modon. Les distributions sont régulières et tout porte à espérer que nos corps n'éprouveront désormais que des pertes insensibles. Au milieu de cette pénurie de lauriers et de plaisirs, on retrouve cet esprit français qui trouve toujours à rire même de ce qui l'afflige, et la verve de quelque poëte en schako a mis au jour une chanson plaisante et dont je vais te faire connaître quelques couplets assez drôles.

LA CAMPAGNE DE MORÉE

N'en déplaise aux braves guerriers,
Vieux enfants gâtés de la gloire,
Ils n'étaient que des écoliers
Dans l'art d'enchaîner la victoire.
Ils massacraient le genre humain ;
Vainqueurs, vaincus jonchaient la
*   [terre,*
L'un aujourd'hui, l'autre demain.
Avez-vous jamais vu la guerre ?

La politique avec l'esprit
Ont détrôné Mars et Bellone.
On prend les villes par écrit
Sans ôter la vie à personne.
Le canon, paisible instrument,
A perdu sa voix de tonnerre :
On verse l'encre et non le sang.
Avez-vous jamais vu la guerre ?

Pour punir les Grecs insoumis,
Le Turc envahit ses contrées,
Et soudain la France a promis
De venger bientôt la Morée.
Mais déjà les Turcs sont battus :
Sans coup férir, le ministère
Au coin du feu les a vaincus ;
Avez-vous jamais vu la guerre ?

Cependant pour plaire aux Français
Affamés d'honneur et de gloire,
On ira chercher à grands frais
Un simulacre de victoire.
A ce bruit, le fier Musulman
A dégaîné son cimeterre :
Il voit nos drapeaux... il se rend.
Avez-vous jamais vu la guerre ?

Déjà Modon ouvre son fort
Au feu de nos. troupes guerrières,
Car on tente un sublime effort :
On s'en empare à coups de pierres.

Le noir pacha des Égyptiens
Ne se défend qu'à coups de verres ;
Il trinque avec tous les chrétiens.
Avez-vous jamais vu la guerre ?

A l'aspect du Français vainqueur
Navarin a fermé ses portes,
Mais un seul guerrier, un sapeur [1]
Affronte ses noires cohortes.
Il monte, il se fraye un chemin,
Il glisse... ! il va mordre la terre :
Un Turc le retient par la main.
Avez-vous jamais vu la guerre ?

Ainsi finit sans accident
Cette mémorable campagne.
Adieu cordons, titres, rubans,
Adieu les châteaux en Espagne.
Exilés loin de vos foyers
Au sein d'une terre étrangère,
Sans vin, sans lauriers,
Avez-vous jamais vu la guerre ?

Tu vois, ma chère Maman, que cette singulière campagne excite la satire même des vainqueurs. C'est qu'en effet, il y a dans ce mélange d'appareil militaire et diplomatique, dans cette lutte des armes et des négociations, dans cette amitié qui résiste aux siéges, aux incendies de flottes, à l'expulsion d'un territoire, quelque chose de si bizarre, de si insolite, qu'en vérité cela ne manque pas d'un côté tout à fait plaisant.

Du reste, à tort où à raison, l'armée espère rentrer en France au mois de mai. On dit qu'avant elle formera le

1. Historique.

noyau d'une expédition contre Alger, rien n'est certain à cet égard. Les Anglais et les Français prennent, dit-on, une attitude un peu moins amicale contre les Russes de l'intervention. La fin de l'hiver doit amener nécessairement la solution de la question qui est aujourd'hui pendante.

Quelle sera la destination du vaisseau, je l'ignore; j'aime à me bercer de l'espoir que nous ne passerons pas tout l'été dans le Levant et que je vendangerai à Montauban. Ce sont là aujourd'hui mes châteaux en Espagne, et certes, après dix-huit mois de service actif, sur un vaisseau, je pense qu'il sera difficile de me refuser un congé.

Je serai reçu chevalier un de ces jours. Nous attendons ici M. de Rigny qui est dans l'Archipel et qui a à son bord mes *lettres de noblesse*. M. de Rosamel est ici en l'absence de l'infatigable amiral; M. de Rosamel commande.

A Monsieur Thierry Poux

Navarin, le 19 décembre 1828.

Mon cher Thierry,

J'ai reçu aujourd'hui ta lettre du 29 novembre dernier. La date de cette réponse te montrera que les occasions pour notre patrie ne manquent pas ici. Mais ce qui vous fera plus de plaisir, c'est d'apprendre que nous allons partir pour la France; mon intention est de demander un congé à mon arrivée. En effet, que faire à transporter des troupes pendant tout l'hiver, avoir table ouverte à bord? Les événements sont terminés, l'armée rentre, 5,000 hommes vont partir, nous en porterons au moins 600.

Je suis arrivé hier de Modon où est placé le quartier général, je saisirai plus tard l'occasion de confier au papier quelques détails sur la marche et les conséquences d'une expédition bien singulière, dont les opérations ont suivi une marche bien inaccoutumée et dont la rentrée en France va détruire, je pense, une grande partie de ce philhéllénisme qui a fait jusqu'ici porter si haut dans l'opinion la régénération de la Grèce. Pour le moment je te dirai que la nouvelle de la rentrée en France de l'armée a causé parmi la troupe la joie la plus vive ; les corps spéciaux resteront ici les derniers pour réparer les places, réorganiser le mieux possible le matériel de l'armée grecque. Pourquoi n'est-il pas également possible de ramener à des vertus sociales une population qui n'a pris des Turcs que la tendance à la saleté, le brigandage, et qui a conservé les imperfections natives des anciens Grecs ? Tu diras que je juge avec sévérité, c'est vrai ; je fais la part de l'influence inévitable et pernicieuse de l'esclavage, mais il est impossible de ne pas déplorer la situation morale d'un peuple aussi peu apte à recevoir des lois.

Le brick *Le Voltigeur* portera cette lettre et notre départ aura lieu, je crois, lorsqu'on sera prêt à embarquer les troupes, ce qui se prolongera peut-être au delà du 1er janvier ; il est fâcheux que cette évacuation ait lieu pendant l'hiver, les vents contraires peuvent rendre longue et bien pénible une traversée faite avec autant de monde à bord.

Je suis bien consolé de n'avoir pas pu assister au siége du château de Morée, on parle bien diversement de ce fait d'armes ; on s'accorde sur un fait unique, c'est que toutes les armes ont fait preuve de bravoure ; on dit qu'on eût pu éviter d'ensanglanter ce dernier trophée.

J'ai hâte d'arriver en France et de présenter ma requête ; après quelques mois de repos, nous aviserons aux moyens de

mettre à exécution le projet d'attaquer la navigation à vapeur,
à moins que, d'ici à ce temps, nous ne trouvions quelque jeune
héritière qui veuille lier son sort au mien, et me conduire au
bonheur par des voies moins orageuses que celles que je suis.

Toulon, le 21 janvier 1829.

Ma bonne Mère,

Nous arrivons à Toulon chargés de troupes que nous rame-
nons de la Morée ; notre traversée, déjà rendue si pénible par
la présence de tant de passagers, l'a été bien plus encore par
les coups de vent et les contrariétés qui ont duré jusqu'à l'entrée du port.

Cette maudite quarantaine va encore s'interposer entre la
France et nous et je vais, pour la troisième fois, consacrer inutilement un mois de ma vie à ce vilain Lazaret dont la vue
me fait horreur.

A M. Rohault de Fleury

A bord du vaisseau *Le Scipion,* au
Lazaret de Toulon, le 27 janvier 1829.

Mon cher Rohault,

Que j'ai eu de plaisir à recevoir votre lettre ! Ce souvenir
d'un camarade auquel je n'ai cessé d'être sincèrement attaché

m'a rendu d'autant plus heureux, qu'isolé depuis six ans de tous ceux à qui j'étais uni par l'impérissable lien de l'École Polytechnique, j'avais de la peine à me faire à cette idée, d'avoir cessé d'avoir des amis pour avoir entrepris une carrière peu fréquentée par nos camarades. Il m'est doux, mon cher ami, après de rares rencontres de quelques-uns d'entre eux, de devoir à votre bon souvenir l'occasion d'entretenir avec vous l'amitié que je n'ai cessé de vous porter. Recevez à mon tour, mon bon ami, mes sincères félicitations pour le bonheur dont a été marqué le commencement de votre carrière. J'envie votre sort, moi, dont le caractère paisible et les goûts sédentaires semblaient faits pour une vie moins aventureuse que la mienne.

Je sens mieux, que je ne saurais l'exprimer, tout le plaisir que j'aurai à vous embrasser, et, malheureusement il m'est difficile de fixer l'époque où je pourrai fouler encore le sol de la capitale. Dans l'excès de développement et d'activité qu'a pris notre marine, les campagnes longues, les dangers ne donnent plus de droits à des congés, et, dans ce moment, j'en sollicite un que j'espère peu obtenir à cause de la difficulté de me remplacer à bord du vaisseau.

Vous désirez connaître, mon cher Rohault, où m'a conduit mon étoile; eh bien! sachez donc qu'à ma sortie de l'École et pour m'amariner je fis une croisière d'un an environ pour concourir à cette guerre d'Espagne où les dangers et la gloire furent remplacés par l'ennui et le dégoût. A peine débarrassés de cette expédition fatigante, je partis pour une campagne de trente mois sur les côtes orientales et occidentales de l'Amérique du sud. J'ai passé près de deux ans sur les côtes du Pérou et du Chili et là, mon ami, après avoir assisté quelques mois auparavant au spectacle d'un peuple jadis puissant, foulé par le despotisme, j'ai vu s'élever sous mes yeux des nations à qui la liberté a donné des forces inconnues;

secouant le joug de l'Espagne affaiblie, les Républiques naissantes ont été pour l'Europe des États tout à fait nouveaux où
les arts, les sciences, le commerce ont importé aussitôt leurs
richesses et leurs bienfaits. Des années s'écouleront, sans
doute, avant que ces nations aient adopté ces institutions fixes,
ces principes de gouvernement et d'économie politique qui
garantissent l'existence et la prospérité des peuples, mais après
avoir tâtonné quelque temps, nous les verrons grandir et partager avec nous cette civilisation que nous leur transmettons
toute perfectionnée. Après avoir vu les révolutions américaines, il m'était réservé de prendre part aux efforts tardifs
faits par l'Europe civilisée pour arracher au cimeterre turc les
restes des Héllènes. Acteur au combat de Navarin, j'ai vu
commencer cette expédition de Morée dont les résultats
auraient dû être plus grands et dont la marche trouvera bientôt
en Europe de nombreux commentateurs.

Nous voilà arrivés au point de ma carrière maritime où j'en
suis aujourd'hui; où s'arrêtera-t-elle? Je n'en sais rien. Si, comme
vous, je cherchais auprès d'une compagne le bonheur que je ne
trouverai jamais dans la vie vagabonde du marin, je me déciderais, je crois, avec peine à affronter de nouveau les périls et
surtout les longues absences et l'isolement qui sont l'apanage
de notre métier; ainsi, mon cher ami, loin d'être fixé, mon
avenir a encore quelque chose d'incertain.

De tous les élèves de l'École que vous connaissez je ne
pourrai vous donner des nouvelles que de Cavaignac, Deshermeaux, Lebaron, Soult et Mathieu que j'ai laissés en Morée
en parfaite santé; Thenard est retourné en France trèsmalade; la fièvre nous a enlevé Laveyte; Marbaye et Champeaux dont je suis séparé depuis longtemps sont tous bien
portants, Defermau, Sachet, Pivonneau, Noël sont à Toulon.

Au moment où j'écris vous devez avoir connaissance du discours du Roi et cette pièce a dû vous donner un avant-goût de

la politique de cette année. Méconnaître un peu moins l'opinion nationale, moins tergiverser, pour marcher franchement
dans les voies constitutionnelles, voilà ce qui semble devoir
affermir le ministère actuel ; comment se fait-il qu'il ait tant de
difficulté à accorder ses paroles et ses actes ?

Tout est séduction, mon ami, dans votre lettre : le plaisir de
retrouver un ami au sein de sa famille, l'attrait de la capitale,
l'espoir de me trouver un jour dans la société d'hommes instruits unis par le lien d'une éducation commune ; tout cela,
mon cher Rohault, me fait désirer vivement de pouvoir aller
passer quelque temps à Paris. Mais je regretterai de ne pouvoir porter, dans votre société industrielle, le tribut de connaissances, d'observations dont le séjour de Paris et la fréquenta-
tion des hommes instruits vous fournissent une ample moisson.
Quoi qu'il en soit, mon ami, j'appelle de tous mes vœux le
moment où j'aurai le plaisir de profiter de vos offres et de vous
embrasser.

Écrivez-moi quelquefois, mon cher Rohault, je serai heureux
de pouvoir donner suite à une correspondance avec vous, vous
me peindrez votre bonheur et je le partagerai ; vous me suivrez
par les mers et j'éprouverai, en recevant vos lettres, des douceurs qui vous sont inconnues, celles de sentir qu'à travers des
distances immenses il est encore des êtres qui pensent quelquefois à vous.

Adieu ; je vous embrasse ; écrivez-moi jusqu'à nouvel ordre
à l'adresse suivante : M. Laborel, rue Saint-Louis, n° 1, pour
remettre à M. Belvèze, enseigne de vaisseau à Toulon. Adieu,
je vous embrasse de nouveau.

Toulon, le 29 janvier 1829.

Mon bon Père,

Je vous ai annoncé, il y a peu de jours, mon arrivée à Toulon; nos troupes sont enfin débarquées et nous voilà délivrés d'une corvée dont les désagréments ne peuvent être appréciés que par ceux qui ont l'habitude de la navigation. Nous espérions, grâce à notre grande vergue cassée et notre grand mât craqué, être dispensés d'aller encore une fois prendre une partie de l'armée expéditionnaire, mais tout porte à croire que le vaisseau partira avant d'avoir terminé sa quarantaine. Le préfet maritime nous envoie des apparaux pour démâter et, grâce à son ingénieuse activité, nous aurons fait nos réparations peut-être avant que nous puissions être admis à libre pratique. Ce qui ajoute aux désagréments passés ceux de faire en pure perte une longue quarantaine, à peu près complète.

Je ne t'ai pas encore parlé de cette expédition de Morée, assez de bouches publieront en France la marche de ce mouvement militaire, diront ce qu'il a été, ce qu'il aurait dû être. Les fièvres ont ravagé quelques corps, tous ont eu quelques pertes ou maladies; un peu plus de prévoyance et d'activité, d'habitude de la guerre chez nos généraux, eussent sinon empêché, du moins diminué l'influence funeste du climat. Cette campagne prouvera du moins que pour faire de bons soldats, il ne suffit pas qu'ils aient des armes brillantes et des habits exempts de taches, il faut encore qu'ils soient accoutumés aux travaux, à la fatigue, il faut que les garnisons soient pour eux des lieux d'exercices pénibles et non pas des théâtres de parades et des séjours d'oisiveté : quand nos armées dominaient depuis les bouches de l'Elbe, jusqu'au détroit de Gibraltar, elles ne se nourrissaient pas de la comparaison des délices de Cadix ou de Barcelone et des privations de Navarin ou de Modon, et leurs généraux songeaient continuellement aux soins, au bien-être qu'ils devaient à leur armée.

En Morée, les éléments de découragement ne tiennent pas seulement au sol, au climat, ils tiennent à une direction sans expérience, il est pénible de le dire, on aura même de la peine à le croire, mais cela est ainsi ; et trop de détails, qui acquerront sans doute beaucoup de publicité, prouveront la question que j'émets en passant.

Toulon, le 26 septembre 1829.

Ma bonne Mère.

Quoique les embarquements soient aujourd'hui rares et difficiles à obtenir, je crois que j'aurai réussi à éviter le dépôt général et à obtenir de faire une campagne. La corvette de charge *L'Émulation* est dans ce moment-ci en réparation et armera pour aller faire une campagne hydrographique sur les côtes du Brésil et de la Plata. Quoiqu'un travail immense attende les officiers qui feront partie de l'expédition, je me suis décidé à le demander ; cette campagne sera, je crois, un titre pour obtenir plus tard des faveurs. Ainsi, si les événements ne viennent pas contrarier mes projets, dans deux ou trois mois je partirai sur *L'Émulation*, pour les côtes du Brésil.

Toulon, le 4 novembre 1829.

Mon bon Père,

Ma destination est fixée et je resterai *second* de *L'Émulation*, ainsi, dans quelques jours, le bâtiment sortant du bassin, je vais me trouver dans les innombrables détails d'un armement complet ; mais je crois que je suis comme les ânes qui vont d'autant mieux qu'on les charge davantage. Notre mission sera celle dont je t'avais parlé, faire la géographie du cours de la Plata et d'une partie de la côte du Brésil. Notre voyage à Rio sera utilisé au profit de la Cour de Rome, car nous aurons pour passager le Nonce du Pape.

Voilà la guerre d'Orient terminée et notre rôle absurde dans ce drame important ne s'est pas encore terminé. Nous serons abreuvés d'humiliations jusqu'au bout. Nous serons condamnés à retirer nos troupes de Morée, à renvoyer les Grecs à qui nous avions promis l'hospitalité, que sais-je, à faire la volonté de tout le monde excepté celle de la nation ! Il y a pourtant un an, notre position était si belle : la frontière du Rhin, pour prix d'une alliance qui n'entraînait que la neutralité. La considération attachée à l'indépendance, le partage de la haute influence de la Russie, l'abaissement de l'Angleterre, voilà ce qu'on nous a fait perdre avec tant d'autres choses.

Toulon, le 18 novembre 1829.

Ma bonne Mère,

J'ai reçu ta lettre du 30 octobre dernier et tu ne seras pas étonnée que je n'y aie pas encore répondu, lorsque tu sauras que c'est aujourd'hui seulement que je romps en visière avec les médecins qui me tiennent renfermé chez moi depuis plusieurs jours, sous l'influence des sangsues, des tisanes, etc., pour un misérable mal de gorge fort incommode et fort douloureux à la vérité, mais qui ne m'avait pas paru mériter l'honneur des sangsues. Dimanche dernier j'étais invité à dîner chez M. Perroty, le champagne et la dinde truffée m'attendaient; je fais dire que je ne puis y aller; aussitôt M. Perroty et quatre ou cinq autres empressés arrivent, me grondent, m'injurient pour n'avoir pas consulté de médecin, m'en nomment un d'office et le soir même, je suis dévoré par une trentaine de bêtes hideuses. Enfin aujourd'hui tout va infiniment mieux et demain je reprends mes occupations.

Toulon, le 26 décembre 1829.

Ma bonne Mère,

Comme je vous l'ai déjà annoncé, je suis et reste *second* à bord de *L'Émulation*. Sais-tu bien ce que c'est qu'un second, ma bonne Mère, c'est la femme de ménage, le directeur de tous les détails, celui sans qui rien ne se fait, celui qui ordonne le service des officiers, en même temps qu'il détermine le nombre de coups de balai à donner sur le pont, le canal par lequel passent tous les ordres du commandant et à qui on rend compte de la conduite du dernier mousse, c'est enfin le président du conseil des ministres, réunissant tous les portefeuilles, préfet de police, etc. Il y a de quoi pâlir de terreur devant de semblables attributions, je suis ni plus ni moins que le grand vizir de *L'É-*

mulation. Plaisanterie à part, c'est une vraie charge qu'un détail de bâtiment lorsqu'on en est chargé pour la première fois ;
mais je ne suis pas fâché d'avoir cette charge pendant qu'il nous
reste encore un peu du feu sacré, qui sait combien de temps
j'en aurai encore ! Tu penses bien qu'avec des occupations
multipliées et qui vont le devenir plus encore jusqu'au départ,
la soirée me reste à peine entière ; aussi je ne vais guère dans
le monde, pour lequel il faut faire trop de frais. Je n'ai point
fait de nouvelles connaissances. De temps à autre je vais passer
une soirée de famille dans l'excellente famille Laborel, quelquefois je vais écouter quelque chant de Rossini au spectacle
et le reste du jour j'arpente souvent l'arsenal, je reste à bord,
et cette activité me conserve, je crois, une très-bonne santé ; tu
penses bien que j'ai dû abandonner la peinture, je l'ai quittée,
mais convaincu par expérience qu'il ne me serait pas impossible
de faire quelque chose dans le nouveau genre. Toutefois, j'ai
fait dans ces deux mois de leçons une assez bonne connaissance
d'atelier, qui a mis encore une fois ma face sur la toile : il y
travaille encore, si je le trouve ressemblant et que tu aies quelque fantaisie de l'avoir, je te l'enverrai et le portrait en redingote reviendra à mon très-honoré cousin et ami Thierry.

Toulon, le 17 janvier 1830.

Ma bonne Mère,

Plaisanterie à part, sais-tu que je n'ai pas un moment de
repos, je n'ai de ma vie tant trotté. Heureusement que dans
l'armement dont je suis chargé, il y a assez de bons éléments.

Mon père trouvera que je suis un fort *petit ministre*, lorsqu'il va savoir que le bâtiment sur lequel je vais affronter la mer est de 100 hommes d'équipage, mais que nous sommes là-dessus 7 officiers civils ou militaires, 9 élèves, plus un ingénieur hydrographe, ancien camarade d'école, peut-être un naturaliste et, par-dessus le marché, un Nonce et deux secrétaires d'ambassade : voilà la population de *L'Émulation*. Jusqu'ici nous nous entendons assez bien avec le capitaine, Dieu veuille que cela dure.

Marseille, le 18 mars 1830.

Ma bonne Mère,

Je m'échappe un instant à mes occupations pour t'annoncer notre départ. Samedi, si le temps le permet, nous mettrons à la voile, encombrés comme on ne peut se le figurer. Cet excellent Nonce nous charge d'effets à n'en plus finir, et aujourd'hui que son bagage nous arrive je ne sais où je ferai de la place pour loger l'équipage ; voitures, malles, cristaux, rien n'y manque.

Après tous les regrets que me laisse en partant le long éloignement de ma famille, je place les inquiétudes qui naissent de la situation particulière de notre France, quelle perspective de troubles s'ouvre devant nous !

Quoi qu'il en soit, le temps où nous vivons nous garantit toujours l'absence de ces excès qui font déplorer les révolutions et qui compromettent le bien présent au profit d'un bien futur et incertain.

———

A bord de *L'Émulation*, le 27 mars 1830.
A la hauteur du cap Sacratif (côte d'Espagne).

Mon bon Père,

Un bâtiment passe à côté de nous et j'en profite pour jeter cette lettre à bord. Nous voilà en route jusqu'ici favorisés par le vent, mais contrariés dans ce moment pour passer le détroit. Malgré l'encombrement que nous causent nos passagers, j'espère que nous arriverons sans malencontre. Vous avez dû recevoir ma lettre de départ de Marseille.

J'ai le cœur serré en voyant passer ce bâtiment qui part pour la France ; plus heureux que nous, il ne s'en éloignera probablement pas de longtemps. Oh, certainement, à moins que je ne commande, cette campagne sera la dernière des longues campagnes que je ferai.

———

Funchal (Ile de Madère), le 13 avril 1830.

Mon bon Père,

Nous voilà définitivement partis et après beaucoup de contrariétés de toute espèce arrivés à l'île de Madère, où nous allons ajouter encore des passagers au nombre déjà trop grand que nous avons à bord. Je hasarde cette lettre qui t'arrivera peut-être et t'annoncera que ma santé eût été parfaite si ces maudits maux de gorge m'avaient quitté. Mais voilà quatre mois qu'ils sont en possession de me tourmenter malgré le régime, les sangsues, etc. Je compte beaucoup sur la transpiration abondante des pays chauds pour me guérir radicalement ; il me tarde, car je souffre peu, mais mon service est quelquefois interrompu et cela m'ennuie au suprême degré. Nous sommes dans le pays régi par le gouvernement paternel des têtus de Lisbonne, il y paraît ; tout est dans la misère, la désolation ; le pays se dépeuple et les prisons sont toujours pleines.

Demain, si notre ambassadeur ne vient pas comme c'est possible, nous ferons voile par Sainte-Croix de Ténériffe où nous séjournerons au moins 5 ou 6 jours.

Je ne suis point mal à bord du bâtiment et j'espère que la campagne finira heureusement, les travers du lieutenant sont compensés par les travers du capitaine, il y a lieu d'espérer qu'au bout d'un certain temps nous serons tous parfaitement d'accord.

Nous sommes partis le jour même où nous aurions pu voir l'adresse, juge de notre curiosité ! Il nous faudra peut-être encore trois ou quatre mois pour savoir les résultats de la démonstration parlementaire la plus hostile qui ait été faite.

Mgr Ottini est un fort aimable homme, italien et diplomate dans la force du terme, et avec qui, moi *sous-commandeur* (c'est ainsi qu'il m'appelle), je suis au mieux, je pourrais espérer de tirer de là la croix de l'Éperon-d'Or.

Rio-Janeiro, le 6 juin 1830.

Mon bon Père,

Cette lettre était commencée depuis quelques jours, un excès de travail est survenu à bord et je suis absorbé alors depuis le matin jusqu'au soir. Je crois que, pour nos péchés, nous resterons ici beaucoup plus longtemps que je ne l'avais pensé ; le travail de Sainte-Catherine se fera un peu plus tard, l'amiral s'en va je ne sais où et, en attendant, il nous laisse ici en station. A part la beauté de la campagne que le soleil où la pluie empêchent souvent de parcourir, il n'y a ici absolument aucun plaisir. La ville est triste, l'insociabilité portugaise est partout, elle se communique même par contagion aux étrangers établis ici. En somme, il nous tarde à tous de partir d'ici, et la campagne à peine commencée, nous avons hâte d'en voir la fin. Quant à l'état politique du pays, point de crédit, des émissions folles de papier-monnaie créeront peut-être à Don Pedro des embarras dont il lui sera difficile de sortir. Déjà les Chambres font ici une opposition constante et assez forte. La France, l'Autriche et l'Angleterre ont travaillé à amener à fin les différends avec le Portugal, et il semble que cela s'arrangera à la honte et pour la condamnation ultérieure des sectaires de la légitimité politique d'une manière favorable à Don Miguel ; on lui sacrifiera peut-être Dona Maria !

7 juin. — Je viens de recevoir avec une fort belle chaîne de montre en or, que le Nonce vient de m'envoyer, une lettre de son secrétaire d'ambassade, où il m'est dit : « J'aimerais avoir « une note faite par vous-même, dans laquelle vous exposerez « l'avancement que vous désirez et les raisons sur lesquelles

« votre demande est appuyée, cette même note sera présentée
« à S. Ex. le Ministre de la marine, par Mgr Lambruschini,
« nonce à Paris. »

Je vais répondre tout à l'heure à cette nouvelle attention du
Nonce, je ne sais si tout cela me servira.

Le mauvais temps semble s'obstiner à nous poursuivre ici, et
tout en gênant nos travaux, il nous empêche de visiter les belles
campagnes des environs. J'ai pourtant été faire un tour hier au
jardin public ; quel dommage qu'il faille acheter, au prix d'une
longue traversée, le plaisir de voir cette belle végétation !
avec quel œil d'envie mon excellente mère verrait ces beaux
lieux ! Je regarde tous les arbres, je voudrais emporter un échantillon de chacun à la maison, mais il faudrait aussi y emporter
un peu de soleil brésilien.

Hier au soir j'ai été au spectacle, où j'ai vu tout à mon aise
la nouvelle impératrice du Brésil. C'est une femme charmante ;
on dit qu'elle unit, aux perfections physiques qu'elle possède,
des qualités du cœur dignes de la fille de Beauharnais ; elle
méritait, à tous égards, une couronne plus belle que celle du
Brésil. A sa place je crois que je préférerais le sort d'une riche
bourgeoise de Paris. Les Brésiliens purs sont fâchés d'avoir
leur empereur qu'ils regardent comme un étranger marié à
une étrangère, ils l'appellent *la française ;* et quoique nos
compatriotes soient très-nombreux ici, il n'y sont pourtant pas
très-bien vus.

Rio-Janeiro, le 27 juin 1830.

Ma bonne Mère,

Une décision de l'amiral nous force à rester et tout porte à penser que notre travail ne commencera réellement que vers la fin d'août; toute l'Amérique est vaincue, l'Europe dans l'attente des événements qui travaillent au dedans et au dehors notre belle France. Les nouvelles de l'expédition d'Afrique sont attendues avec impatience, et la mort du roi d'Angleterre annoncée ici, ces jours derniers, a rendu plus piquantes encore les conjectures que chacun s'évertue à faire sur la manière dont sera rompu l'état violent dans lequel se trouve l'Europe.

Quel chien de pays que ce pays-ci, ma chère mère, pas une figure qu'on puisse regarder, des nègres qui couvrent le pavé, qui infectent l'air, qui attristent l'âme et puis, parmi les blancs, la plus belle collection de figures rébarbatives qu'on puisse voir; heureusement l'ingénieur hydrographe, le docteur et moi, nous avons formé une petite société et nous nous dédommageons ensemble des désagréments du pays et du bord.

Nous avons été nous promener l'autre jour à Saint-Christophe, c'est le Saint-Cloud de Don Pedro; les beaux jardins anglais qu'on ferait là, les beaux arbres, les beaux orangers, la belle nature !

A bord de *L'Émulation*, le 19 novembre 1830.

Ma bonne Mère,

Nous avons passé plus d'un mois à Buenos-Ayres et ce pays que je n'avais pas visité dans mon premier voyage est devenu, depuis, pauvre, misérable, agité qu'il est par les factions. La guerre civile, suscitée par des ambitieux, dévore les ressources de la République, empêche tout développement industriel et prépare à ce pays des malheurs interminables. C'est toujours au nom de la liberté que *fédéralistes* et *militaires* se déchirent et ravagent les campagnes. C'est vraiment une chose déplorable que de voir toute l'Amérique républicaine invoquant partout les mêmes principes et partout devenant la proie de quelques hommes qui se disputent, les armes à la main, l'empire d'un pays dépeuplé, tandis que le repos, la paix feraient prospérer en peu de temps des populations puissantes et riches. La vue de ces déchirements intérieurs est faite pour faire apprécier la forme de notre gouvernement qui en conservant toutes les libertés de la République, ferme la porte aux ambitions rivales qui aspirent au souverain pouvoir.

A bord de *L'Émulation*, le 21 avril 1831.

Mon bon Père,

Je viens de recevoir une destination qui est loin d'être de mon goût ; c'est une campagne plus que pénible, périlleuse et qu'à cause de cela je n'ai pu refuser. Une petite goëlette ad-

jointe à nos travaux et sur laquelle j'ai déjà fait des explorations
partielles dans la rivière va être envoyée sur la côte du Brésil,
et ce voyage, qui n'est pas sans danger, sera entrepris sous
mon commandement. Je l'aurais refusé si c'eût été sans danger;
il en est de cela comme d'un poste à défendre et conserver avec
peu de moyens; cela ne peut se refuser.

———

A bord du brick *Le Faucon*, le 1er juillet 1831.

Mon bon Père,

La date de cette lettre témoignera que j'ai changé de bâtiment, je suis en effet passager sur le brick de guerre *Le Faucon*
et je me rends en toute hâte auprès de l'amiral à Rio-Janeiro,
pour y solliciter mon retour en France, ou, si je ne puis l'obtenir, t'expédier de là une procuration pour te mettre à même
d'avancer mes affaires.

(3 juillet, à la mer, en route pour Rio-Janeiro.)

Il me reste peu de place pour la politique dont je suis trop éloigné et trop peu instruit pour pouvoir parler sciemment, toutefois
la couleur tranchante de notre gouvernement semble être une
grande faiblesse et surtout il semble maintenir un état
de choses onéreux pour la France, attendu que dans l'expec-
tative d'une guerre qui ne se fait pas, la nation épuise ses
trésors pour l'entretien d'une armée. Le gouvernement est
sans crédit par l'incertitude de ses mouvements, le peuple peu
patriotique et non dévoué à l'état nouveau des choses à cause
de l'irritation journalière que lui cause la ténacité aristocrati-

que de nos gouvernants. D'ici, surtout, il nous semble que le ministère des affaires étrangères, meublé d'un Talleyrand et d'un Sébastiani, a voulu afficher auprès des étrangers les allures de l'un et la doctrine aristocratique Metternichale de l'autre ; aussi l'arbre porte ses fruits.

Quant au pays que nous habitons il a fait sa révolution, a expulsé don Pedro et s'est précipité dans les orages d'une minorité, orages qu'une régence habile aurait de la peine à conjurer et qui ne tarderont pas à éclater, sous la double influence d'un gouvernement composé d'hommes ambitieux et peu éclairés et d'une population en grande partie composée d'esclaves pour lesquels Saint-Domingue est un terrible pendant.

Brest, le 11 octobre 1831.

Ma bonne Mère,

J'ai reçu ta lettre, je l'attendais avec impatience, au retour des longues campagnes, après les longues traversées, le moment de l'arrivée est souvent le moment des grandes joies, souvent le moment des grandes douleurs. Je n'ai eu que la joie, Dieu soit loué, vous vous portez tous bien, je n'ai rien à désirer.

A M. Rohault de Fleury

Toulon, le 6 mai 1838.

Mon cher et bon Charles,

… Deux pages de prose pour un chapeau ! et qu'on s'étonne ensuite qu'à la Chambre des députés il se fasse une si énorme consommation de paroles. Maintenant sachez que je suis arrivé ici comme un courrier émérite, bien portant, et que, après avoir passé cinq jours chez ma mère, je suis venu ici embrasser femme et fille que j'ai trouvées toutes deux bien portantes, l'une fort enchantée de posséder son seigneur et maître et l'autre recevant son très-honoré père comme un chien. Elle s'apprivoise maintenant, mais la voix du sang l'a trouvée fort sourde ou très-rebelle. A part cela figurez-vous une grosse réjouie qui court comme un démon, crie de même, forte comme quatre ; un vrai garçon manqué. Elle n'a plus ses joues de Flamande à l'engrais qu'on lui avait données sur son portrait, et c'est au bout du compte une fort belle fille.

Madame Charles peut rire à son aise de cet énoncé naïf de mon orgueil paternel, mais, foi de hibou, elle n'est pas mal. Mon brick n'est pas arrivé, il est attendu. Une fois ici je ne tarderai pas à aller faire mes embarras dans la Péninsule. Je parle ici si souvent de vous, de votre excellente femme et de toute votre aimable société que je dois dès à présent être sobre de regrets et d'éloges répétés, de peur chez moi de paraître rabâcher ; c'est qu'en effet, il est difficile d'être plus pénétré et plus reconnaissant que je ne le suis de toutes les bontés amicales dont j'ai été l'objet. Vous avez toujours été charmants, c'est sûr, et si le prix de tant de bons procédés est dans un vif sentiment de réciprocité, vous êtes payés au centuple.

Dites à Mlle Fanny que l'admiration de son portrait est ici permanente; on la cite comme un type dont tous les peintres présents et futurs doivent tâcher d'approcher. Si Toulon n'était qu'à 60 lieues de Paris j'enverrais à Mlle d'Ivry la supplique d'au moins vingt dames désireuses d'avoir leur mari absent pendu à leur cou (sans préjudice du mari pendu pendant qu'il est présent), et d'autant de maris désireux de faire naviguer leurs femmes en effigie. C'est un concert d'admiration auquel je suis venu ajouter la peinture des qualités aimables de l'auteur, ce qui fait que Mlle Fanny, si elle vient jamais à Toulon, s'y trouvera en pays de connaissances et d'admirateurs... ce que je vous souhaite... Vous voyez donc bien que malgré le dire de Phidias on peut bien comprendre les têtes des vivants sans avoir bétifié toute sa vie devant les têtes de mort... où en est le portrait du beau M***? Je vais écrire à Livourne pour avoir des chapeaux, je compte qu'ils coûteront l'un portant l'autre 40 ou 45 francs. — Comment allez-vous, vous et vos enfants? ménagez votre santé, celle de Mme Charles; vous êtes un trésor sans doute, je vous l'ai souvent écrit, mais votre moitié n'est pas un trésor de moindre valeur. Mille choses affectueuses pour moi à votre gentille Lucile; comment va M***? y a-t-il du mieux? Qu'en dites-vous? Présentez mes respectueux hommages à toute votre famille, à vos excellents parents.

Adieu mon cher Charles, je suis un grandissime bavard, conservez-moi votre bonne amitié en échange de la mienne qui vous est assurée à toujours.

Toulon, le 25 mai 1838.

Mon cher Rohault,

J'ai bien envie maintenant de grogner un peu, vu que vous
ne m'avez pas écrit un mot. Après cette lettre j'aurai des droits
incontestables à la colère contre vous, car vous êtes maintenant
bien et dûment informé que nous nous portons tous bien et les
chapeaux aussi, que nous vous aimons toujours et moi plus que
qui que ce soit, ainsi j'aurai barre sur vous car je ne sais rien
de ce qui vous intéresse. Mon beau-père m'a dit que votre
femme était souffrante ; il me tarde que vous m'ayez fait connaître que cette indisposition n'a pas de gravité, mon cher ami.
Puisque l'an passé le voyage du Havre, les bains de mer lui
furent si favorables, il faut l'y envoyer cette année, vous condamner à la vie de garçon en considération de sa santé, car
vous savez mon opinion sur elle ; entre toutes les femmes à mettre sous verre, elle est sans contredit une des plus précieuses ;
digne pendant d'un charmant mari tel que vous. Vous voyez
que je persiste dans mon adoration pour votre personne.

Toulon, le 18 novembre 1841.

Mon cher Rohault,

Au nombre de mes voyages s'est trouvé celui de Montauban
et j'ai fait le projet d'aller quelque jour y bâtir, au milieu d'un
champ que je possède, un petit ermitage où je couverai ma

goutte et mes rhumatismes, où je verrai pousser des arbres et où j'oublierai la mer et le reste, et si le ciel et les éléments m'ont laissé quelque valeur et quelque force je partirai quelquefois comme un pigeon de son colombier pour aller visiter durant les beaux jours les amis de la rue Matignon et rappeler notre ancienne liaison. Quand je reviendrai de *La Cornaline* vous me donnerez votre plan pour l'édification de mon modeste manoir, manoir de prolétaire avec tout juste ce qu'il faut pour recevoir quelques amis (en petit nombre), abriter une jument grise et une carriole d'osier, et comme alors vous aurez tant fait de maisons, de palais, de cabinets, de serres et que vous n'aurez rien de mieux à faire qu'à vous reposer et jouir du fruit de vos travaux, vous viendrez chercher, un beau jour, un petit rayon du soleil du midi que vous trouverez chez moi, avec un bon lit de vieux et une bonne figure d'hôte comme celle que vous me montrez toujours vous et les vôtres au faubourg Saint-Honoré.

Rappelez-moi, je vous prie, au bon souvenir de vos bons parents et de vos frères et sœur, ne m'oubliez pas aussi auprès de Mlle d'Ivry à laquelle je conserve toujours un souvenir d'amitié et de gratitude ; je l'ai tant fait enrager ! ! !

Adieu, mon cher Rohault, toute ma famille, ma femme en tête, me charge de mille choses amicales pour vous et les vôtres. Tout à vous de cœur.

A bord de *La Cornaline*, le 11 mai 1843.

Mon cher et bon Rohault,

Votre lettre du 4 mars est venue me chercher il y a peu de jours à Beyrouth et elle m'a fait un plaisir qu'il me serait fort difficile de vous exprimer.

Ce n'est pas tout : le commandant de la station de Syrie s'en va ; il y avait douze mois que j'étais sur cette côte, il semblait naturel de me faire hériter de sa position, point ; la direction de l'escadre du Levant était passée aux mains d'un officier de marine pur sang qui me met dans des conditions où je n'aurais pas vécu longtemps, si le nouvel amiral M. Parseval n'avait mis fin à toutes ces ennuyeuses combinaisons en m'envoyant reprendre la station d'Alexandrie. Et voilà, mon très-cher, comme les affaires se mènent chez nous ; voilà comme je suis resté un an loin de ma famille, en pure perte, voilà comme j'ai gaspillé dans le plus monotone, le plus intolérable exil, une année, moi à qui il en reste peu ! Voilà comme je retourne à Alexandrie où vous pourrez m'adresser directement vos lettres qui m'arriveront en seize jours et nous ferons ainsi en une quarantaine de jours une conversation qui me sera fort agréable et qui me distraira des ennuis de cet exil qui paraît une si belle chose à Hubert.

Pourquoi cet Hubert abandonne-t-il sa quiétude, et s'en va songer à enterrer les trésors d'esprit et de gaieté qu'il possède dans un poste d'aspirants, sur quelque côte de Syrie où il se tuera à plaisir pendant un ou deux ans à 45 francs par mois, avec des écervelés qui ne le vaudront pas, au lieu de faire un homme laborieux, riche, brillant, artiste, estimé, aimé, amusé. Mais dites-lui donc que nous devenons tous, sur nos vaisseaux, les plus laids, les plus tristes, les plus maussades, les plus arriérés mortels de la création. Un couvent est une académie récréative comparée à nos vaisseaux.

15 mai 1843, Alexandrie.

Mon cher Rohault,

J'arrive sur la terre des Pharaons, mon bon ami, terre bien plus poétique de loin que de près, mais, à tout prendre, la position vaut mieux que celle de Beyrouth.

Vous le dirai-je, mon cher, j'ai presque du remords, du repentir d'avoir été si franc à l'endroit de la marine. Si j'allais démolir une destinée d'amiral !... mais c'est si douteux !

Je vous félicite, mon cher, d'avoir pu aller à votre aise en Italie ; moi qui fais le métier de pérégriner j'ai à peine, en deux fois, pu effleurer la Toscane et Naples, mais l'intérieur est rarement abordable pour nous, le devoir, le service, ce carcan éternel du militaire, nous cloue au rivage. C'est à grand'peine que j'ai pu alors visiter Damas et Constantinople ; je n'ai vu Athènes qu'au bout de ma longue-vue. Cette fois je pense que je pourrai faire une pointe au Caire, à moins que quelque empêchement ne survienne avant peu. Écrivez-moi à Alexandrie ; grâces aux bateaux-postes le Levant est soudé aux lignes des malles-postes, à moins qu'on ne soit colloqué comme je viens de l'être pendant un an au pied de ce Liban dont on se fait une étrange idée dans notre Europe.

Adieu, j'ai honte de mon interminable bavardage, mille souvenirs affectueux à vos parents et à vos charmants enfants.

Adieu, je vous embrasse de cœur.

Au Lazaret de Toulon, *Cornaline*, le 10 juillet 1843.

Mon cher Rohault,

Avez-vous reçu un énorme bavardage que je vous ai adressé d'Alexandrie et où j'ai rabâché pendant je ne sais combien de pages sur l'idée pharamineuse qui a passé par la tête d'Hubert de lâcher, comme le chien de La Fontaine, la proie architecturale qu'il tient entre les dents pour courir après je ne sais quelle ombre qu'il aperçoit à travers le mirage des océans ? Il ne manquait vraiment plus pour chavirer la cervelle des jeunes écoliers que la nouvelle conquête de la Cythère océanique et l'ouverture des portes du Céleste Empire ; que de vocations prétendues qui surgiront à ces fallacieuses amorces ! Enfin, Dieu est grand et nous sommes vieux ; nous n'avons plus qu'à renvoyer les jeunesses à la fable des deux pigeons. Me voici à Toulon ; j'étais à Alexandrie, il me convenait presque d'y achever mon temps de commandement. Pst ! en un tour de main me voilà parti ; pourquoi ? Je n'en sais rien ni personne non plus ; le bruit court que *La Cornaline* est destinée à aller en Chine, mais, comme je ne sais quel personnage de vaudeville, j'*antipathe* la Chine et je pense que *La Cornaline* ira sans moi.

Toulon, le 29 juillet 1843.

Mon cher Rohault,

Je vous félicite de la résipiscence d'Hubert ; qu'il fasse des maisons et qu'il laisse à d'autres les déceptions de la carrière militaire. A propos j'oubliais de vous féliciter aussi sur le ruban; évidemment il vient trop tard et vous l'avez gagné cent fois depuis votre sortie de l'école. N'importe, c'est une fiche dont la valeur varie avec l'individu qui la porte et vous en serez à bon droit plus glorieux que ne peut l'être cette tourbe de manœuvres électoraux ou législatifs qui la ramassent au milieu des balayures des antichambres. Pour les gens qui consacrent leur vie au service de l'État c'est une bonne et belle distinction ; pour les autres c'est une accusation permanente de la corruption des gouvernants et de beaucoup de gouvernés.

Toulon, le 15 décembre 1844.

Mon cher et bon Charles, votre lettre est venue à Toulon et de là est allée me chercher à Montauban.

J'apprends avec grand plaisir que votre bonne et aimable Lucile continue à se bien porter ; je vous l'ai dit souvent, je l'ai, cette dernière fois, trouvée charmante et elle est faite pour avoir dans le monde comme dans la famille une place distinguée. J'espère qu'elle est destinée à faire et

à obtenir beaucoup de bonheur ; elle a tout ce qu'il faut pour
cela.

Mille choses aimables à vos bons parents qui me montrent
toujours tant d'amitiés ; ne m'oubliez pas aussi auprès des frères et beaux-frères et aussi auprès de la bonne demoiselle
d'Yvry et de sa cousine.

Toulon, le 11 février 1845.

Mon cher ami, je vous écris au sortir des pénibles occupations qui suivent la mort d'un père ; l'amiral Émériau est mort
le 2 et laisse sa famille dans la désolation. Sa fille surtout ne
pouvait se faire à l'idée que sa fin pouvait être prochaine ;
la pauvre enfant en est à sa première peine sérieuse.

Comme vous le voyez, mon cher ami, la mort visite nos
demeures et nous laisse seuls, heureusement nos enfants réclament nos soins et notre tendresse et c'est sur eux que nous
devons reporter toutes nos sollicitudes.

J'espère, que plus heureux que nous, vous aurez vu la santé
de vos parents se rétablir. J'ai oublié les adresses de toutes
les personnes que j'ai connues chez vous et c'est ce qui m'empêche de leur envoyer des lettres de faire-part.

Toulon, le 16 juillet 1845.

Mon cher et bon ami, j'ai bien tardé à répondre à la douloureuse lettre que vous m'avez adressée; vous croirez sans peine que l'indifférence n'a rien à démêler avec ce retard; comme vous, j'avais beau regarder cette perte comme imminente, je n'èn ai pas moins éprouvé une vive impression. Le vide que laisse une mère est si grand qu'on ne peut s'accoutumer à la pensée de le voir s'ouvrir un jour, et puis nous l'avions vue si longtemps frêle et pourtant active qu'il semblait que cet état pouvait se soutenir plus longtemps. Fasse le ciel que cet événement n'ait pas une trop fâcheuse influence sur la santé de votre bon père. Accoutumez-le au repos, occupez son activité d'esprit par une participation sans labeurs à vos propres travaux, c'est le moyen de tromper chez lui l'ennui et d'écarter les préoccupations fâcheuses. Heureusement, vous si bon fils, vous avez de longue main lié les détails de son existence à ceux de la vôtre. L'isolement, cet ennemi cruel des vieillards, ne se sera pas fait sentir et il trouvera tous les jours autour de lui des voix et des soins auxquels il était accoutumé, c'est beaucoup et c'est tout à son âge.

Votre bonne et douce Lucile éprouve encore là une de ces impressions qui devaient faire sur sa sensibilité une fâcheuse empreinte. Puisse-t-elle aussi y résister; c'est à elle surtout qu'il faut faire prévoir le besoin de tempérer par la résignation et les nécessités de l'avenir, l'effet des regrets amers qui marquent sa jeunesse. Il lui reste un père dont elle est le bonheur et la consolation, un jeune frère; qu'elle réunisse sur eux ses affections et ses éléments de consolation; c'est pour eux surtout qu'elle doit réserver tous ses trésors d'affection et de soins.

Avez-vous des nouvelles de votre voyageur? il me tarde de savoir que ses pérégrinations lui ont fait apprécier les biens qu'il retrouvera en rentrant sous le toit paternel.

A Monsieur Picquet

Toulon, le 2 janvier 1846.

Je commence par faire mon « mea culpa » et je déclare qu'il y a longtemps que j'aurais dû répondre à votre bonne et itérative invitation d'aller vous visiter. Pour amoindrir mes torts, si c'est possible, je vous dirai que j'espérais tous les jours que l'incompatibilité entre le nouveau grade et les fonctions d'aide-de-camp venant à se manifester, on désignerait mon remplaçant, je ne pouvais pas prendre l'initiative de ce remplacement auprès de l'amiral Baudin et tous les jours je me disais : « Dès qu'il aura fait son choix, je demande à me reposer de mes fatigues et je m'en vais à tire-d'ailes dans les montagnes du Jura; » mais rien ne paraissait encore à l'horizon, lorsqu'un jour l'amiral, sans que j'aie rien sollicité, me demande s'il me conviendrait de commander *Le Panama* qui va armer en guerre et faire partie de l'escadre ! Refuser une telle proposition eût été se donner les airs par trop castor. Je tope et aussitôt il écrit au ministre et au prince des lettres particulières pour proposer aux deux le capitaine et le navire; comme on pouvait le prévoir, le prince en homme posé s'empresse d'envoyer son agrément et le ministre fait attendre le sien fort longtemps; il répond enfin lorsque je commençais à croire qu'il aurait fait un autre choix, et je vous assure que je n'en aurais pas été très-attrapé, j'avais fait pour cet été des projets d'absence qui souriaient beaucoup à ma vieille mère, et il faudra ajourner ces promenades aussi bien que celles du Jura. Vous voyez que mon ambition n'est pour rien là dedans et qu'après m'être essoufflé à courir après le grade, le commandement est venu me chercher en dormant.

En attendant je suis nommé et les lettres de commandement ne sont pas parvenues, ce qui m'amène à continuer à servir à la Préfecture comme devant, tout en ayant l'œil sur ce qui se fait à bord du *Panama*. Ce superbe américain avait une dunette, on la jette par terre, il avait des porte-haubans, on les rase, il avait des sabords, on les bouche pour les faire ailleurs : tous les aménagements grands et petits sont à refaire de haut en bas et on va en faire une vraie frégate de guerre ; je suis harcelé par des gens qui veulent venir avec moi ; je renvoie l'honneur de ce désir au bâtiment et à sa qualité de remorqueur de quelque chose qui appartient au prince. Quoi qu'il en soit, cela ne laisse pas que de me gêner.

J'ai bien envie, pour vous attraper, de vous envoyer un ordre d'embarquement (sur demande) sauf à me faire dire zut par toute la famille en chœur, y compris celui qui est encore dans les limbes. Le fait est, mon cher ami, que j'ai regretté dans cette occurrence que vous ayez sauté le fossé, et la corvée m'eût été fort douce si nous l'eussions faite de compagnie.

Soyez auprès de Madame Picquet l'interprète de toutes nos tendresses, nous parlons bien souvent d'elle et nous apprendrons avec grand plaisir qu'elle a mené à bonne fin sa grande affaire maternelle. Ma femme et ma fille vont à merveille, elles se disposent ce soir à écorcher je ne sais quel duo et nous sentirons de nouveau le vide qu'a laissé Madame Alice.

Notre ville est tant soit peu désorientée, l'amiral Baudin a pris un congé, c'est l'amiral C*** qui fait l'intérim ; ce congé a été traversé par le passage du Bey de Tunis qui s'est mis ici à recommencer les discours fleuris qui ont tant charmé les Parisiens, il a versé à pleine main les fleurs de rhétorique, votre serviteur porte (ou peut porter) à son cou le chiffre en diamant de cet illustre mamamouchi.

Je suis arrivé au bout de mon papier, sans vous avoir parlé de vos poulardes.

« Vos coups d'essai, mon cher, sont bien des coups de maître ; » quels superbes bipèdes et que nous allons les déguster le jour des rois venant ! J'ai, suivant vos intentions, envoyé à Mme Borderie ces mirobolantes personnes. Si vous progressez encore vous ferez des autruches et non des poulardes. Oh que l'éducation du gouvernement porte bien ses fruits ! et qu'il sera doux pour le ministre de la Marine de lire le rapport que je compte lui adresser le lendemain de l'Épiphanie sur les succès du commandant de vaisseau Picquet dans la poularde-culture ! J'espère qu'il vous allouera une augmentation de retraite, et que, ce voyant, il fondera à bord du *Borda,* une chaire spéciale ; et voilà comment, sans vous en douter, vous allez rentrer dans le service actif, et enseigner à nos jeunes aspirants ce qu'on doit surtout méditer dans les longues heures du quart de nuit ; et il se trouvera peut-être des gens qui demanderont à la tribune ce que deviennent les millions de la marine. Ils ne feraient pas une question aussi saugrenue, s'ils voyaient les flancs gras et blancs des produits de Saint-Amour ! Nos ministres ne méritent-ils bien du reste que les bons officiers tels que vous aillent se reposer de bonne heure dans les joies de la famille, en faisant en outre à Son Excellence, qui juge si mal les gens, le salut classique.

A M. Rohault de Fleury

Toulon, le 11 février 1846.

On dit que l'on fera une promotion monstre pour le mois de mai ! saint Maillard, *ora pro nobis*. Avez-vous remis ma note à M. Fumeron d'Ardeuil ? Voilà bien des choses à répondre. Un mot s'il vous plaît.

Mille amitiés à votre père et vos enfants et à vous aussi, mon bon et vieil ami.

Toulon, le 19 septembre 1846.

Mon bon et cher ami,

Votre oncle a dû vous dire en revenant de son inspection que j'avais eu l'honneur de le voir au moment de monter en voiture pour aller à Montauban aux élections. C'est à mon retour que j'ai trouvé la lettre de part qui m'annonçait la perte de votre excellent père. Son frère m'avait donné peu d'espoir. C'est une belle et noble intelligence, un cœur élevé qui s'est échappé de ce monde après y avoir, hélas ! bien longtemps souffert. Toutefois, au milieu des revers qui ont affligé les dernières années de sa vie, une grande consolation lui a été donnée et c'est à vous qu'il l'a due. Tous les chocs de l'adversité se sont amortis sur ce bouclier d'amour filial dont vous l'aviez couvert et vous méritez bien de trouver dans vos enfants la continuation d'une aussi belle conduite.

Vous recueillerez les fruits, mon cher ami, de ces bons

exemples et vous retrouverez dans vos enfants les principes qui vous ont si bien guidé.

Mille compliments pour nous tous aux futurs époux : puisse votre fille être heureuse autant qu'elle le mérite, elle ne le sera jamais autant que nous le lui souhaitons. Dites-lui, je vous prie, que j'ai lu avec grand plaisir dans votre lettre qu'elle avait *sauté* en apprenant ma nomination. Cette participation naïve et franche à l'un de mes succès me prouve que j'ai une petite part à son amitié et j'y attache le plus grand prix. Je désire beaucoup qu'elle me conserve cette affection; pour moi je ne saurai jamais oublier que je l'ai vue douce et gentille enfant et que toujours je l'ai trouvée bonne et gracieuse pour moi et les miens.

Je me rappelle assez vaguement M. de Waresquiel; j'espère que nous ferons plus ample et plus parfaite connaissance, quand ? je ne sais.

A Monsieur Picquet

Toulon, le 28 janvier 1847.

Ah ça, dites-moi donc, mon cher, où diable sont les garçons qui devront épouser nos filles, je ne vois partout que des paternités féminines, et si ça continue, ce sera à des amazones qu'il faudra donner à gagner la prochaine bataille d'Austerlitz.

Rien de nouveau ici, nous avons un sous-préfet tout frais pondu, compagnon de Romieu, etc., grand cultivateur de camélias et habile faiseur d'élections, il n'a pas encore fait son entrée dans la société. L'amiral Baudin est absent et les bougies de la préfecture resteront intactes ce carnaval. M. Lettardi nous a donné deux bals et on attend le troisième. Cinq ou six petites filles de l'âge de ma fille se sont réunies pour prendre du fameux Lerouge des leçons de danse. Le samedi la chose se passe à la maison, de là motif pour les mamans de se grouper autour d'une table de travail ; ma femme en a conclu que ce moyen pourrait très-bien servir à attirer les autres voisins du quartier et de proche en proche on en est venu à remplir le salon le samedi et à y danser en robes montantes. Je suis fort sévère à l'endroit de la toilette et je repousse l'apparence de bal que pourraient prendre ces soirées.

Comme à mon ordinaire je continue à regarder le mercredi des Cendres comme un des très-beaux jours de l'année. Ces dames prétendent que je grogne toute la journée du samedi ; mais que, le soleil couché, je redeviens très-aimable. Elles me flattent évidemment pour me carotter le plus de thé possible.

Mon grand bric à brac de *Panama* est en démolition, dans deux mois je pense qu'il se montrera très-brillant. Au fond j'aurais encore mieux aimé une bonne frégate à voiles, et mieux que de tout cela,

Les fleurs de ma prairie.

(*Air connu.*)

Toulon, le 18 février 1847.

Je continue pour mon compte à m'embêter dans l'armement de mon navire. Vous savez ce que cette opération amène d'ennuis; après cela c'est pour moi une route un peu nouvelle. Ce grand, cet immense bric à brac m'effraye, et j'aurai besoin de quelque temps pour me faire la main et l'œil. Ajoutez qu'une espèce de fatalité semble peser sur la vapeur; après le *Le Sphinx*, *Le Papin*, *Le Groënland*, voici venir *L'Étna* et puis aujourd'hui *Le Caraïbe* au Sénégal. Tous ces sinistres accumulés sur la même espèce de navire ne laissent pas que de faire réfléchir. Enfin Dieu est grand!!!

Nous venons de voir arriver le prince don Henri d'Espagne, espèce de girouette royale qui tourne à tout vent et qui, après avoir voulu jouer un rôle politique, subit en ce moment la peine de ses inconséquences; il paraîtrait qu'il est tout penaud de sa position. Le préfet m'a prié de reprendre l'aiguillette pour le recevoir. Mais voilà que le vapeur arrive sans patente, de là cinq jours de quarantaine; l'amiral va deux fois à bord pour le voir, impossible d'apercevoir la frimousse de ce prétendant. On insiste et on lui dit que le gouvernement ordonne de lui rendre les honneurs; il se tient de plus en plus coi et nous n'avons pu voir sa princière figure. Tout cela est passablement inconvenant et peu poli, et vraiment, il mérite bien que les partis politiques comme les familles nobles le traitent comme un gamin sans conséquence et bon tout au plus à servir de drapeau.

Toulon, le 14 juin 1847.

Votre lettre m'arrive à temps pour que je puisse y faire un bout de réponse, je pars demain pour aller rallier l'escadre. Je vous le dis en vérité, tout cela est fort embêtant et je laisse, grâce à mes honneurs, un tas d'affaires en plan.

Oui, mon très-cher, la hasard a voulu que cette bonne et aimable reine Christine soit tombée à mon bord pour aller faire sa traversée en Italie; je ne saurais vous dire tout ce qu'il y a eu chez elle de grâce, de bienveillance, d'égalité d'humeur. Reine ou non, c'est une fort aimable passagère et je me félicite beaucoup d'avoir eu cette occasion de faire avec elle plus ample connaissance; de décorations, il n'en a pas été question, elle n'a aucune puissance, elle n'a même que des relations très-fâcheuses avec le gouvernement de sa fille, dont on n'a pas fabriqué de rubans. Pour mon compte je m'en console aisément, car toutes ces bamboches ne me touchent que faiblement et depuis longtemps je n'orne ma boutonnière en aucune façon que lorsqu'il y a absolue nécessité. En revanche elle a eu des tabatières, des nécessaires, des épingles, des bagues pour tous les officiers, et à Naples, à Rome, à Florence, il y avait toujours des couverts mis et des places réservées dans toutes les voitures, dans toutes les excursions où elle se faisait cicérone complaisant de sa suite. Enfin s'il y avait lieu de se faire Christino-Carliste où Isabelliste, vous me verriez arborer les couleurs de Christine et combattre à outrance Isabelle. Le fait est que nous avons royalement visité les beautés de Naples, depuis le cratère du Vésuve, jusqu'aux souterrains d'Herculanum. A Rome, nous nous sommes trouvés à temps pour voir la procession de la Fête-Dieu et en outre nous avons eu audience du Pape, baisement de mule, de main, bénédictions pontificales ; et l'aumônier de la reine assure que je sors de là blanc comme neige, pourvu, dit-il, que je me repente.

Enfin me voilà prêt à partir, c'est sans doute fort joli d'avoir ainsi la cause du mouvement dans le ventre, mais quel antago-nisme permanent il y a entre l'ancre et ce diable de navire ! Tous les douze ou quinze jours il lui survient sa maladie périodique du charbon, et alors adieu la propreté, l'ordre et le reste. Enfin il fallait arroser les épaulettes d'un peu d'eau salée, soit, mais vous pouvez m'en croire, pas un poil de ma tête ne rêve d'am-bition, d'étoiles, etc. Mais je bénis le ciel de m'avoir fait sauter ce pas et doré de l'indépendance des capitaines de vaisseau ; laissez venir la queue du *Panama* et vous verrez si je sais user de la chose.

Toulon, le 3 février 1848.

Je suis arrivé le 30 janvier à la fin du plus abominable voyage qu'il soit possible de faire, trouvant toute ma famille, la ville en-tière en émoi, d'un retard qui faisait craindre quelque sinistre. Effectivement parti d'Oran avec 900 passagers, je me suis vu, après deux coups de vent successifs, au moment de couler bas. -Après avoir lutté pendant un jour et une nuit contre un véritable ouragan de N.-O, nous laissions arriver par la Sardaigne, n'ayant plus que 24 heures de charbon, lorsque nous avons été envahis par l'eau ; en une demi-heure, j'ai eu 2 ^{m} 50 d'eau dans la cale, les chaufferies envahies, la plate-forme couverte d'eau douce et les vivres perdues ; il était clair que les choses continuant de la sorte, en deux heures nous devions couler bas, et vous vous représentez ma situation à la tête de 1,200 hommes qui allaient assister à cette lente agonie et compter les minutes qui les séparaient de cette affreuse hécatombe. Il faut que je sois bâti à chaux et à sable pour avoir été quitte de cette épreuve avec quelques jours d'irritation intestinale. Enfin, mon très-cher, Dieu a voulu qu'un homme de la machine se soit dévoué et plongeant quatre fois dans une eau chaude, fétide, soit parvenu à fermer le robinet d'injection, dont le tuyau crevé nous donnait cette énorme voie d'eau. Vous concevez quel énorme détraquement subissaient la machine et la coque dans cette tourmente. Enfin le 16 à la nuit nous avons pu mouiller à Saint-Pierre, privés d'eau depuis plus de 30 heures, n'ayant plus que quelques pelletées de charbon et un jour de biscuit. Vous vous figurez sans peine la joie que nous éprouvâmes à sentir notre ancre au fond dans cette rade déserte, pendant que la tempête grondait au large. Enfin, après 11 jours de séjour à Cagliari, où nous avons épuisé les boulangeries pour faire 8 jours de vivres, nous sommes revenus ici, où nous avons rassuré tout le monde, qui était, je vous assure, dans une agitation extrême. Ma pauvre femme est restée plusieurs jours dans un état d'anéantissement extrême ; il va sans dire qu'avant les inquiétudes, elle avait fait honneur à vos bonnes poulardes et je suis chargé de vous dire qu'on a bu bien cordialement à votre santé, à celle de votre charmante Alice et de la future héritière.

Ce temps de chien que j'ai eu s'est prolongé ici, et aujour-d'hui seulement nous revoyons le soleil de Provence, puisse-t-

il durer quelque temps, car la Méditerranée est couverte de
bâtiments écloppés. Le pauvre *Cuvier* a d'abord eu des coups de
vent qui l'ont compromis, il a eu ses gros canons renversés, son
pont crevé et en revenant et traversant ces ouragans qui m'ont
si bien étrillé il a eu le feu dans ses soutes et est arrivé à couler
bas, incendié dans je ne sais quelle baie de Majorque. *L'Alba-
tros* part aujourd'hui pour ramener les naufragés qui se sont
tous sauvés.

A M. Rohault de Fleury

Toulon, le 29 mars 1848.

Mon cher ami, je suis encore tout étourdi de ce coup de
tonnerre qui a réduit en poussière le trône de France et fracassé tous les trônes de l'Europe. Les couronnes ne sont rien,
on conçoit et il est désirable que le gouvernement républicain
soit la base incontestée du droit public de l'Europe ; le moyen,
s'il vous plaît, après cette commotion, de rendre à la France
monarchique le prestige et la force nécessaires pour exercer
son action sans lutte et sans danger ; mais dans ce naufrage de
nos institutions que d'épaves flottent autour de nous ; le crédit,
l'industrie, les arts, les hommes et les choses, tout erre sur la
mer en courroux, cherchant quelque part une plage hospitalière
où la société puisse se reposer. Où est cette plage ? quand l'at-
teindrons-nous ? je ne sais en vérité. Une seule pensée vient
apporter la sécurité ; les nations ne périssent pas, et comme un
pilote habile ne doit pas devant la tempête abandonner le gou-

vernail, laisser emporter au vent ses voiles et ses mâts, nous devons tous nous serrer, nous dévouer, quelle que soit la voile déployée au vent, et sauver le navire.

Assez de figures plus ou moins maritimes. Je cherche curieusement sur les journaux l'indication de votre situation présente, je n'ai vu jusqu'ici que la destitution de Félix.

Il fallait s'y attendre, le Parquet est la partie inévitablement sujette aux révolutions, organes directs de la pensée et agents immédiats de l'action gouvernementale, il est impossible qu'ils ne soient pas atteints les premiers par la réaction : toutefois, lorsque la tourmente est passée, il faut bien revenir aux hommes de cœur, d'esprit, de probité, et pour être interrompue, je ne regarde pas du tout la carrière de Félix comme perdue ; et d'ailleurs le barreau lui reste avec ses inépuisables sources d'honneur et de fortune.

Et vous, mon très-cher, dans cette curée de places s'est-il trouvé des envieux assez puissants pour vous sortir de vos fleurs et de vos fossiles du jardin botanique ? Vraiment ce serait par trop absurde d'aller vous traiter, vous homme si laborieux et si paisible, si droit et si estimé, comme un ennemi. J'espère que la bienveillance générale qui vous environnait ne vous aura pas fait défaut et que vous n'aurez pas trouvé en cette occurrence des gens hostiles même parmi ceux à qui vous avez été utile.

Quant à nous, on l'a dit avec juste raison, il n'y a jamais eu de vaisseaux prétoriens ; aussi à peine un régime en remplace-t-il un autre, le même langage se reproduit. Protection des intérêts français pendant la paix comme pendant la guerre, rempart mobile autour du pays, marins à qui nous n'avons pas recours pour faire des révolutions, restez toujours dévoués à votre pays ; nous n'avons aucun intérêt à vous destituer, et d'ailleurs, il serait difficile de vous remplacer, et partant de cette donnée nous conservons toujours la même loi, la même indépendance, je ne dirai pas toujours la même discipline, Dieu sait ce qu'elle peut devenir dans ce tohu-bohu de fonctions militaires, patriotiques, électorales, etc. Donc, rien d'essentiel n'a été changé chez nous ; nous verrons plus tard. Mais comme citoyens, nous partageons toutes les inquiétudes du pays et nous avons hâte de voir la société assise de nouveau, non pas comme une pyramide renversée, sur la pointe, mais sur une base quelle qu'elle soit, suffisamment large et stable. Il ne faut pas s'y tromper, un seul moyen nous reste pour cela, c'est d'être franchement ralliés au nouveau régime. Où diable d'ailleurs irait-on chercher autre chose ? Quelle est la forme ? quel est le chef ? quelle est l'idée qui, en dehors de la République, s'installerait sans réaction violente, je n'en vois pas. Je sais bien qu'il y a une violence à faire à nos habitudes pour vivre de cette vie des clubs, des associations, dans cette promiscuité de tous les éléments sociaux, eh bien ! cependant, je suis convaincu que là seulement est le salut. Supposez le séquestre, l'émigration des honnêtes gens et le terrain reste libre à ces minorités audacieuses disposées à détruire les résistances isolées, impuissantes à vaincre les masses compactes. Je dis donc et je pratique ma doctrine, je dis à tous les gens de cœur : Ne vous éloignez pas de la vie publique, les passions ardentes se delayent dans les grandes assemblées, elles s'exaltent dans les petites, elles n'y trouvent ni contradiction, ni retenue. Nous pouvons voir combien la classe ouvrière, ardente et absolue dans ses petits clubs, devient tempérée et contenue dans les grandes réunions.

Ces horribles effets de la crise financière qui éprouvent si vivement les grosses cités ne se sont fait sentir ici qu'assez faiblement. Le gouvernement a pu jusqu'ici faire le service de la solde et des arsenaux, néanmoins tout est arrêté ici comme ailleurs dans les transactions générales, Dieu veuille que la prorogation des élections ne compromette pas trop la situation du gouvernement provisoire ! Arrivons vite à quelque chose de stable, de fixe, qui permette de voir clair dans l'avenir.

Donnez-moi donc quelques détails sur vous et les vôtres, dites-moi ce que vous faites, ce que vous ferez, dites-moi aussi ce que nous devons craindre ou espérer, la politique aujourd'hui se fait dans la rue ; la rue est-elle paisible, la boutique ouverte, le soleil se lève-t-il serein ? On fait peu de maisons, sans doute, maintenant, et je pense que cette grande activité qui vous forçait à dévorer l'espace s'est quelque peu ralentie.

Écrivez-moi donc un peu plus longuement ; dites-moi si madame Lucile va bien, si son poupon grossit, si Hubert est toujours possédé de cette bienheureuse rage de travail. Tout mon monde à moi va à merveille et je ne demande au Ciel qu'une chose, c'est que la République s'établisse vite ; que tous ses contradicteurs et opposants la laissent grandir et que le repos, l'activité et le bien-être d'autrefois nous reviennent. Je n'ai pour mon compte de passion pour aucune forme ; je n'en ai que pour la prospérité et la gloire de mon pays.

Je n'ai de regret, de sympathie que pour ce noble prince de Joinville, Cassandre de vingt-huit ans que tous repoussaient, bafouaient, exilaient parce qu'il leur montrait l'abîme vers lequel ils se précipitaient. Grâce à son métier, il vivait souvent loin de la cour qu'il détestait et qui le lui rendait bien, il se frottait sans cesse aux opinions, aux habitudes populaires et indépendantes des hommes de mer, il comparait au dedans et au dehors les effets produits par la politique paternelle. Il faut lire ces lettres désolées qu'il écrit aux officiers, ses anciens camarades de collége, pour se faire une idée de ce qu'il y avait chez lui de patriotisme et d'indépendance. De tous les avantages qu'il perd, un seul lui a suggéré une expression d'envie, il envie, disait-il, le sort du dernier matelot de l'escadre qui a sa place sur les vaisseaux de France pendant que lui il n'en a plus aucune ! —Vains regrets ! les révolutions emportent tout. Est-ce que l'ouragan ne ravage pas à la fois l'arbre et le brin d'herbe, la tige qui porte une fleur comme celle qui produit le poison ?

Savez-vous que bon nombre de gens veulent m'envoyer à l'Assemblée nationale ; je leur ai dit : Si vous me nommez, j'accepterai, refuser serait une trahison ; mais comme je n'ai pas voulu briguer la députation depuis seize ans, trouvez bon que je ne la brigue pas aujourd'hui.

Adieu, mon très-cher, voilà un long bavardage. Si j'avais cru que je me laisserais aller si longtemps au plaisir de causer avec vous, j'aurais fait un programme pour réprimer mon intempérance ; tant pis pour vous si on a tant de plaisir à rester longtemps avec ses vieux amis. Tout à vous.

Mille bonnes amitiés à tous les vôtres et à nos amis communs.

———

Naples, le 21 août 1848.

Mon cher ami,

Jusqu'ici, et sauf les graves événements qui ont eu lieu en Italie et qui peuvent modifier toutes les missions, je suis destiné à tenir la station de Naples ; comme vous le pensez bien, je suis loin de m'en plaindre. Sous ce beau ciel, au bord de ce merveilleux golfe, on se demande quelle rage possède ce peuple épicurien de courir après les joies aigres du régime constitutionnel, au lieu de se laisser gouverner tranquillement comme

un enfant riche se laisse gouverner par son intendant. La vie
d'ailleurs coule ici fort agréablement pour nous ; nos relations
sociales assez étendues apportent dans la vie ces distractions
de bon aloi que je conseille toujours aux jeunes gens, qui les
éloignent des mauvaises fréquentations et leur donnent cette
urbanité que les mœurs politiques d'aujourd'hui tendent à pros-
crire et qui sera toujours le cachet des hommes susceptibles
d'arriver à des emplois sérieux.

Les affaires d'Italie se sont singulièrement embrouillées ;
comme il arrive dans toutes les défaites, chacun jette la pierre
à son voisin et l'accuse de l'insuccès. Le fait est que l'Italie,
façonnée par un droit public de plusieurs siècles à la division
des souverainetés, a poursuivi dans l'idée de l'unité absolue une
chimère. A peine délivrés des Autrichiens, s'ils l'eussent été,
les prétentions de toutes les noblesses, de toutes les bourgeoi-
sies, de toutes les nationalités auraient apparu, et la pauvre Italie
qui se croyait apte à former une nation compacte nous eût donné
le triste spectacle d'un provincialisme indomptable et des
haines furieuses des municipalités du moyen-âge. Pour comble
le ridicule serait venu donner à cela son vernis de mépris, car
au moyen-âge c'étaient des gens d'esprit et de génie que ceux
qui se mêlaient de patriotisme local et de guerres intestines
avec Machiavel et Michel-Ange et sous la sombre et forte inspiration de Dante ; mais aujourd'hui les Italiens sont des gens
vulgaires et efféminés se haussant à la hauteur d'un publiciste
de journal comme Gioberti, et n'ayant ni dans la politique, ni
dans les sciences, ni dans les arts, ni dans la guerre rien qui
s'élève. Un seul fait est sorti vivant de cette lutte : le sentiment
de la nationalité italienne. Ce sentiment existe, il s'est affermi
dans cette lutte contre la race germanique, mais de là à l'unité
politique la distance est énorme, et la géographie des intérêts
de la politique européenne, ceux de la religion, ceux de la jus-

tice, enfin la tradition conspirent pour rejeter bien loin de nous la réalisation de l'unité. Nous éprouvons ici un grand bonheur à voir l'ordre renaître en France, Dieu veuille que Cavaignac reste à la hauteur de sa tâche. Quelle belle carrière que celle qui commence comme Washington avec une nation de 35,000,000 d'hommes et une civilisation de quatorze siècles derrière soi ! Du reste que Cavaignac, que la République nous donne l'ordre, ramène le travail et l'aisance, c'est le seul moyen de tuer toutes les oppositions, de calmer tous les regrets, d'ajourner indéfiniment toutes les espérances. Là est le nœud de la situation, la passion du temps, l'ordre et toujours l'ordre.

Toulon, le 12 avril 1849.

Mon cher ami, après bien des pérégrinations, me voilà à Toulon me disposant à faire partie de je ne sais quelle expédition qui, je l'espère bien, pour la conservation de mes finances et le respect de la raison, n'aura pas lieu. Je viens de vivre en Italie depuis presque deux ans ; j'ai tâté le pouls à ce peuple depuis Gênes jusqu'à Venise et je vous déclare qu'il n'y a pas un bienfait, pas un acte de protection semé par la France sur ce terrain qui ne produise une abondante moisson de haine, d'ingratitude, d'embarras pour le bienfaiteur. Laissons donc ces populations timides, bavardes, vantardes, ingrates, faire tout à l'aise leurs plagiats révolutionnaires, changer le gouvernement débonnaire et éclairé du Grand-Duc de Toscane, de Charles-Albert ou de Pie IX contre le pillage organisé et les comédies révolutionnaires, et n'allons pas compromettre là notre fortune et notre sécurité.

Au Ministre de la Marine

Trieste, 21 mai 1849.

Monsieur le Ministre,

Ainsi que je vous l'avais annoncé, je suis allé à Ancône sous pavillon parlementaire, et j'ai eu avec le Président une conférence fort longue. L'absence du consul, qui a dû prendre brusquement ses passeports le 7 mai par suite de l'expulsion immédiate du port du vapeur français *Le Brasier*, m'a servi de point de départ pour bien caractériser ma situation spéciale vis-à-vis de cette ville.

J'ai fait apprécier au Président qu'aucune initiative hostile ne m'était ordonnée ; quelle gravité avait déjà, pour les États romains et pour Venise, la résistance impolitique faite à Rome à l'entrée de nos troupes ; établie en Romagne, notre armée ne laissait de prétexte ni aux Autrichiens, ni aux Napolitains, pour franchir leurs frontières ; la résistance des Romains leur a semblé une raison suffisante d'agir ; l'Autriche s'empare ainsi du littoral de la Romagne, affame Venise et surtout enlève toute retraite et tout refuge aux Vénitiens que la réaction autrichienne forcera à s'expatrier. J'ai mis quelque insistance à lui faire sentir le danger de l'invasion autrichienne et la nécessité d'y pourvoir immédiatement ; je ne lui ai pas indiqué que, livrée aux troupes françaises et couverte par le pavillon de la France, elle serait fermée de plein droit aux Impériaux ; j'ai toutefois assez appuyé sur le danger, pour qu'il ait dû chercher lui-même le seul remède. J'ai aussi écrit à M. de Lesseps ; ma lettre lui parviendra en même temps que le compte-rendu du Président arrivera au gouvernement romain.

Panama, devant Ancône, 24 mai 1849.

Monsieur le Ministre,

Hier, j'ai remis la famille consulaire à terre ; le consul a repris ses fonctions d'une manière officielle. Les Autrichiens étant à deux marches de la ville, je me suis hâté de répéter auprès des autorités locales les représentations sur lesquelles j'avais déjà tant insisté. J'ai vu le Président et le général Zambeccari ; l'un et l'autre, partant d'un point de vue fort restreint, se sont renfermés dans la pensée de résistance. J'ai examiné avec eux la probabilité, la durée de la résistance, son effet utile soit dans la situation générale, soit en ce qui touche spécialement Venise et le littoral de l'Adriatique. J'ai fait de nouveau pressentir que, remise en dépôt à la France, la place était mise à l'abri de l'invasion autrichienne ; que cette prise de possession ne préjugeait rien pour la question politique ; mais que, pour cet acte, il y avait une heure opportune, après laquelle je me trouvais vis-à-vis d'Ancône et des Autrichiens dans une situation de neutralité qui ne me permettait plus aucune initiative.

Je n'ai rien pu tirer du Président ni du général Zambeccari ; ils sont restés dans les généralités de leurs principes et de leur triumvirat, dont il n'était pas question. Aujourd'hui les vedettes autrichiennes sont à deux portées de canon de la ville et je tiens

8.

les feux allumés pour sortir du port dès que les premiers coups de canon seront échangés.

Mon rôle actuel n'est plus qu'un rôle d'humanité pour ceux qui y auront recours ; les premiers seront peut-être ceux mêmes qui ont refusé le moyen de sauver la ville et de la laisser ouverte à l'émigration vénitienne.

Je comprends ce qu'il y avait d'important à planter le pavillon de la France sur les murs d'Ancône ; mais ce qui était faisable quand les Autrichiens étaient en arrière de Sinigaglia, ne l'était plus depuis qu'ils étaient avec toute leur armée au pied des glacis. Je ne pouvais prendre une initiative qu'autant qu'elle n'entraînerait pas des actes de guerre entre les Autrichiens et nous ; en d'autres termes, il y a quelques jours je proposais une convention à deux qui aurait remis la place à la France ; aujourd'hui c'est d'une convention à trois que ce fait devrait sortir ; et il est impossible de supposer que l'Autriche l'admettrait au milieu d'un siége commencé.

Je sais que le parti de remettre la ville à la France était considéré comme le meilleur par la bourgeoisie, la garde-nationale et la municipalité ; l'autorité déléguée par le triumvirat l'a emporté et j'attends à cette heure, midi, le premier coup de canon. La ville est sommée et on lui a demandé 10,000 rations. Le brick anglais *Le Frolic* se dispose à recevoir ses nationaux, je suis également disposé à donner refuge et protection aux Français.

24, au soir.

L'armée autrichienne s'est avancée en bon ordre jusque dans les faubourgs d'Ancône ; le pavillon du Pape a été arboré en

vue des forts, au village de Falconnara. Aucun acte de vigueur
ne les a arrêtés dans leur marche. A la sommation du général
Wimpffen, il a été répondu immédiatement une de ces pièces
redondantes, destinées à la publicité, et qui ôtent tout moyen
de négociations. C'est après ces faits accomplis qu'il m'a été
proposé, par une voix non officielle, de reprendre le projet de
dépôt que j'avais soulevé. La situation était tout-à-fait changée
et dès ce moment les Autrichiens se faisant précéder par un
signe extérieur de restauration, ayant déjà leurs canons pointés
sur les forts, leur escadre (3 frégates et 4 vapeurs) mouillée en
grande rade, il n'y avait plus qu'un seul rôle pour moi, celui
de la neutralité ; j'ai décliné nettement toute intervention et
répondu qu'il était trop tard ; que, dépourvu d'instructions pré-
cises, mon initiative s'arrêterait là où la chance s'ouvrait d'engager le gouvernement dans une guerre avec l'Autriche, et dès
le soir je suis sorti du port, remorquant *Le Frolic* et deux navires anglais ; j'ai mouillé en rade hors de la portée du canon ;
j'ai écrit au consul que j'étais prêt à donner asile à nos nationaux ; ils ne se sont pas décidés à s'embarquer.

Au Ministre

26 mai.

J'ai reçu aujourd'hui une lettre de l'amiral autrichien tendant
à renouveler l'avertissement aux neutres et aux consuls pour se
mettre au courant des dangers du siége. J'ai profité de cette
occasion pour voir l'amiral Dalherup et pour mener à fin la né-
gociation relative à nos communications avec Venise. Cette liberté de relations, devenue nécessaire par la résolution de notre
consul et de nos nationaux de rester à leur poste, a été convenue

avec des précautions qui en concilient la sécurité et la dignité de tous. La situation est la même pour le consul et les bâtiments anglais.

Le général Wimpffen a provoqué du gouvernement d'Ancône la libération de la famille du Pape, détenue à la citadelle, en échange des ôtages pris à Bologne.

Cet échange a été accordé, et ces personnes ayant été remises au consul de France se sont réfugiées à mon bord afin d'éviter les dangers qui les menaçaient en traversant les lignes romaines. Je les ai reçues ; j'ai donné avis de leur libération au général.

Au Ministre

27 mai.

Les parents du Pape ont été conduits aujourd'hui au quartier général, d'où ils partiront pour rentrer dans leurs familles. Les préparatifs du siége se font lentement ; il est évident que le général voudrait planter le drapeau du Pape en épargnant autant que possible à la ville les désastres d'un siége. L'animation qui règne à Ancône me donne peu d'espoir de voir une reddition prochaine. L'autorité locale exalte cet esprit de résistance par l'espérance d'une révolution imminente en France et d'un changement complet de politique à l'égard de la République romaine et du Pape. Je déplore, quant à moi, ce moyen d'action, cette spéculation sur des malheurs que tout Français de quelque opinion qu'il soit doit déplorer.

Les assiégeants ont investi la banlieue d'Ancône et construisent des batteries sur différents points. Ils ne paraissent pas avoir été inquiétés dans ces préparatifs d'attaque. Aujourd'hui, à la fin du jour, une frégate a engagé une canonnade avec le fort du môle sans résultat notable.

Au Ministre (*suite.*)

Ancône, 1er juin 1849.

Les Romains ne se sont pas donné le soin d'arrêter les ennemis dans leur marche ; ils sont venus sans opposition sous les murs d'Ancône. Aujourd'hui on se fusille et on manœuvre sur le versant du *Monte-Gardeto,* c'est-à-dire à demi-portée de canon. L'armée autrichienne se compose d'une dizaine de mille hommes, ils ont de la cavalerie et un parc assez nombreux, deux frégates et quelques bateaux à vapeur croisent et échangent des boulets.

Ancône tombera sous peu, c'est inévitable. Alors dans toute l'étendue du golfe il n'y aura plus que des ports autrichiens ou napolitains, c'est à peu près la même chose.

Je suis parti de Toulon avec ma machine en mauvais état ; une avarie grave et prévue me forcera à aller dans un port mettre en place le clapet de bâche que j'avais eu la précaution de prendre neuf à Toulon. Celui qui fonctionne a été mis hors de service dans ce voyage. Je me mettrai en état de faire au besoin une route longue. La nouvelle m'arrive que *Malghera* a été pris par les Autrichiens, elle a été officiellement annoncée à Trieste. Quelle que soit la puissance de résistance de Venise, l'occupation de la Romagne diminue beaucoup ses bonnes chances.

Si je quitte Ancône en raison de ces nécessités, je laisserai ici *Le Brasier* ou tout autre bâtiment suffisant pour le rôle de protection, le seul que nous ayons à jouer pour le moment présent.

———

A bord du *Panama*. Ancône, 2 juin 1849.
(*Dépêche chiffrée.*)

Les nouvelles qui arrivent font croire à une rupture possible avec l'Autriche.

Ici je suis entre une armée assiégeant une place près d'être prise et une division navale plus forte que moi.

Je vais à Venise où les forteresses et la flotte de Venise offrent des combinaisons plus favorables.

Quoi qu'il arrive, je puis tenir dans cette position autant que Venise contre les forces de l'Autriche et attendre.

———

6 juin 1849. — *Panama*, devant Venise.

Monsieur le Ministre,

J'ai eu l'honneur de vous adresser une dépêche chiffrée dont le sens était que les dernières nouvelles de France mettant une rupture avec l'Autriche au nombre des éventualités probables, je quittais Ancône où je ne laissais que *Le Brasier* pour recueillir au besoin le consul et je me rendais à Venise où l'appui des forts, et au besoin la réunion de l'escadre vénitienne, me mettait à même d'être partout égal ou supérieur aux forces navales autrichiennes et *d'attendre*.

Par les nouvelles reçues à Trieste, hier, j'ai lieu de tenir ces éventualités comme beaucoup moins probables, mais je n'en persiste pas moins à rester devant Venise.

Les Autrichiens sont maîtres de Malghera, le fort de Brondolo est serré par terre et par mer; ainsi donc les côtes de la Romagne étant occupées, Venise se trouvera bientôt réduite à compter les jours de la résistance.

J'ai vu Manin que j'ai trouvé profondément attristé; une cérémonie religieuse lui a donné occasion de jeter au peuple quelques paroles dignes et bien senties qui lui font prévoir la fin de cette résistance; ce qui le caractérise, ce qui l'honore, c'est l'ordre, la régularité, l'esprit bienveillant qui ne s'est pas démenti pendant quatorze mois de siége. On craint que, poussé par les hommes des partis extrêmes, le peuple ne fasse quelque mouvement et ne se livre à des excès; j'espère que l'autorité parviendra à prévenir ce danger.

Les conditions faites par M. de Bruk n'ont pas ce caractère d'âpreté insultante qu'avaient les réponses du maréchal Radetzky.

C'est ici le lieu de vous parler d'un général hongrois, Jean Bratisch, qui s'est réfugié à mon bord à Trieste. Après avoir laborieusement échappé aux recherches de la police autrichienne, il a désiré partir pour l'Europe où l'appelle une mission de son gouvernement. Il avait aussi dans ses instructions de traiter à Venise une question d'emprunt et d'alliance offensive et défensive. Indépendamment de vos instructions j'avais l'engagement personnel de m'abstenir de tout acte qui aurait violé la neutralité; je me suis donc refusé à laisser pénétrer sur nos bâtiments le général Bratisch à Venise, et l'ai embarqué à Ancône sur un bâtiment neutre.

Au Ministre (*suite.*)

Panama, rade du Lido, 8 juin 1849.

Venise est toujours de plus en plus serrée, le terme de sa résistance approche ; cette ville mérite que l'Autriche se départe en sa faveur de ses habitudes oppressives et inquiètes de conquérant. J'ai dans mes entretiens avec Manin et quelques hommes de la conférence cherché à rectifier quelques-unes de ces idées qui sont pour les Italiens une source de fausses espérances et d'appréciations erronées. On s'obstine toujours dans ce pays à supposer les chances d'une révolution en France, d'une conflagration générale en Europe, d'une reconstruction de la carte du monde ; mais le fait présent, imminent, celui auquel il faut remédier tout d'abord, on le laisse de côté. C'est un malheureux penchant, on se laisse aller aux illusions et on abandonne les réalités. Peuple enfant, pressé de vivre, passionné et versatile, dont l'éducation politique est encore à faire et qui finira par succomber sous l'action combinée de la force matérielle ; il vaut mieux que ne le disent les Autrichiens, il n'est pas assez mûr, pour résister aux orages de la liberté.

Je tiens les bâtiments à portée de Venise pour le jour de la débâcle. Ainsi que je vous l'ai fait connaître, je n'ai pas dissimulé à l'amiral autrichien qu'à cette heure il trouverait le drapeau français couvrant de sa protection les hommes compromis

dans une période politique qui, au demeurant, n'est ni sans
gloire ni sans honneur pour eux ; et que ce rôle devait avoir le
suffrage de l'Autriche elle-même. Sa réponse pleine de noblesse,
non-seulement ne désapprouve pas le rôle, mais contient des
expressions d'estime dont il n'hésite pas à proposer la sanction
au gouvernement impérial. A cela s'est joint un système convenu de signaux de reconnaissance moyennant lequel, sans
visite et sans sommation, nos bâtiments entrent et sortent libre-
ment de Venise.

AU MINISTRE (*suite.*)

Trieste, 17 juin 1849.

Venise serrée de près, vit et s'endort au bruit du canon ;
tous les efforts des Autrichiens se sont portés sur les points
intermédiaires entre Malghera et la ville ; les Vénitiens ont
des batteries pour battre les travaux des Impériaux ; ceux-ci
dirigent les feux de San-Giuliano sur la ville. Si à la suite des
travaux faits avec la lenteur, mais aussi avec la ténacité autrichienne, les Vénitiens sont délogés de la travée placée au milieu du viaduc, les Impériaux chercheront à s'établir sur ce
point, et dès lors, placés à 3,700 mètres de la place Saint-Marc,
leurs boulets tomberont sur la ville.

Pendant que cet échange de boulets se fait journellement
les négociations continuent.

L'assemblée des représentants a été convoquée hier en
séance extraordinaire et en comité secret. Il est sorti de ses

délibérations, qui ont dû être tumultueuses, des décisions capitales ; la première, c'est que le gouvernement est conservé au moins en apparence à Manin et qu'il est autorisé à continuer les négociations ; la seconde, c'est qu'une commission militaire est constituée pour donner à la défense un caractère plus énergique et pour la diriger dans l'esprit des décrets du 2 avril, c'est-à-dire la défense à outrance.

Le général Pépé m'a fait prier de passer chez lui hier ; il m'a lu une lettre de démission basée sur l'impossibilité de servir utilement la cause vénitienne dans la situation nouvelle créée par les décrets du 16 ; il m'a demandé refuge, je n'ai pas hésité à concéder ce dernier point.

Au Ministre

Ancône, 8 juillet 1849.

C'est la pénurie de munitions et de vivres qui hâtera et déterminera la rentrée des Autrichiens à Venise ; le pain est mauvais, noir et indigeste, le vin manque, la viande est très-rare, le peuple souffre tout cela avec une patience admirable et sans qu'aucun désordre intérieur soit venu souiller et compromettre l'honneur de cette longue défense.

En attendant et par suite de cette espèce de fatalité signalée par M. le Président du Conseil, qui fait que les bienfaits de la France sont toujours méconnus en Italie, il se manifeste à Venise journellement, à propos des affaires de Rome, un esprit d'hostilité contre notre pays dont l'expression me blesse par sa

stupidité et son injustice. J'ai souvent fait remarquer, à propos
de nouvelles fâcheuses répandues à plaisir et de ces sentiments
si injustement professés, que la politique protectrice et bien-
veillante de la France en Italie avait été entravée par la République romaine ; qu'en ce qui touche Venise, la France lui donnait une dernière marque de sympathie en maintenant auprès
d'elle, pour protéger ses proscrits, son représentant et ses bâtiments. J'ai enfin dernièrement fait connaître que si des publi-
cations semblables se répétaient je m'éloignerais entièrement.

Au Ministre (*suite.*)

A bord du *Panama*. — Trieste, 22 juillet 1849.

Venise qui résiste toujours, grâce à sa condition territoriale
unique, est cependant dans une déplorable situation ; le pain y
est de plus en plus mauvais, la viande et le vin manquent absolument, et pour peu que les moulins à vapeur se détraquent la
farine manque aussi et la distribution du pain est suspendue,
de là désordre à la porte des boulangers, et de là aussi cette
intervention fâcheuse de l'autorité dans les questions de subsis-
tance.

La commission militaire, qui d'abord ne devait s'occuper que
de la défense, empiète de plus en plus sur les attributions du
gouvernement et l'autorité de Manin décline tous les jours. Les
affaires sont aussi sous l'influence de direction de Tomaseo,

homme fort exalté, et de la commission de défense ou siège :
le général napolitain Ulloa, Sirtori, et le lieutenant Baldis-
serata. Le maréchal Radetzky est venu à Mestre ces jours
derniers.....

La marine vénitienne, qui aurait pu souvent compromettre
la croisière impériale et l'attaquer avec succès, n'a pas su ou n'a
pas osé entreprendre quelque chose de décisif; elle est restée
inactive mouillée à Malamocco. Un brûlot lancé sur *La Venere*
a cependant, ces jours derniers, mis un instant cette frégate en danger, elle a pu se dégager du brûlot sans accident.

Les Autrichiens ont essayé de lancer sur la ville des aérostats
munis de bombes. Comme tous les projectiles qu'on ne dirige pas, ces bombes n'ont fait aucun dégât et n'ont été pour les
Vénitiens qu'un sujet d'amusement et de quolibets. Le hasard
seul peut faire sortir quelque accident sérieux d'un moyen d'attaque aussi niais.

Le général Giulay, nommé ministre de la guerre, a été
remplacé ici provisoirement par le général Standeski, son chef
d'état-major; et suivant l'usage des subalternes autrichiens,
qui ne savent jamais s'arrêter à la limite convenable, il a mis
opposition à l'émigration vénitienne par une note très-catégo-
rique dont j'ai reçu copie. Quelque rigoureuse et inopportune
que fût cette mesure, j'ai dû y souscrire, et à peine a-t-elle eu
un commencement d'exécution par le refus formel que j'ai fait
de prendre des émigrants pour Trieste, que le général gouverneur a été assailli de demandes qu'il était absurde d'écarter; il a
trouvé alors que je me conformais trop à la lettre aux injonc-
tions de sa note et a dû y faire des exceptions; je l'ai à dessein
condamné ainsi à se donner à lui-même de perpétuels démentis.
*Il va partir pour Venise où il recueillera les émigrés français,
mais sera obligé de limiter le nombre des Italiens.*

Dans ce climat si variable, et au fond de cette mer si capri-
cieusement orageuse, on commence déjà à sentir ces vents de
Bora dangereux surtout le long des lagunes vénitiennes.

AU MINISTRE (*suile.*)

Rade de Trieste, *Panama*, 27 juillet 1849.

J'ai vu, il y a deux jours, M. l'amiral autrichien Dahlerup ;
il m'a reçu avec sa cordialité, sa courtoisie accoutumée, mais
il m'a fait connaître qu'il allait m'adresser une note officielle
tendant à l'interruption absolue de nos communications avec
Venise. Cette résolution nouvelle est fondée surtout sur les
exigences qui lui ont été adressées par les généraux Radetzky
et Thurn, lesquels, sur les bruits les plus absurdes, prétendent
que Venise est approvisionnée par nos bâtiments.

...... En fait les opérations des Autrichiens contre Venise
marchent lentement, sans progrès marqués, elles sont menées
sans habileté et sans audace, l'armée garde laborieusement,
péniblement l'immense contour des lagunes, elle est décimée
par la fièvre, et là où il faudrait des opérations vigoureusement
conduites, des coups de mains décisifs opérés par des têtes de
colonnes puissantes et résolues, on se contente d'une canonnade lointaine qui a pour résultat d'insignifiants dégâts et suppose des travaux fatiguants pour les assiégeants.

Comme, en fin de compte, il a fallu accorder les exigences des
généraux autrichiens et les nécessités du service, je suis con-
vénu avec M. l'amiral Dahlerup que, tant que le consul et nos

nationaux n'auraient pas tous quitté Venise, je laisserais dans les lagunes un petit navire à vapeur, que je ne communiquerais avec lui qu'au moyen d'embarcations pour le service de la correspondance, et que lorsqu'il y aurait lieu à renouveler l'approvisionnement du bâtiment stationnaire, je lui ferais connaître d'avance le jour où ces approvisionnements seraient introduits, leur quantité et leur nature ; les mêmes arrangements ont été faits avec le commandant de la station anglaise ; je suis également convenu avec l'amiral que si une nombreuse émigration d'étrangers neutres devait avoir lieu par suite de la pénurie des vivres qui règne à Venise, il se prêterait à un arrangement tendant à les faire sortir sur des bâtiments marchands neutres. Tout cela n'a encore été convenu que verbalement.

Au Ministre (*suite.*)

Venise, 6 août 1849.

L'approvisionnement en vivres n'atteint pas la limite d'un mois ; la population ne supporterait pas les privations qui résultent de cet état de choses, si elle ne trouvait toujours à sa disposition une grande abondance de fruits et de légumes produits par les îles intérieures et qui tempèrent le mauvais effet ou le manque des autres vivres essentiels.

Les Autrichiens n'attaquent plus que très-mollement les défenses de la place ; ils ont adopté pour réduire Venise un système nouveau qui fait peser tous les ravages de l'artillerie sur les habitations et les monuments. N'ayant fait aucun progrès

depuis que la prise de Malghera leur a permis de placer leurs
batteries à San-Giuliano, sur les bords de la lagune, ils ont
établi sur ce point des canons de 24 et de 36 sur des affûts à
plate-forme et sur une inclinaison fixe de 42°. Ils lancent ainsi
dès boulets pleins et rouges qui ont atteint l'immense portée de
5,000 mètres. Ces projectiles pleuvent ainsi sur une partie considérable de la ville, percent tous les étages des maisons qu'ils
atteignent, quand ils sont rougis déterminent des incendies, et
sans presque faire de morts, ni de blessés, ont forcé une vingtaine
de mille âmes à évacuer les maisons et à se condenser dans la
partie orientale de la ville.

Ainsi en ce moment l'œuvre de destruction s'étend jusqu'à
une ligne qui dépasse l'académie des Beaux-Arts et se prolonge
jusqu'à 200 mètres environ de la place Saint-Marc. Les quartiers N.-O. de cette ligne sont à peu près déserts et le choléra
épidémique qui commence à exercer ses ravages prendra peut-
être dans peu de jours un développement effrayant au milieu
de cette population pressée et quelquefois sans abri dans des
quartiers tous les jours plus restreints. Le calme, la patience,
la persistance étrange dans les idées de résistance d'une grande
partie de la population soumise à de si cruelles épreuves est, à
mon sens, un des faits les plus incroyables, les plus extraordi-
naires qu'on puisse voir. Il est certain qu'une partie très-nom-
breuse de la classe pauvre, de la petite bourgeoisie continue
à professer la résistance à outrance pendant que dans l'armée,
dans la noblesse, dans le commerce, dans la garde nationale,
dans tout ce qui juge et possède, l'inutilité de la résistance et la
nécessité de traiter pour avoir de meilleures conditions sont gé-
néralement admises.

Lorsque je suis arrivé chez M. Manin, il m'a dit, sans hésiter,
qu'il ne se dissimulait pas la gravité des circonstances et la certitude que la lutte se terminerait en faveur des Autrichiens. Il

m'a dit que la résolution de rouvrir les négociations lui semblait le meilleur parti à prendre ; que pour lui, comme président, il n'avait plus à cet égard aucune initiative et aucun pouvoir, l'assemblée souveraine lui ayant, dit-il, lié les mains et interdit toute faculté de traiter ; que cependant cette nécessité lui paraissait tellement démontrée que sans paraître en être l'auteur, il désirerait que je pusse servir d'intermédiaire pour faire connaître à l'Autriche le contre-projet qui pourrait servir de base à de nouveaux et derniers arrangements. Le contre-projet était fait, il m'a été lu, expliqué, commenté par lui, et je lui ai répondu que les relations très-honorables que j'avais eues avec l'amiral Dahlerup me donnaient confiance qu'il se prêterait à faire parvenir au maréchal les notes et les paroles que je lui porterais, si M. Manin croyait que cette intervention officieuse de ma part pût être utile. En insistant beaucoup sur l'idée de ne pas paraître être personnellement l'auteur du contre-projet et le promoteur de ma démarche officieuse, M. Manin a accepté l'offre que je lui ai faite de me mettre, dans l'intérêt des deux parties, en relation dès le lendemain avec l'amiral de la flotte impériale.

J'ai attendu vainement pendant deux jours la copie promise du contre-projet ; mon intervention étant cependant provoquée de nouveau verbalement soit auprès de moi, soit auprès du consul de France, je suis parti du Lido, j'ai rallié l'amiral autrichien, et après une longue conversation, où il s'est montré plein de convenance, de droiture et de bonnes dispositions, je lui ai laissé quelques mots écrits par moi et par le consul indiquant les points sommaires du contre-projet absent. Il s'est engagé à les faire passer au quartier-général. J'ai saisi cette occasion pour obtenir de lui la sortie éventuelle de bâtiments neutres pour le transport des émigrés, et je suis rentré avec son autorisation dans les lagunes.

J'ai remis, en arrivant, à M. Manin la note ci-jointe qui a soulevé un incident d'après lequel je suis porté à juger très-défavorablement et très-sévèrement l'esprit qui anime M. Manin dans la crise actuelle.

Sans tenir aucun compte du caractère personnel secret de cette communication, sans apprécier le succès que j'avais obtenu auprès de l'amiral en l'amenant à conseiller la prise en considération des propositions de Venise, M. Manin, dans une conférence du soir, m'a fait de nombreuses objections sur la forme de la note, sur l'observation de l'amiral se rapportant à des négociations sérieuses, niant que celles qui avaient eu lieu eussent eu un caractère dilatoire, dissimulant à plaisir l'énergie du système d'attaque qui pourtant, en vingt-quatre heures, avait déplacé un cinquième de la population, et, d'arguties en en arguties, aboutissant à cette étrange conclusion que si un parlementaire était envoyé, il n'aurait, lui président, rien à lui proposer. J'avoue que j'ai été très-étonné, et je l'ai exprimé très-vivement, qu'après m'avoir sollicité de faire dans un intérêt étranger à la France une démarche d'humanité et de bienveillance, le Président se refusât, pour jouer je ne sais quel rôle vis-à-vis du parti exalté, à donner suite au seul résultat qui pouvait être obtenu de ma démarche et des conférences avec l'Autriche. — J'ai retiré ma note et lui ai écrit sèchement le lendemain pour mettre fin à cette intrigue.

Jusqu'ici la démagogie n'était pas entrée en scène ; elle a fait ses débuts avant-hier dans une émeute suscitée à propos de deux pièces qui n'avaient acquis encore qu'une demi-publicité ; l'une rédigée par le comte Dandolo était une adresse à la municipalité, afin que, prenant en sérieuse considération les malheurs qui accablaient la cité et l'impossibilité d'une résistance heureuse, elle prît l'initiative d'une pétition à l'assemblée pour rentrer dans la voie des négociations ; la municipalité s'était déjà refusée d'une manière peu courageuse à adopter cette mission : la seconde était une pastorale émanée du Patriarche et faisant pressentir la nécessité d'en finir. Un rassemblement tumultueux dans lequel se trouvaient des officiers et des soldats de l'armée, s'est porté vers le palais du Patriarche, y est entré de force et s'est livré dans les appartements à une dévastation complète.

Au lieu d'entrer chez le Cardinal on a envahi l'appartement du comte Querini, propriétaire du palais, homme paisible, riche, amateur des arts, et tout, meubles, tableaux, vases précieux, médailles, a été brisé et jeté dans le canal.

Quoique la rumeur publique annonçât ces actes de désordre et de vandalisme depuis deux jours, le gouvernement n'avait pris aucune mesure, pas une autorité n'est venue contenir les émeutiers et la générale a commencé à battre quand tout était consommé.

Le Patriarche m'a demandé refuge et passage pour Trieste, le comte Querini également. J'ai souscrit à l'une et à l'autre demande.

―――

7 août 1849.

Par un décret rendu en comité secret hier au soir par l'assemblée, M. Manin a été de nouveau investi de pleins pouvoirs ; il est donc aujourd'hui parfaitement libre de suivre les inspirations que lui dictera un patriotisme bien entendu.

―――

Au Ministre

Venise, 21 août 1849.

Dégoûté par le mauvais usage que M. Manin avait fait le 4 août de mes bons offices j'avais interrompu toute relation avec lui ; cependant toute illusion disparaissant devant les réalités douloureuses qui accablaient Venise, la nécessité de traiter est devenue l'idée dominante et Manin poussé par les notabilités de l'armée, de la marine, de la population a dû se décider à une dernière tentative ; il m'a écrit le 17 août pour me prier de venir de nouveau conférer avec lui. Après une longue conversation entre lui, le consul de France et moi, et où, comme toujours, j'ai eu assez de peine à faire formuler en termes positifs les intentions du Président, il a été arrêté que nous nous adjoindrions à une commission composée du général Cavedalis, du comte Briuli, du comte Medine et que, au point où en était réduite la ville, on traiterait avec l'Autriche, en ne réclamant de modifications essentielles aux propositions du maréchal Radetzky, en date du 4 mai, que sur le papier-monnaie et l'amnistie.

Une fois ces idées arrêtées, j'ai insisté sur la nécessité de faire participer le consul d'Angleterre à cette démarche et j'ai eu quelques difficultés à y décider d'abord M. Manin qui n'est pas avec lui dans de très-bons rapports et le consul général lui-même qui croit avoir à se plaindre de quelques mauvais procédés à son égard ; quoi qu'il en soit, après de longs efforts, j'ai réussi à tout concilier et le lendemain la commission rédigeait une note au général Gorskouski et lui annonçait l'intention de traiter en s'aidant de l'appui moral et officieux des consuls de

France et d'Angleterre et des chefs des stations navales des deux nations.

Le général autrichien a décliné toute médiation étrangère, et les commissaires vénitiens sont seuls partis pour Mestre. J'ai reçu personnellement pendant la dernière période des marques d'intérêt et de confiance des hommes les plus élevés dans le gouvernement et la société vénitienne et cette confiance était partagée et manifestée dans les rangs plus inférieurs de la population ; cela serait une fausse modestie que de ne pas se féliciter d'un semblable succès, et je l'attribue bien moins à mon individualité qu'à la direction nette, franche et constante qui a marqué ma conduite dès le premier jour.

J'ai été sollicité de favoriser l'émigration des principaux personnages du gouvernement qui tombe ; il m'est impossible de ne pas accorder quelques choses dans ce but. Je destine *Le Pluton* à porter à Corfou les plus élevés parmi les compromis ; parmi eux se trouveront sans doute M. Manin et sa famille, les généraux Pépé, Ulloa, Cavedalis, Paolucci, Armandi, Marcello, les amiraux Grasiani, Milano, etc. J'ai exprimé le désir qu'aucune demande ne fût faite pour des hommes tels que Tomaseo, Juriati, Sirtori, etc., qui n'ont marqué que par l'exagération de leurs opinions, la violence de leurs actes et l'expression constante de leur haine pour la France.

J'ai conseillé au général Pépé de remettre avant la capitulation entre les mains du consul napolitain une batterie montée appartenant au roi de Naples. C'est un acte de probité qui servira à disposer le gouvernement des Deux-Siciles à se montrer indulgent pour les officiers napolitains fort nombreux qui sont restés ici depuis le rappel des troupes de cette nation ; le général a goûté ce conseil.

Venise, 24 août 1849.

Monsieur le Ministre,

Ma lettre des 21 au 22 août vous annonçait la reprise des négociations sans suspension d'hostilités. Le lendemain M. de Bruck étant arrivé à Mestre les commissaires vénitiens ont pu entrer en pourparlers plus sérieux et le bombardement a cessé. On s'occupe de régler les détails de la reddition.

Le gouvernement autrichien se montre peu traitable sur l'amnistie, il consent à la sortie des troupes italiennes et leur accorde des saufs-conduits pour rentrer dans leurs foyers, mais tous les officiers qui ont quitté, depuis le 22 mars le service de l'Autriche et sont passés au service de la République doivent émigrer. Cette mesure frappe surtout en bloc la marine, et plus de cinq cents officiers ayant tous leurs familles à Venise sont dans l'obligation de s'éloigner.

Le papier-monnaie est admis avec une récduction de 50 o/o. Le président Manin et les généraux font de louables efforts pour maintenir l'ordre, une contribution en argent, dont le recouvrement a été fait en vingt-quatre heures, a permis d'assurer trois mois de solde aux troupes qui partent, et 20 jours à la marine ; hier au soir une émeute sérieuse a éclaté, les artilleurs de la marine et des matelots, sous prétexte de différence de solde, ont d'abord fait quelques démonstrations tumultueuses sur la place Saint-Marc, ils se sont ensuite portés à Cana'Reggio derrière quelques barricades et se sont établis au Piazzale et à San-Secundo dont ils ont tourné les canons contre la ville ; on a battu la générale et ils sont depuis entourés d'un cordon de troupes ; le moment actuel est le plus difficile qui se soit présenté ; l'escadre rentre, les officiers qui commandent les bâtiments et ceux qui commandent les forts avisent au plus pressé, abandonnent leurs postes, et s'occupent de leurs affaires et de leur départ. Les équipages tendent à se réunir au moyen des soldats en révolte groupés à Cana'Reggio et de là peut sortir une journée fâcheuse qu'on essaiera, je pense, de conjurer avec de l'argent.

Au moment où j'écris un officier d'état-major autrichien est entré à Venise et va communiquer à l'escadre impériale l'ordre de laisser entrer les vivres; la même liberté d'approvisionnement a lieu vers les lagunes, là où les soldats révoltés n'interceptent par les communications.

Aujourd'hui les pouvoirs devaient être remis à la municipalité et lundi, probablement, les Autrichiens entreront en possession de la ville et des forts. — Dès que les chefs du gouvernement auront décidé leur départ, *Le Pluton* les portera à Corfou. Le reste de l'émigration se fera peu à peu et par des navires de commerce. Les saufs-conduits que l'Autriche promet d'accorder la rendront facile; mais la grande difficulté sera de trouver pour ces personnes une terre hospitalière. Sauf quelques individus dont la situation est spéciale, je conseille au plus grand nombre de ne pas se diriger sur la France.

2 heures après midi.

M. Manin, dont la parole exerce sur le peuple de Venise une influence puissante et souvent heureuse, s'est présenté au Piazzale; sans prendre d'engagements formels, il a calmé l'effervescence, a fait arrêter quelques meneurs et a ramené le reste.

Les positions sont occupées par la gendarmerie et par les Suisses et désormais à l'abri de l'invasion des émeutiers.

La ville est calme et morne, les magasins sont fermés, on attend. Les commissaires négociateurs sont retournés à Mestre, on règle les détails de l'occupation, on discute les termes de l'amnistie. Le général de Hesse est retourné à Milan pour en faire modifier, tempérer les effets surtout en ce qui touche la marine.

La municipalité a refusé les pouvoirs déposés entre les mains de M. Manin. Elle a excipé de l'influence, de l'habileté, et du crédit du Président sur la population et a fait appel à son dévouement et à son patriotisme pour conserver jusqu'au bout la difficile mission de maintenir l'ordre dans la ville.

Venise, 27 août 1849.

Monsieur le Ministre,

Les Autrichiens sont maîtres de Venise, je vous adresse ci-joint les actes qui ont amené la reddition de la ville.

Ainsi que j'ai eu l'honneur de vous le dire *Le Pluton* porte à Corfou les principaux personnages compromis, entre autres M. Manin et sa famille, les généraux Pépé, Ulloa, etc., au nombre d'une quarantaine de personnes.

Pour la confection de cette liste j'ai dû décliner tout d'abord toute aptitude personnelle à juger l'importance et la position des individus, j'ai remis au consul le soin de s'entendre avec le gouvernement pour désigner ceux qui devaient partir et j'ai regretté, je l'avoue, d'y voir figurer certains noms tels que ceux de Tomaseo et Sirtori qui, par l'exaltation de leurs doctrine et la fougue de leurs actes, ne semblaient pas dignes de la protection spéciale de la France. Pour moi ces deux hommes doivent être à toujours éloignés de nos rivages ; ils ne peuvent être en France dans des circonstances telles que celles qui naissent des révolutions, que des auxiliaires assurés des anarchistes. Mon opinion à leur égard n'était pas ignorée, ils ont été inscrits sur la liste sans moi sinon malgré moi.

Dès que la prise de possession sera complète je partirai de Venise, pour rallier *Le Panama* que je n'ai pas voulu laisser exposé plus longtemps sur la rade dangereuse du Lido.

Au Ministre

A bord du *Panama*. — Trieste, 4 décembre 1849.

Les premiers actes du gouvernement autrichien à Venise ont été des actes de rigueur peu motivée et des actes d'administration fâcheux pour le présent et l'avenir de ce pays. La mise en état de siége, le désarmement général, l'obligation de rentrer chez soi à 10 heures et demie ont blessé et attristé la population qui s'était montrée dès le premier jour, sinon satisfaite, du moins tolérante et paisible.

Parmi les mesures économiques qui nuisent à l'avenir commercial de Venise se trouve le retrait des ordonnances qui le constituait en port franc; en fait, les difficultés d'atterrage, de pilotage, de touage dans ces canaux longs et sinueux constituent pour cette ville une infériorité maritime qui laissera toujours d'immenses avantages au port de Trieste. Le port franc faisait de Venise un vaste entrepôt où venaient s'approvisionner les provinces du royaume lombardo-vénitien et de la Romagne.

Privée de cet avantage, et n'ayant plus ni industrie ni production locale Venise sera une ville morte et qui ne trouvera pas même, à l'avenir, dans le bon marché, l'attrait qui conduisait tous les ans dans ses murs une nombreuse population flottante.

A cette mesure le général autrichien a ajouté une prescription rétroactive qui a l'air d'un acte de vengeance. Tous les négociants, dans un délai très-court, doivent faire l'inventaire de leurs magasins, payer les droits sur toutes les marchandises étrangères existant entre leurs mains ou les réexporter.

Dès que les émigrés ont été partis de Venise, je me suis hâté de m'éloigner. Le maréchal Radetzky devant venir faire une visite, passer des revues, chanter un *Te Deum*, etc. Il m'a semblé plus séant d'être absent que d'avoir à m'associer à ces ovations faites au milieu d'un peuple dont la conduite pendant cette révolution, avait, au bout du compte, mérité toutes nos sympathies.

A M. Rohault de Fleury

Montauban, le 13 janvier 1850.

Mon cher ami,

Que produira la prochaine épreuve du suffrage universel? Que laissera-t-il debout? En vérité, en présence de telles obscurités, on ne peut que s'émerveiller de voir des gens qui ont encore assez d'illusion et assez de courage pour demander et espérer quelque chose. La République a tué pour longtemps tout ce qui est bon et grand en France et quoi qu'on fasse, la société, tant qu'elle aura cette maladie organique, ne s'avancera que vers la décadence; arts, sciences, richesses, religion, respect de la loi, industrie tout va-t-il périr dans cette atmosphère empoisonnée? les derniers événements législatifs, la gangrène socialiste qui se propage partout, tout nous annonce d'épouvantables malheurs dont un seul remède peut nous guérir, quelque Napoléon apte à saisir le pouvoir d'une main ferme et à l'exercer pour détruire l'anarchie. Et comme les Romains du Bas-Empire nous dissertons, nous manœuvrons pour faire les affaires d'Henri V ou de je ne sais quel autre prétendant lorsque quelque chose de pire, de plus destructeur, de plus dévorant que les Barbares nous menace et nous étreint déjà. Que Dieu nous sauve! sans lui nous sommes flambés. Mille bonnes amitiés à toute votre famille, mon cher ami, ma femme est bien sensible à votre souvenir, ma fille grandit, mais que lui est-il réservé à elle qui entre à peine dans la vie?

Adieu, je vous embrasse, je pense aller de nouveau à Toulon après les grands froids. Adieu.

Montauban, le 7 mars 1850.

Vous êtes heureux, mon très-cher, d'avoir pu rattacher le fil rompu de vos affaires malgré des apparences décevantes pour les Parisiens surtout, la gangrène sociale se propage et je crains qu'aux prochaines élections générales (si nous y arrivons) nous n'ayons de tristes résultats à enregistrer ! et je ne doute pas que si la faction démocratique l'emporte, notre pauvre France n'aille s'abîmer dans la terreur ou la conquête.

Vous n'avez pas, dites-vous, ma foi dans le despotisme, eh ! mon Dieu, je ne le trouve pas non plus la meilleure des choses, mais ce système-là du moins est simple et net. Que voulez-vous faire d'un régime de discussion, de raisonnement, d'empire de la loi, dans un pays qui n'a plus ni croyances, ni respect pour aucun genre d'autorité ou de supériorité, qui met les passions et les besoins matériels au-dessus de toute loi, qui a pris pour devise d'arriver au bien-être c'est-à-dire à la satisfaction des besoins du corps à tout prix, qui de déduction en déduction en est venu à systématiser l'individualisme sauvage et la dissolution de la société rationnelle et dépendante ; non, mon cher ami, on aura beau faire, tout principe est par l'esprit humain poussé, malgré qu'on en ait, à ses dernières conséquences. La limite du progrès sous la République est la tyrannie de la rue, l'empire brutal de la force, la négation et le mépris de tout ce qui relève de l'esprit et du cœur ; c'est l'anarchie comme l'a très-bien dit l'infernal Proudhon, c'est l'attribution du mal à Dieu, du désordre à la loi ; c'est l'intronisation de la *force ouvrière*, affreuse création qui subordonne le plan, l'idée, l'invention au marteau, à la scie, l'esprit au corps, le cerveau

au bras. Sous le régime qu'on nous propose Socrate n'eût pas
été bon à faire un balayeur, Bonaparte eût obéi à un tambour-
major, Hippocrate à un boucher, Phidias à un carrier et votre
serviteur au plus nerveux de ses matelots, et ainsi du reste.
J'abandonne la République parce qu'elle porte en germe toutes
ces conséquences et bien d'autres encore, le gouvernement
archi-électif parce qu'il est gros du gouvernement de la rue, et
ainsi du reste. En voilà assez de diatribes politiques et l'avenir
est assez laid pour jouir en paix du présent.

A Monsieur Picquet

Vichy, le 31 juillet 1850.

Les médecins ont envoyé ma femme ici. Ce voyage m'a beaucoup contrarié, mais enfin je l'ai fait et j'assiste au spectacle
d'une réunion de goutteux, de malades du foie, de l'estomac
qui ne rêvent que bals, concerts, promenades, courses, etc., de
sorte que, à voir le mouvement, les toilettes ébouriffantes et à
entendre à table le bruit des fourchettes et des mâchoires, on
s'effraie de ce que peut produire de luxe, d'appétit, d'activité
de corps et d'esprit, le malheur d'avoir le bonheur d'être malade et livré par son médecin à la noyade de Vichy.

Pour moi qui ne bois, ni ne me baigne et qui suis emporté
malgré moi dans ce tourbillon, je m'y ennuie assez passablement. Il faut vous dire que j'ai grandement vieilli d'humeur
comme de corps et je suis déjà fort difficile à amuser.

Nous avons ici une pléiade d'hommes politiques qui mangent
à la même gamelle, après s'être fait trente ans la guerre de
discours. C'est le duc de Cases, c'est M. d'Argout, c'est
M. de Salvandy, c'est M. Barrot, c'est M. de Rambuteau,
etc., tous ces gens qui ont plus ou moins poussé à la roue pour
précipiter notre pauvre pays dans le gâchis où il se trouve,
boivent ici pour guérir leur goutte; reçoivent parfois en passant
l'anathème que leur ont mérité leurs sottises ou leurs palino-
dies. Le front olympien de M. Barrot ne le défend pas de
l'accusation d'être le principal auteur de tous nos malheurs et
de nous avoir conduits d'opposition en opposition le plus honnêtement du monde dans le précipice républicain. Quand et
comment en sortirons-nous, Dieu le sait !

Toulon, le 4 septembre 1850.

Je suis resté dix jours de plus à Vichy qu'il ne m'était
permis et le préfet m'a fait une véritable algarade avec accompagnement d'avis au ministre qui a sainement jugé qu'il n'y
avait pas là de quoi me pendre.

Quoi ! je ne vous ai rien dit de Marie, ce n'est pas possible,
et je suis si hibou à l'endroit de ma fille que je suis tout surpris
d'avoir pu écrire quatre lignes sans vous dénombrer toutes ses
perfections. Donc, sachez qu'elle a grandi comme une asperge,
qu'elle a une petite frimousse assez gentille et que, quoiqu'aussi
grande que sa mère, elle est enfant comme si elle n'avait pas

huit ans. Son instruction va passablement, je lui donne quelques leçons; elle est trop timide, c'est un des fruits de l'éducation privée, mais qui, en fin de compte, est préférable à trop de hardiesse et à des allures mondaines qui viennent bien assez. Quand je pense que dans six ou sept ans il y aura lieu de penser à la marier, je suis tenté d'envoyer au diable par avance le gendre, le mariage et tout ce qui s'ensuit. Toulon est en ce moment une ville morte, l'escadre n'est pas là et les Toulonnais demandent de quel droit l'escadre leur est enlevée. Le fait est que cela porte dans nos habitudes un changement énorme. Il y a à terre énormément d'officiers qui flânent et peu qui embarquent; je suis à la campagne en attendant mieux, et nous y sommes affligés d'une effroyable sécheresse pendant que partout ailleurs les pluies empêchent de battre le grain, ici les plantes sèchent sur pied et ce ciel bleu d'airain continue à nous couvrir de sa radieuse coupole.

A M. Rohault de Fleury

Toulon, le 18 octobre 1850. (A la campagne.)

Quel dommage, mon cher ami, que votre excursion à Venise n'ait pu avoir lieu quand nous y étios, vous m'auriez perfectionné, à moi Velche, l'intelligence de cette Cittá d'oro. Je conçois bien l'enthousiasme qu'éprouvent les artistes à visiter cette ville unique où les monuments, les tableaux abondent et ont tout à fait un caractère d'originalité, qui vous fait oublier

Dieu merci, les types grecs et romains qui vous poursuivent depuis le détroit de Gibraltar jusqu'au fond de la Russie. A Venise le caprice, la fantaisie, l'imagination semblent s'être évertuées à créer l'imprévu partout, et toutes ces créations féériques semblent venues au monde sans labeur, sans recherche, avoir poussé toutes seules, comme Venise elle-même semble avoir poussé sur ses îles comme un immense et gracieux pâté de corail. Et puis quelle placide sérénité dans ce lieu, quel silence animé sur ces canaux, dans ces rues où l'on n'entend jamais le sabot brutal d'un cheval ou la roue grinçante d'un carrosse. Il n'y a que Venise au monde où l'on puisse avoir eu l'idée de créer des cafés en plein air qui ne ferment jamais; et il a fallu la guerre, la guerre brutale pour troubler le repos de cette ville de sybarites dont les vieux échos devaient être bien étonnés d'entendre hurler je ne sais quelle *Marseillaise*, et si les révolutions sont quelque part fourvoyées c'est en vérité bien à Venise, et je trouvais que c'était un drôle de cadre quand je voyais Manin haranguant le peuple au balcon au-dessus du café Florian et parlant égalité, liberté, constitution, etc., etc., en face de Saint-Marc et à côté du palais Ducal, dans le berceau de l'aristocratie la plus caractérisée que le monde ait jamais vue. Aujourd'hui l'Autriche est encore là ; elle a le tort de vouloir enlever à Venise ce qui fut sa gloire et sa grandeur, sa qualité de ville reine, son arsenal, sa marine, son commerce, elle lui donne en compensation le repos, la paix, ce n'est pas assez, c'est le repos de la tombe. Pauvre et belle Venise, c'est une des plus ravissantes choses qu'on puisse voir, un des oasis les mieux faits pour reposer l'homme des agitations de la vie. Nous en reparlerons à l'aise dans peu de temps et vous me montrerez votre récolte de dessins et de notes. Je n'aurais à vous offrir en échange que d'ennuyeuses élucubrations politiques qui donnent l'idée des malheurs que la révolution a déversé sur ce beau pays. Et nous que devenons-nous dans cette carrière de révolutions qui semble devenue l'état normal de notre pauvre France ? Où aboutirons-nous ? Quand donc Dieu nous suscitera-t-il un bras puissant pour nous tirer du gâchis où nous pataugeons ? C'est une triste éducation que celle qu'on nous fait. Nous apprenons à vivre au jour le jour comme le sauvage, et dans cette existence sans lendemain que deviendront les arts, les lettres, tout ce qui vit dans l'avenir et pour l'avenir ? Pauvre temps que le nôtre ! Si j'étais garçon je ne sais s'il ne me prendrait pas fantaisie d'emporter tout mon avoir dans une besace et d'aller assister au spectacle des agitations du monde en m'abritant sous l'aile de plomb de l'aigle autrichienne et en me faisant bercer dans ma gondole vénitienne par la vague et la brise si douce des lagunes.

Mille et mille amitiés à vos enfants, à vos frères et sœurs. Je me fais un vrai plaisir d'avoir bientôt l'occasion de vous embrasser et de fêter avec vous la saint Charles.

A Monsieur Picquet

Paris, le 9 janvier 1852.

Vos envoyés m'ont remis fidèlement vos cartes de visite et miss Marie a présidé très-joyeusement à l'ouverture de la cassette ; elle a trouvé l'émissaire plein d'esprit et de grâce dodue et de savoureuses promesses. Merci, cher ami, pour votre bon souvenir d'abord et pour celui de toute votre excellente famille, merci enfin pour un cadeau si friand. On doit vivre cent ans dans votre pays quand on se nourrit d'une pareille manne; un de ces jours nous allons porter vos santés et nous faire à nous-mêmes une nouvelle promesse d'aller vous faire notre visite de digestion; nous aurons peine de ne pas mêler à notre vin la moindre goutte d'eau de la Garonne.

Si avec les cartes, il y avait eu un petit bout de lettre nous disant que les trois générations de Saint-Amour continuent à prospérer, nous l'aurions lue avec grand plaisir.

Notre petite colonie va assez bien, Marie continue à être peu sympathique à la capitale, et elle soupire après son soleil de Provence et la poussière de sa campagne; le flot des soirées monte, monte et menace de nous mettre sur les dents, tout cela est médiocrement récréatif et j'envie le repos et l'uniformité de la vie de province. Mon métier est toujours aussi récréatif que devant, mais pour moi je m'arrange assez bien du travail obligé.

Comment trouvez-vous qu'on vous a déblayé le terrain parlementaire? Il paraît qu'il était temps et dans votre Jura les rouges paraissent avoir été très-décidés à profiter de la sainte République sociale pour s'approprier les propriétés des bourgeois. Si Napoléon peut nous octroyer une dizaine d'années d'ordre et de silence il aura rendu un fameux service à l'Europe. Mais qui peut répondre de notre pauvre pays si gangrené par les mauvaises doctrines.

Nous avons vu ici M. de la Tournelle et sa fille. Marie s'était liée avec elle et il y avait entre ces deux enfants une sympathie de goût et d'humeur qui fait vivement regretter à Marie que Mlle Blanche n'habite pas Paris. Nous avons entendu l'autre jour Mme Sabatier chanter avec une grâce parfaite des romances et des duos. J'aurais bien voulu que Mme Picquet fût là et qu'elle pût juger cette virtuose qui est remarquable surtout par sa manière de dire ces petits passages de sentiment si défigurés par les gens qui ressemblent à des orgues de barbarie.

Paris, ce 12 mars 1852.

J'ai frappé à toutes les portes sans pouvoir en faire ouvrir une seule pour votre protégé. Je suis descendu jusqu'à vouloir en faire un garçon de bureau, impossible ! On eût trouvé plus facile de le faire ministre. Un mien neveu a eu grand'peine à devenir, de deuxième chef de timonnerie, surnuméraire dans la comptabilité des matières et je ne puis parvenir à le faire passer commis. Jamais la rage des places ne fut plus grande que par le temps qui court. Mais en examinant les services de votre homme, je vois qu'il est matelot de première classe. S'il était réellement bon à quelque chose, pourquoi donc lâche-t-il prise? Devenu deuxième maître de timonnerie, le cabotage devient un débouché, car sous le nom de grand cabotage, on va aux Antilles. Les matières n'ont pas ces comptables spéciaux aux colonies, et même pour ces affreuses positions que promet Cayenne, on trouve une concurrence frénétique. Ainsi donc, mon cher Picquet, et à mon très-grand regret j'ai échoué partout et j'eusse été bien heureux, je vous assure, de pouvoir mener à bonne fin le premier désir que vous m'avez manifesté.

Le carnaval n'est pas encore fini ici ; j'attends avec impatience l'enterrement final de ce débouché vivace qui me fait passer des nuits dans les plus affreuses cohues qui se puissent voir. Le ministre de la Marine s'est dispensé de donner ces bals monstres, mais il a eu une série de petites soirées dansantes fort amusantes et qui se sont terminées hier par un quasi-bal fort brillant. Les concerts envahissent les colonnes du boulevard ; je m'en prive et laisse ma femme savourer, en compagnie de ses amies dilettanti, ce déluge de notes et ces avalanches de romances qu'on vous sert en carême, en guise de pénitence.

Paris est tranquille et la France aussi ; ce n'est pas glorieux, mais c'est calme. Si quelque vertige ne vient pas troubler la situation générale et si quelque assassin ne se trouve pas derrière quelque borne, cela pourra durer et nous avons fièrement besoin d'un peu de repos et de silence.

Je fais comme devant des procès-verbaux et des tartines qui doivent être aussi fastidieuses pour celui qui les lit, que pour celui qui les fait ; décidément il n'y a qu'une chose bonne, c'est de vivre en paix dans un Saint-Amour quelconque, loin du fracas du monde avec l'*aurea mediocritas* d'Horace et le bon esprit de s'en servir. Aussi vous et mon frère me semblez les plus enviables citoyens que je connaisse.

Paris, le 5 décembre 1852.

L'empire a amené la vacance du vaisseau *Le Napoléon*. Comme le Ministre ne paraissait pas du tout disposé à me donner les étoiles, vu qu'il me manque un mois, j'ai dû chercher à aller à la mer et je n'ai pas trouvé de meilleure occasion que *Le Napoléon*, qui est le vaisseau le plus en vue, et qui ayant déjà fait un contre-amiral est peut-être destiné à en procréer d'autres. La chose n'est pas encore faite. Aussi je m'attends à

être pourchassé avec une force de 900 chevaux. Irai-je chercher le Pape qui viendra sacrer l'Empereur, ou porterai-je
l'Empereur au Pape? Ce qu'il y a de sûr, c'est que je n'irai me
promener ni en Chine ni en Océanie, et que, dans quelque
temps, je serai mis à quelque sauce princière.

CAMPAGNE DU CANADA

—

RAPPORT DE M. DE BELVÈZE, COMMANDANT DE *La Capricieuse* AU MINISTRE

L'arrivée de *La Capricieuse* était connue d'avance et partout les populations accouraient à la côte, la saluant de leurs
hourras et de salves de mousqueterie; le long de la magnifique
île d'Orléans, malgré une pluie battante, les habitants d'origine
française saluaient de l'intérieur des maisons, ou bravaient le
mauvais temps en courant le long du rivage, pour suivre plus
longtemps les mouvements de la corvette.

Le gouverneur général avait envoyé au devant de nous le
steamer *L'Admiral* avec trois membres du cabinet pour complimenter le commandant. Le steamer *L'Advance* était aussi
par son ordre, au mouillage de l'Ile-Verte et nous prit à la
remorque. J'arrivai à Québec par un temps assez mauvais qui
n'empêcha pas cependant une partie de la population de se
porter sur les quais et sur les hauteurs de cette charmante
ville.

A peine mouillé, je reçus la visite du maire et des membres
de la municipalité, et rien ne fut plus cordial que cette pre-

mière entrevue, où nous convînmes de tous les détails de la
réception du lendemain.

Je ne connais guère que les bords de la rivière de Gênes,
du Bosphore ou de la côte de Catalogne à l'est de Barcelone,
qui soient aussi gracieux que les bords du Saint-Laurent ; dès
fermes et des villages semblables à ceux des plus belles parties
de la Normandie se pressent presque sans interruption sur le
rivage, et, dans le fond, la forêt couvre d'une teinte d'un vert
sombre les pentes régulièrement profilées de la montagne.
Au mouillage de Québec on est entouré d'un des plus splendi-
des panoramas du monde.

Le 14 juillet, la municipalité me présenta l'adresse sur le
môle, toute la population suivit le cortége, les rues étaient
pavoisées de drapeaux tricolores, toutes les troupes sous les
armes formaient la haie jusqu'à l'hôtel du gouvernement où
sir Ed. Head, gouverneur général, me reçut au milieu de toutes
les autorités civiles et militaires. Son Excellence me témoigna
tout le plaisir que lui faisait la visite d'un navire de la flotte
française et mit, dès ce moment, à ma disposition tous les moyens
de remplir ma mission ; il voulut me faire visiter la citadelle et
le jour suivant un grand dîner et un bal me mirent en rapport
avec l'élite de la population de Québec. Ma seconde visite,
le 14, fut pour l'Archevêque catholique.

La corporation municipale, le comité de l'exposition de
Paris, le bureau de commerce voulurent partager le plaisir de
me faire visiter les environs, les travaux de l'aqueduc, les beaux
villages de Beauport, Lorette tous habités par des populations
exclusivement françaises, les derniers Hurons, la chute de
Montmorency, les Foulons (dépôt de bois de construction),
les chantiers. Deux bals de souscription, l'un gigantesque
donné sur la terrasse Durham par la masse de la population,
l'autre à l'hôtel Russel par l'élite des citoyens, terminèrent

cette série de fêtes; l'une des journées fut consacrée à la pose de la première pierre du monument élevé à la mémoire des morts des deux armées anglaise et française en 1760.

Pendant mon séjour à Québec les maires et les corporations de Montréal, des Trois-Rivières et de plusieurs autres localités du haut Saint-Laurent se rendirent à bord, apportant les félicitations de ces villes et l'expression du désir de voir la corvette française remonter le fleuve. Le même désir est exprimé par des lettres des maires de Kingstown et de Toronto. Je dus renoncer, malgré ces offres, à remonter le lac Saint-Pierre avec la corvette et j'acceptai l'offre faite par M. Baby, armateur des steamers remorqueurs, de me conduire à Montréal sur un de ses bateaux à vapeur. Rien ne put déterminer M. Baby à accepter un prix quelconque.

Les bords du lac Saint-Pierre sont encore plus peuplés et plus beaux que ceux du bas Saint-Laurent. Dans peu de temps on y aura approfondi le chenal, et les navires d'un fort tonnage pourront remonter facilement jusqu'à Montréal.

A quatre lieues de la ville, nous rencontrâmes cinq de ces grands steamers qui sont des palais flottants, pavoisés, chargés de monde, ayant des musiques militaires à bord; deux d'entre eux, *L'Aigle* et *Le Cultivateur* se placèrent tribord et babord de *L'Admiral* et trois autres, liés ensemble, s'avançaient de front en arrière. C'est ainsi escortés que nous sommes arrivés à Montréal dont les quais, les rues étaient remplies par la population toute entière, saluant de hourras chaleureux le pavillon de la France. J'étais accompagné par quelques-uns de mes officiers, par M. Drummond, ministre de la justice, le colonel Irving, aide-de-camp du gouverneur, etc.

Le maire, la corporation, le bureau de commerce, l'institut canadien et les troupes étaient au débarcadère, et je fus conduit à travers des rues pavoisées à Saint-Lawrence-Hall où la

municipalité avait pourvu à nos logements. Le lendemain je
me rendis avec le maire à l'hôtel-de-ville où me furent lues, devant une nombreuse réunion et avec la solennité qui est habituelle aux Anglais, les adresses de la ville, du bureau de commerce, de l'institut; les jours suivants, les banquets, les visites
se succédèrent. Les Canadiens ont pris des Anglais un goût
particulier pour ces sortes de manifestations.

Montréal n'est pas seulement une grande ville commerçante,
c'est une charmante cité qui est destinée à devenir une des
grandes capitales de l'Amérique; j'ai visité, sous la conduite
du maire, le docteur Nelson, les établissements de bienfaisance
et d'instruction publique, tous fondés et administrés par des
religieuses et prêtres français et où l'esprit de charité et de dévouement est un sujet d'admiration, même pour les protestants
des États-Unis. La compagnie du grand Trunk (chemin de fer)
m'a mené, sur un de ses steamers, voir les ponts tubulaires de
Sainte-Anne et de Montréal; ce dernier, qui aura 2,700 mètres
de long, est jeté sur un des points les plus rapides du Saint-
Laurent, et sera une des œuvres d'art le plus gigantesques qu'ait
produites le génie humain. Dans cette course, j'eus l'occasion
de visiter le village iroquois de Cangnanwagan qui reçut l'année
dernière de S. M. l'Impératrice de riches ornements pour la
chapelle du village; c'est le dernier reste de ces tribus abori-
gènes qui furent alternativement pour nous de cruels ennemis
ou des alliés fidèles et qui ont définitivement conservé dans
leurs traditions un sentiment de respect et d'amour pour leurs
Pères français. Les missionnaires sont à la fois leurs pasteurs et
leurs conseils. J'ai dû me défendre d'intervenir dans des difficultés d'intérêt qu'ils ont avec l'administration anglaise.

En quittant Montréal, je me suis proposé de suivre les belles
voies navigables qui conduisent jusqu'aux confins du haut Canada; c'est en effet la route qu'il est important de faire con-

naître à notre commerce ; le gouvernement canadien a dépensé des sommes énormes pour la rendre facile à la montée et à la descente et pour faire ainsi du Saint-Laurent la grande voie commerciale du nord et de l'ouest de l'Amérique septentrionale. Sous le rapport politique d'ailleurs, il n'est pas sans intérêt de connaître cette ligne de grands lacs sur laquelle est tracée la frontière des États-Unis et où pourraient bien se débattre un jour des questions d'équilibre et de puissance maritimes.

Le Saint-Laurent est uni au lac Ontario par une suite de lacs : on descend de l'Ontario au Saint-Laurent en franchissant des rapides que les grands navires à vapeur bravent avec une audace et un bonheur admirables. On remonte du Saint-Laurent au lac Ontario et au delà, en passant à travers de magnifiques canaux, qui rachètent les rapides : les péages sont peu élevés. Sur les deux rives, des réseaux de chemins de fer relient les diverses parties du Canada avec les États-Unis.

Je suis parti de Montréal sur un steamer ; partout où il touchait, à Beauharnais, Cobourg, Port-Hope, etc., le télégraphe avait amené les populations au rivage et le maire, l'adresse à la main, venait saluer l'envoyé de la France. A Kingstown, la réception, comme à Montréal, a été solennelle et cordiale. Celle de Toronto l'a été davantage encore et ce succès doit être noté, car c'est dans ces villes que se trouve l'esprit d'antagonisme le plus prononcé dans le sens anglais et protestant et une sorte d'hostilité contre le bas Canada. On doutait à Québec, que dans ces manifestations populaires et officielles le haut Canada se montrât sympathique à la France.

A Kingstown deux steamers sont venus à ma rencontre avec des députations, il y a eu adresse, banquet, etc., à Toronto, où je suis arrivé à dix heures du soir, la population s'était réunie à la municipalité pour me recevoir, et, le lendemain, à la présentation des adresses et au banquet, le maire a eu l'attention d'inviter l'Évêque catholique français et de le placer à côté de moi. Mgr de Charbonnel considérait cette démarche comme une des plus audacieuses initiatives que pût prendre la municipalité au milieu de la population et de la société ardemment dissidente de Toronto. J'ai quitté le haut Canada n'ayant vu et entendu que des paroles et des actes sympathiques et respectueux pour le gouvernement de l'Empereur, et pour moi personnellement pleins de bienveillance et de satisfaction.

La vallée de l'Ottawa récemment peuplée a déjà des chemins de fer, des canaux et une grande ville, Bytown ou Ottawa-City, bâtie où d'épaisses forêts s'élevaient il y a vingt-cinq ans ; la population, contrairement aux autres parties du haut Canada, comprend un nombre assez grand de Canadiens français. J'ai été sollicité de visiter Bytown, actuellement centre d'un grand commerce de bois ; grâce au chemin de fer, on allonge à peine le voyage de deux jours. La pompe et la solennité de la réception étaient si recherchées qu'elle eût été presque ridicule, si toute la population de la ville et du pays réunie et enthousiaste n'eût donné à cet accueil la noblesse et la grandeur que les inventions municipales tendaient à lui enlever. En ne tenant compte que de l'intention, il est difficile de rien voir de plus affectueux et de plus sympathique que la réception faite dans l'Ottawa.

De retour à Montréal, en descendant les rapides, j'ai dû accepter un banquet de l'institut canadien que j'avais une première fois refusé ; je craignais de trouver dans cette nombreuse réunion d'hommes jeunes et ardents des tendances à aborder des questions politiques, et je n'ai voulu accepter qu'à la condition qu'on resterait dans les limites des idées littéraires et artistiques qui sont le but ostensible de l'institution. Tout a été parfait et convenable, et le gouverneur général m'a même su gré d'avoir saisi l'occasion de ramener cette institution à son véritable caractère.

Avant de partir de Montréal j'ai fait une visite au village de Saint-Vincent de Paul sur l'Ottawa, près du saut du Récollet. La population de ce canton est entièrement française, toutes les campagnes des environs avaient été abandonnées pour venir me faire accueil; j'y ai vu le couvent des Dames du Sacré-Cœur où sont élevées les filles des meilleures familles de Montréal : rien n'égale l'ordre et le confort de cet établissement dirigé par Mme de Monastrol, et qui suit la règle et la direction de la maison-mère de Paris. A Saint-Vincent de Paul on est en France, physionomie, langage, formes affectueuses et sympathiques, tout y rappelle la patrie, dont le souvenir est conservé dans ces campagnes avec un soin religieux ; j'y étais au 15 août et j'ai consacré cette coïncidence et cet anniversaire en participant à la pose de la première pierre d'une école professionnelle fondée par M. le curé Lavallée. J'espère que S. Exc. le ministre de l'instruction publique voudra bien contribuer par l'envoi de livres utiles au succès de cette fondation destinée à maintenir dans ce pays l'attachement à la France et à son souverain.

En revenant à Québec, je me suis arrêté aux Trois-Rivières, une des premières villes fondées par les Français. L'accueil y a été, comme partout, chaleureux ; j'ai visité Saint-Maurice, les forges, les scieries ; la rivière et les affluents ont été récemment ouverts au commerce et à l'exploitation du bois : on trouve sur son cours, coupé de rapides, des travaux fort ingénieux pour la descente des bois. Un terrain placé à l'embouchure de la rivière est offert à de bonnes conditions à une compagnie française qui voudrait établir sur ce fleuve une exploitation et des scieries.

Je suis parti de Québec pour Terre-Neuve, le 25 août, après avoir reçu du gouverneur général et de la population les adieux les plus flatteurs et les plus affectueux.

(Suit une description du commerce, des voies de communication, de l'agriculture, de l'industrie dans le Canada ; un exposé de sa situation politique, morale, religieuse, de son état militaire.)

RÉPONSES AUX ADRESSES

A la Municipalité de Québec

14 juillet 1855.

Monsieur le Maire,

Messieurs,

Je suis touché de l'accueil sympathique que vous voulez bien me faire à mon arrivée sur vos rivages ; c'est à la France, la patrie commune de vos aïeux et des nôtres, c'est à la gracieuse souveraine de la Grande-Bretagne, c'est à l'empereur Napoléon que doit être reporté l'honneur et l'hommage de cette réception. Elle est la conséquence de la noble et féconde alliance qui unit les deux plus puissantes nations de l'Europe et les arme en ce moment pour défendre la civilisation contre la barbarie et rendre la paix au monde.

L'empereur Napoléon disait à Londres : « Le temps des « conquêtes est passé sans retour, et c'est en se mettant à la « tête des idées généreuses, en faisant prévaloir partout l'em-

« pire du droit et de la justice, qu'une nation peut désormais
« être honorée et puissante. » La mission que Sa Majesté
Impériale m'a confiée est l'application de cette pensée.

Absente depuis un siècle du fleuve Saint-Laurent, la marine
française y revient pour renouer des relations commerciales
longtemps interrompues, faire profiter notre pays des progrès
immenses de votre agriculture et de votre industrie, ouvrir à
nos armateurs et aux produits du travail français une voie qui
fut longtemps fermée à nos vaisseaux.

L'adresse pleine de sentiments bienveillants qui m'est présentée, Monsieur le Maire, l'assemblée nombreuse qui entoure
de tant d'honneur mon premier pas sur ce rivage, m'assure que
votre concours est acquis à cette œuvre de progrès ; veuillez,
Monsieur le Maire, agréer l'expression de ma profonde gratitude et vous en rendre l'interprète auprès de vos concitoyens.

A MM. LES MEMBRES DU BUREAU DE COMMERCE
DE QUÉBEC

17 juillet 1855.

Messieurs les Membres du Bureau de commerce,

C'est le propre des idées justes et généreuses de produire
immédiatement des conséquences et des applications utiles.

L'alliance des deux nations de l'Europe, éminentes entre
toutes, par la puissance et la gloire·des armes, par les arts, par
l'industrie, par l'intelligence, devait avoir pour corollaire le

rapprochement de tous les éléments que la politique avait séparés ; c'est ce rapprochement que le gouvernement de l'Empereur a voulu amener, en faisant précéder dans ce beau
fleuve le pavillon de commerce par le pavillon de guerre et en
chargeant un de ses capitaines de fournir une première et sommaire appréciation des chances qui étaient ouvertes aux trafics
entre votre pays et le nôtre.

Le Canada peut devenir le grenier de l'Europe et il doit être
désormais plus facile à nos navires de venir chercher les blés
du Canada que ceux de la mer Noire. Vos bois doivent servir
de moyen d'échange avec les produits de nos industries agri-
coles et manufacturières ; et, sur ces bases générales, il doit,
si je ne m'abuse, devenir facile d'écarter tous les obstacles que
peuvent présenter les règles de l'administration financière. Le
revenu public gagne plus à l'agrandissement du mouvement
commercial qu'à l'élévation du chiffre des droits.

Espérons que, bien compris de part et d'autre, le commerce
direct des deux pays sera non-seulement possible, mais actif et
profitable ; ce sera ainsi, et seulement ainsi, que sera renoué le
lien si longtemps rompu entre la vieille France et cette fille
aujourd'hui émancipée qui porta le nom de Nouvelle-France.

Agréez, Messieurs, mes remerciements pour l'adresse dont
vous m'avez honoré.

A la Municipalité de Montréal

28 juillet 1855.

Monsieur le Maire,
   Messieurs,

L'alliance de la France et de l'Angleterre eût été passagère et stérile, si les deux souverains illustres qui gouvernent ces deux grands pays l'avaient réduite à préparer la guerre et à donner des chances à la fortune des armes.

Le but de l'alliance est plus grand et plus noble, ses efforts seront bien autrement heureux pour l'avenir de la civilisation. La guerre d'Orient, il faut l'espérer, sera un incident qui aura couvert nos drapeaux d'une commune gloire et préparé au monde une nouvelle ère de prospérité et de paix.

La mission que je remplis ici est un jalon planté dans cette voie large et féconde ; vous l'avez ainsi compris, Messieurs, et les honneurs qui accueillent le premier bâtiment français qui depuis un siècle a remonté les eaux du Saint-Laurent, s'adressent surtout à la Reine et à l'Empereur dont le règne sera plus illustré par cette politique d'amitié et de progrès que par les plus brillants exploits militaires.

Votre accueil sympathique est donc un encouragement pour tous ; nos navires marchands viendront bientôt, j'espère, sur vos rades, ils échangeront nos produits contre les vôtres et ainsi seront renoués les liens de la France et du Canada. *Le temps des conquêtes est passé.* Cette parole, tombée du haut d'un trône, explique ma présence ici ; l'objet de mes investigations et mes recherches et la bienveillance qui m'accueille partout, dans les régions officielles comme dans la rue, est une preuve qu'elle est comprise unanimement comme l'a voulu l'Empereur.

Veuillez agréer l'expression de ma profonde gratitude pour l'honneur que vous avez bien voulu me faire en me portant votre adresse.

Au Bureau de commerce de Montréal

MM. les Membres du Bureau de commerce,

Vous savez le but du voyage de *La Capricieuse* dans les eaux du Saint-Laurent, et l'intérêt que vous portez au succès de sa mission me prouve que vous en appréciez le caractère éminemment utile.

Les souvenirs de commune origine qui donnent à votre accueil un caractère si sympathique, loin d'être pour nous tous un sujet d'appréhension, n'ont fait que rendre plus nette, plus franche et plus facile ma situation parmi vous.

Honneur et gratitude, Messieurs, aux chefs des deux gouvernements qui, par leur politique d'amitié et de progrès, ont rendu possible, au milieu d'une guerre juste et honorable, la préparation de relations commerciales plus étendues et plus actives. Ce sont ces relations, c'est ce commerce direct entre la France et le Canada que je suis chargé d'étudier et de faire connaître. Par vos lumières, Messieurs, par votre bienveillance si expansive et si honorable, ma tâche deviendra facile; et lorsque l'Angleterre et la France auront accompli la mission que la Providence leur a imposée en Orient, pour assurer le repos du monde, vous, Messieurs, et nos négociants seront prêts à rattacher votre pays au nôtre par le lien le plus profitable et le plus durable, celui du commerce, le seul qui place les deux pays dans des rapports de liberté et de bienveillance réciproques.

Agréez, Messieurs, mes remerciements pour l'adresse que vous m'avez présentée aujourd'hui.

A L'Institut canadien

28 juillet 1855.

Messieurs les Membres de l'Institut canadien,

Je me sens à l'aise en répondant à votre honorable adresse ; il s'agit de sciences, d'arts et de belles-lettres, dont le culte forme un des plus beaux titres d'honneur de la France, la vieille patrie de vos aïeux et des nôtres.

Les Canadiens, Messieurs, seuls dans l'Amérique du Nord, ont toujours prétendu à une nationalité distincte, ils ont soutenu pour elle une glorieuse lutte, ils ont senti, à bon droit selon moi, que la destinée des peuples n'était pas tout entière dans le perfectionnement de la vie matérielle et qu'elle se manifestait aussi par les travaux de l'esprit.

L'Institut canadien a la mission de conserver cette tendance toute française, et de l'autre côté de l'Atlantique, dans la patrie de Descartes, de Racine, de Bossuet, comme dans celle de Milton, de Shakespeare, de Newton, on y applaudit et on vous y encourage.

Cultivez, Messieurs, dans la jeune Amérique, le champ des œuvres de l'esprit ; c'est par elles qu'un peuple est complet, et,

sans rien perdre de son aptitude au travail matériel, devient la
tête et le cœur dans la société des hommes civilisés.

J'espère et je pense que ce rôle est réservé par la Providence
aux Canadiens et c'est un grand honneur d'appartenir à l'Institut qui est l'instrument d'une si belle destinée.

La France littéraire et artistique connaît vos succès et vous
trouverez toujours son suffrage et ses encouragements pour
tous vos travaux.

———

Le jeudi 2 août, une fête populaire réunit 10,000 personnes
au Champ de Mars de Montréal ; le Maire présente le commandant à cette fête donnée en son honneur et prononce un
discours ; obligé de prendre la parole à son tour, M. de Belvèze
s'exprime ainsi :

Messieurs,

Cette nombreuse réunion est tout ce qui pouvait être fait de
plus flatteur et de plus honorable pour moi et surtout pour la
France, dont le souvenir est resté si vivace parmi vous.

Rien ne prouve mieux ce qu'il y a de libéral, d'élevé dans
le gouvernement de la Majesté Britannique, que la liberté avec
laquelle sont exprimées vos sympathies pour la vieille patrie qui
m'envoie ici dans l'unique but de mettre à profit, dans l'intérêt
du Canada et de la France, le progrès immense que votre travail, votre intelligence ont fait faire à ce beau pays.

Conservons tous intactes et paisibles ces bonnes et honorables dispositions, elle valent mieux que toutes les théories, que
toutes les expériences, et elles sont l'application pratique des

bienfaits que la Providence et le temps mettent sous la main des peuples pour leur amélioration.

Rendons hommage surtout à la cause première de cette réunion, l'alliance de la France et de l'Angleterre, et manifestons-le par un cordial *hourrah* pour la reine Victoria !

AUX CITOYENS NOTABLES DE L'OTTAWA

Messieurs,

Le temps qui me presse sera un obstacle sérieux à la visite de l'Ottawa, et je suis forcé de suivre l'itinéraire qui, en me faisant parcourir les voies navigables les plus accessibles au commerce, me ramènera le plus promptement possible à bord de mon bâtiment.

C'est, croyez-le bien, avec un bien vif intérêt que je visiterais votre belle vallée où les Canadiens des deux origines ont apporté un esprit d'industrie et d'entreprise qui a produit de merveilleux résultats : à peine la hache a-t-elle fait tomber les arbres de vos forêts, que la charrue fait sortir du sol d'admirables richesses. Le commerce, progressant à l'abri des relations amicales de la France et de l'Angleterre, ira, j'espère, directement jusque sur les points les plus éloignés de ce beau pays et y apportera l'échange libre et facile d'où sort l'aisance et le bien-être des populations.

AUX CITOYENS DE BEAUHARNAIS

3 août 1855.

Monsieur le Maire, Messieurs,

Je vous remercie bien sincèrement des expressions de sympathie que contient votre adresse ; ce mouvement de votre part prouve que vous aussi vous savez apprécier la mission dont je suis chargé, et soyez sûrs que rien ne me rendrait plus heureux que de pouvoir réussir à renouer des relations commerciales entre la France et le Canada. Les dispositions si bienveillantes des Canadiens qui se traduisent partout par des témoignages éclatants contribueront largement au succès de ma mission et vous aurez votre part, Messieurs, dans une œuvre dont les résultats ne sauraient être trop hautement appréciés.

Permettez-moi de vous dire que l'apparence de votre village si florissant et la beauté des campagnes qui l'environnent ne sont pas de nature à justifier la modestie de votre adresse ; au contraire, vous pouvez vous vanter d'habiter une des plus belles parties du Canada que vos attentions délicates ne me permettront pas d'oublier.

AUX CITOYENS DE KINGSTOWN

4 août 1855.

Monsieur le Maire,

Lorsque les deux couronnes d'Angleterre et de France ont fait une alliance durable et désintéressée, elles l'ont faite pour appliquer leur puissance dans les armes, les sciences et l'industrie, au bonheur des peuples et à l'indépendance des nations.

La guerre, une guerre d'usurpation est survenue. Le monde apprendra quel poids nos deux nations peuvent jeter dans la balance des destinées humaines.

En attendant que les bienfaits de cette union puissent se manifester complètement, l'Empereur a voulu que les voies de l'avenir fussent préparées et c'est dans ce but qu'il a envoyé un de ses bâtiments dans ce magnifique pays pour en étudier les besoins et les ressources et lier de nouveau la France au Canada non par des liens de conquête et de suzeraineté, mais par ceux de commerce libre et spontané, les seuls qui conviennent aux peuples intelligents et maîtres d'eux-mêmes.

Vous avez compris ces intentions, et l'accueil plein de bienveillance qui m'est fait est la meilleure preuve que vos sympathies répondent aux nôtres.

A la gratitude que me fait éprouver une si honorable réception, qu'il me soit permis de joindre mes félicitations pour une population qui a su combiner le génie entreprenant des enfants de l'Angleterre et celui des descendants des Canadiens-Français pour créer dans la jeune Amérique une nationalité pleine d'espérance et dont le progrès et la richesse seront un sujet d'étonnement pour l'Europe.

Nous travaillerons ensemble à utiliser dans un intérêt réciproque les ressources du Canada qui, j'en suis sûr, sera un jour une des puissances du nouveau monde, comme il en est déjà l'honneur et l'exemple.

Aux citoyens de Toronto

Monsieur le Maire, Messieurs,

J'éprouve une satisfaction que je ne veux pas dissimuler en recevant à Toronto un accueil plein de cordialité et de bienveillance. Dans cette capitale du haut Canada, les sympathies qui se manifestent sont un hommage à la reine Victoria, pour la politique d'amitié et de bonne intelligence qu'elle a substituée à l'ancienne politique d'antagonisme de la France et de l'Angleterre. Je m'associe avec bonheur, Monsieur le Maire, à ces sentiments, et j'aime surtout à les retrouver dans une population presque entièrement anglaise.

Une des plus précieuses conséquences de cette politique doit être de rendre plus actifs et plus utiles les rapports entre les peuples soumis aux deux couronnes. C'est la pensée qui a inspiré à l'Empereur la mission que je remplis. Il a voulu, malgré les préoccupations de la guerre, rétablir entre les deux pays, autrefois unis par d'autres liens, des relations commerciales directes, libres, spontanées, et c'est pour préparer ces relations que je suis venu au Canada. J'ai suivi avec soin les belles lignes de navigation qui rattachent à la mer les parties les plus éloignées de cette vaste contrée, et, dans cette visite, je me suis convaincu que dans ce beau pays, habité par les fils des deux nations les plus actives, les plus industrieuses du monde, des progrès immenses s'étaient accomplis sans que l'Europe en eût une connaissance exacte ; entre le Canada et la France l'échange se fait, mais par des intermédiaires qui rendent ces transactions onéreuses au consommateur : faisons directement cet échange, il deviendra ainsi profitable aux deux nations.

J'espère que le sillon ouvert par *La Capricieuse* sera suivi par nos bâtiments marchands ; encouragez-les, Messieurs, ce n'est pas une concurrence nouvelle qui se dresse, c'est un commerce qui rentre dans sa voie naturelle. J'espère que les tarifs se modifieront de part et d'autre de manière à favoriser ces résultats, et c'est lorsque les eaux du Saint-Laurent et des lacs seront ainsi parcourues par tous les pavillons, que le Canada prendra l'essor que lui promet l'activité intelligente de ses habitants et que lui a préparé de longue main l'habileté du gouvernement Britannique.

Souvent les réponses improvisées n'ont pu être reproduites, et font malheureusement défaut à ce recueil conservé dans les archives de la Marine.

A M. Rohault de Fleury

A bord du *Véloce*, Saint-Pierre, le 17 juin 1855.

Mon bon ami,

Voulez-vous recevoir un souvenir de votre vieux camarade en ce moment exilé dans les régions hyperboréennes de la morue ? Pendant que vous jouissez à Paris des fleurs et du soleil, moi je savoure ici les joies d'un hiver archi-brumeux accompagné de vents furibonds, etc. Tout cela donnerait à un homme un spleen mortel si on n'avait une foi déterminée. Ce n'est pas qu'il y ait un véritable intérêt dans les questions qui se débattent ici, mais ce qui sera surtout agréable ce sera d'aller eplxiquer la chose à Paris et d'aller aussi en deviser avec votre oncle, si curieux de toutes choses ; et je l'entretiendrai de nou-

veau, avec grand plaisir, sur la migration des poissons, les glaces du détroit de Behring et autres gracieusetés polaires.

J'ai mouillé à Cadix, je suis même allé à Séville, j'espérais y
trouver Paul, je n'ai vu que son pont et son théâtre.

Si j'étais comme vous un artiste actif et habile, je vous cro-
querais la Giralda, l'Alcazar et ses salles mauresques, les
grandeurs de la cathédrale et les gentillesses sculpturales de
l'hôtel-de-ville, etc. ; mais vous savez que je ne suis qu'un flâneur et là comme partout je m'en vais les mains dans mes
poches, le nez en l'air, regardant tout, mais laissant à ma mémoire et à ma cervelle le soin de retenir la trace de mes odyssées ;
c'est parfaitement bête, j'en conviens, et si j'avais à recommencer je me mettrais à votre suite, et dussè-je ne faire que tailler
vos crayons, j'apprendrais à employer utilement le temps de
mes pérégrinations ; je mourrai dans l'impénitence finale, un
bon à rien obstiné, bon cependant à deviser de souvenir avec
les gens de bonne volonté comme l'excellent général quand ils
n'ont rien de mieux à faire que de m'écouter.

Comment va-t-on chez vous ? J'espère que Georges est tout
à fait bien, et que Madame de Waresquiel a bien terminé ce
qu'elle avait bien commencé. Rappelez-moi à leur bon souvenir ainsi qu'à celui de Madame de Saint-Venant et son mari.
Je voudrais bien qu'elles voient comment se boutique l'huile
de foie de morue pour se faire une idée de ce que cet affreux
produit répand de miasmes fétides avant de passer par leur
gosier.

Si, dans les grands établissements de la côte est, j'en trouve
qui ne soit pas trop affreuse je ferai leur provision. Que je sois
gardé d'avoir jamais besoin de cet abominable *recorporatif*,
c'est ainsi que le docteur du lieu nomme cette invention. J'espère qu'en devenant plus habile Hubert sera devenu fanatique
de la palette et de la brosse. Il me doit un tableau et je ne

suis pas pressé de voir remplir la promesse, en attendant j'aurai mieux. Cependant je demande à être servi avant qu'il soit grand prix de Rome.

A travers les brumes de Terre-Neuve, je vois Paris comme le but et la fin de ma campagne, et quoique je ne sois plus assez jeune pour tenir cette capitale pour un paradis, j'estime que c'est là qu'on fait le mieux et le plus agréablement son tour du monde. Conservez-le moi donc beau, tranquille, joyeux, actif et que je puisse aller y passer en paix l'hiver prochain; cela fera trois hivers de suite. Mais si épaisse qu'elle soit, la brume de Paris me paraîtra moins froide, moins terne, moins morne que celle de ce détestable pays de morue.

Adieu, mon bon vieil ami, je vous serre la main cordialement et vous embrasse comme toujours de tout cœur.

A M. Rohault de Fleury

Mon cher ami, je n'oublie pas mes bons amis de Paris, et je leur donne, quand je puis, une marque de souvenir; vous savez que vous êtes de ceux qui ont la première place dans mes affections. Nous sommes arrivés ici après avoir été secoués rudement et mal menés par le dur élément des mer boréales. Enfin, tant bien que mal, nous voilà rendus; encore une traversée de retour et j'espère que ç'en sera fait pour moi de navigation. La santé est restée passable dans toutes ces misères.

Lorsque je rallierai notre belle France, trouverai-je la paix faite et le pays lancé à toute vitesse dans la voie de prospérité qui semblait s'ouvrir devant lui? Je le souhaite bien ardemment. En apprenant l'attentat des Champs-Élysées nous avons senti renaître les frayeurs du régime républicain et compris l'importance de cette existence providentielle après laquelle malheureusement on n'aperçoit que l'inconnu. Espérons que cette fois encore Dieu fera pour la France ce qu'il a fait jusqu'ici, de créer pour ses besoins et pour son honneur l'homme et le régime les plus propres à incarner ses intérêts. Pendant que nous nous morfondons de l'autre côté de l'Océan, vous assistez aux splendeurs de la fête universelle. Si je ne puis en voir les derniers jours vous me les raconterez en conversation et en peinture, comme vous savez si bien le faire.

J'ai frappé à la porte de Paul, à Cadix ; il était à Xérès ; on m'a dit qu'il n'était pas très-bien portant, mais je n'ai rien pu avoir de positif à ce sujet.

Comment va votre fille et sa nombreuse lignée ? Comment vont vos autres enfants ? Rappelez-moi au souvenir de tous, ils savent combien j'ai pour eux d'affection. Présentez mes respects au général et à Mme de Fleury.

Il me tarde d'aller m'y nicher et d'attendre là en paix qu'on me donne des étoiles ou ma retraite ; mais dans l'un et dans l'autre cas du repos. J'en ai besoin.

Adieu, mon bon ami ; si l'activité vous est nécessaire ne la poussez pas jusqu'à la fatigue ; c'est en veillissant qu'il faut surtout ralentir le pas, sous peine de devenir poussif.

Mille bonnes amitiés à vous et aux vôtres.

Capricieuse, Sidney, le 29 août 1855.

Mon cher ami, comme vous ne serez pas obligé de répondre à cette lettre, je me donne le plaisir de me rappeler à votre souvenir et à celui de votre bonne famille et de vous raconter quelques détails de mes étranges pérégrinations. Et d'abord nous nous portons bien, moi aussi bien que Waresquiel, et je pense, Dieu aidant, que vers le mois de novembre, les vents favorables nous conduiront sains et saufs dans notre belle France, le plus beau pays du monde.

J'arrive du Canada où j'ai fait la course la plus mirobolante qui puisse être racontée. Figurez-vous le pavillon de la France reparaissant après cent ans d'absence dans notre ancienne colonie et y retrouvant endormi au fond des cœurs le souvenir et l'amour de la vieille mère-patrie, et l'explosion de ce sentiment éclatant partout, même parmi les populations anglaises, lesquelles, grâce à l'alliance, ont dû célébrer elles aussi, par de frénétiques hourras, l'arrivée du représentant *du puissant allié de leur gracieuse souveraine* (c'est ainsi qu'ils s'expriment à l'endroit de votre humble ami). Aussi ai-je fait à travers 800 lieues de fleuves, de lacs, de chemins de fer un voyage princier, passant sous je ne sais combien d'arcs-de-triomphe, trouvant la nuit et le jour la population, les municipalités m'attendant à l'entrée des villes une adresse à la main, et moi, pauvre hère, obligé de répondre à tout cela par de *beaux* et *bons* discours qu'il fallait plus tard paraphraser à merci dans des banquets, des toasts, etc. etc. Quelle dépense exorbitante d'éloquence j'ai faite dans ces trois semaines ! ! ! Une vingtaine d'adresses à répondre, plus de cinquante *speech* à prononcer, l'un d'eux sur le Champ-de-Mars, devant 10,000 personnes, monté sur une voiture, comme Mangin de burlesque mémoire, et le tout avec accompagnement de canons, feux d'artifice, etc. Si je ne suis pas mort d'indigestion, j'aurais dû mourir de vanité ; heureusement que mon estomac et mon bon sens m'ont défendu de l'un et de l'autre trépas. Lorsque je lirai à Mme de Waresquiel les hyperboliques articles des journaux de Saint-Pierre à propos de mon auguste personne, je compte lui faire faire une de ces bonnes parties de rire comme je lui en donnais dans mon bon temps. Le fait est que j'ai fait là, comme dit l'un de ces estimables journaux, le métier d'un souverain qui visite ses états et je vous certifie que c'est un rude métier et que j'aime mieux celui de bourgeois de Paris.

Je suis allé de Québec aux chutes du Niagara, en suivant toujours les voies de navigation ; j'en suis revenu par le fleuve en descendant les rapides, merveilleux spectacle dont on n'aura jamais l'idée en Europe. J'ai même descendu un des grands rapides du Saint-Maurice dans un canot d'écorce comme un Iroquois. Il faudrait un livre pour vous dire les détails de cette course merveilleuse et j'ai là de quoi vous raconter pendant bien des soirées. J'espère que votre oncle prendra quelque intérêt à ces récits si différents de ce qui se voit dans notre pays. Au point de vue politique et commercial j'ai eu un succès inespéré et je reviens de ce pays où toujours les antagonismes se touchent, sans avoir indisposé personne, chose dont la difficulté était telle que personne n'en croyait la solution possible. Mais, mon trèscher, nul n'est prophète en son pays et pendant qu'ici on s'écrie : Heureuse la France qui possède de tels hommes ! (toujours l'hyperbole) chez nous ont fait des fournées de contre-amiraux et on me laisse de côté ! Qu'y faire ? J'ai maintenant par devers moi assez de preuves pour que personne, pas même moi, n'ait le droit de me croire un imbécile. Si donc la marine ne veut rien faire de moi, ni pour moi, il faut s'en consoler : *Exegi mo-numentum.* — Je n'ai plus qu'à me reposer.

Mon cher ami, samedi M. de ***, géologue canadien, ingé-nieur des Ponts-et-Chaussées, dont vous avez entendu parler, vient dîner à notre petit couvert. Voulez-vous ainsi que Georges être des nôtres ? Quand on n'a que huit couverts et huit assiettes, il faut bien prendre ses amis par bordées. Vous êtes de la bordée de *babord*, vos enfants ont fait la bordée de *tribord*; demandez l'explication à Hubert.

Toulon, le 25 avril 1858.

Mon cher ami, vous pensez bien que je n'ai pas oublié les bons amis de la rue d'Aguesseau et j'aurais beau rester muet comme une carpe, j'aime à penser qu'on ne m'accuserait pas d'indifférence. Je veux vous donner aujourd'hui une petite ga-zette de notre colonie provençale et si, comme c'est probable, vous n'avez pas le temps de me lire, Madame Lucile s'en chargera et saura au besoin nous donner de vos nouvelles à tous.

Puisque de par notre très-illustre, très-intelligent et très-juste ministre j'ai été classé parmi ceux dont on ne veut rien faire, je me suis résolument retiré dans mon petit royaume de province où (chose inespérée) j'ai trouvé une sérénité d'humeur et un calme d'esprit que vous ne m'avez pas vus souvent à Paris. Il faut croire que ce bien-être moral tient d'abord à la satisfaction de me trouver auprès des miens et ensuite à la conscience qu'après avoir lutté avec persévérance, tant j'avais espoir de trouver des oreilles ouvertes à la justice et à la raison, j'ai fait acte de bon sens et de dignité en cessant de m'immoler moi-même devant cette capricieuse fortune qui siége au ministère de la marine. En résumé, il y a des gens qui travaillent toute leur vie pour obtenir le bien-être qui m'est dévolu et il me semble que j'ai été quelque peu absurde d'attendre à 57 ans pour commencer à en jouir.

Donc me voilà passé à l'état de papa gâtant sa fille et cherchant son plaisir là où le sien se trouve, très-occupé à ne rien faire (labeur plus grand qu'on ne croit), attendant le 1er mai pour m'en aller à la campagne maçonner un peu, tripoter à droite et à gauche et ne regrettant du passé que les bons amis que j'ai laissés à Paris et parfois la flânerie qui a bien son charme pour les paresseux émérites de mon espèce.

Nous avons ici un fléau d'une espèce souvent enviée, un beau temps qui ne se dément jamais. Il fait déjà chaud et nous serions les gens les plus embaumés de la terre si Dieu nous donnait un jour de pluie par semaine, mais le ciel bleu et le soleil radieux ne nous font que de rares infidélités et le séjour des champs devient une nécessité dans cette saison ultra-belle. Aussi attendons-nous avec impatience le moment de quitter la ville. L'escadre qui égaie parfois notre rade est à quelques lieues de nous et reparaît quelquefois.

Toulon, le 13 décembre 1858.

Mon cher ami, j'ai reçu avec un grand bonheur les bonnes nouvelles que vous m'avez adressées. Vous voilà donc de l'autre côté des glaciers et aux premières loges pour voir le soleil et défier l'aquilon. J'espère que les cataractes ouvertes sur l'Italie finiront par se fermer et que vous n'aurez qu'à jouir de la promenade pour les malades.

Ici nous avons d'assez beaux temps, de sorte que, entre Paris et l'Italie tous les deux inondés, c'est notre montagneuse Provence qui est la plus hospitalière aux rhumatismes et aux bronchites.

Je ne saurais trop vous louer d'avoir pris le parti de jouir en famille et en paix des loisirs que vous a faits le labeur de votre jeunesse. Tout ce qui vous tient au cœur trouve sa satisfaction dans cette résolution. Vous verrez des santés chères se raffermir et vous vous délecterez au milieu des œuvres des maîtres. Si les hommes étaient sages, ils fixeraient toujours une époque où les velléités ambitieuses sont mises de côté pour ouvrir la voie à la vie paisible et sans tracas.

Superbe philosophie que je comprends à merveille et que je pratique détestablement.

Tout mon monde va assez bien et se rappelle au bon souvenir de vous et des vôtres. Rien de bien nouveau ici, le calme se maintient dans toutes les régions de la vie française, Dieu veuille que cela dure. On attend ces jours-ci le grand-duc Constantin, qui s'en ira dit-on à Paris et laissera ici son gendre. Le port de Villefranche dont on a fait tant de bruit est fort petit et je suppose que les flottes russes seront souvent ici. . . . tant que nous serons bons amis. Je crois que cette bonne amitié durera un peu plus que de coutume en raison de l'énorme déplaisir qu'elle cause à l'Autriche et à l'Angleterre. Enfin nous verrons.

Nous avons assisté le deux décembre par un temps radieux au spectacle toujours nouveau du lancement du *Fontenoy*. Quel dommage que votre petit monde et vous ayez tant de répugnance pour la mer ; c'est un moyen si prompt et si commode d'aller d'un point à un autre !

Vous devez, Georges et vous, faire de merveilleuses collections de croquis et je conçois votre bonheur à l'étude des chefs-d'œuvre. Depuis nos visites en Grèce, en Egypte, à Rome, à Pompéï, etc., j'ai pris un goût singulier, non pas à l'art en lui-même auquel je ne suis pas très-fort, mais à l'étude de la civilisation ancienne manifestée par les restes qui sont debout, aussi je ne trouve pas souvent les restaurations et les explorations faites à ce point de vue d'une façon satisfaisante. J'ai vu des restaurations diverses de Rome, c'est une accumulation de monuments à colonnes, à statues, etc., mais la ville des habitants, des bourgeois, des commerçants, des affranchis, etc., tous l'ont négligée pour restaurer la ville des dieux, des princes, des sénateurs. Je vois des palais, des temples, mais je ne vois pas ce qui constitue la fourmillière humaine. Pompéï seule me fait assister à la vie antique. De même il serait curieux de rapprocher l'histoire des grandeurs de la république pisane et de rattacher cette histoire à ce grand et majestueux centre occupé par la Cathédrale et le Campo-Santo.

Est-ce que vraiment vous croyez que le terrain a cédé sous le poids de la tour et que ce n'est pas un caprice d'architecte ? Pourquoi donc le Baptistère et la Cathédrale sont-ils si droits sur le même fonds ?

Je voudrais aller flâner avec vous, car cette fois vous ne devez plus être M. Pressé et on pourrait vous faire faire un peu ce métier de rêveur et de badaud devisant à loisir sans compter les minutes.

Adieu, assez pour aujourd'hui, mille amitiés à tous grands et petits, de par l'Empereur je leur ordonne d'engraisser !

———

Toulon, le 24 janvier 1859.

Mon cher ami, j'ai reçu avec grand plaisir de vos nouvelles et j'espère bien que le mieux dû au séjour de l'Italie se soutiendra. Un point essentiel c'est le contentement produit par ce déplacement et le bien-être que vous éprouvez tous. Voilà la politique qui vient troubler cette quiétude. Quelles que soient les causes qui agitent ce beau pays, je voudrais que l'explosion qui a semblé un instant menaçante fût encore longtemps éloignée et que vous puissiez accomplir en paix votre pérégrination en France. Cet incident italien et autrichien a causé une émotion assez notable, et il serait bien heureux que les gouvernements qui existent de l'autre côté des Alpes trouvent un moyen de faire supporter plus facilement aux populations le régime qui leur est imposé. Lombards-Vénitiens, Romains, Napolitains, tout cela couve des levains dangereux de révolutions, et la force, quoi qu'on dise, n'est pas le moyen le plus sûr et le plus durable d'assurer le repos. Tout s'est un peu calmé chez nous, cependant il y a des préparatifs militaires qui indiquent qu'on veut n'être pas surpris par les événements. Mais l'opinion générale est tournée vers la paix, et j'ai peine à croire qu'on ne fasse pas tout ce qu'on pourra de tous les côtés pour la maintenir. Amen.

Ici nous sommes tous en assez bonne santé; il y a à Toulon une fureur de bals et de fêtes qui laisse peu de repos aux jeunesses. Heureusement miss Marie est peu fanatique de danse et nous pouvons de loin en loin brûler la politesse aux maîtres de maison empressés à amuser le public.

Quelle belle récolte de dessins vous allez rapporter vous et Georges, n'ayant pas cette fois le piston incessant des affaires pour vous hâter! Convenez que ce n'est pas une méchante chose que de disposer ainsi de son loisir, de s'écouter vivre et de faire la part large à la fantaisie. Dans ma spécialité et quoique je ne sois jamais attelé très-longtemps à une besogne fixe, j'éprouve le charme du *far niente* occupé. Le matin je savoure le plaisir de ne pas sentir un ordre impératif qui me détourne de ma volonté du jour; le soir je ne suis pas fâché de m'endormir sans préoccupation; et puis je vois que l'intervalle qui me sépare de la fin est court et semé d'infirmités, de rhumatismes, de pituite; est-il sage de rechercher pour cette période si courte des agitations et des labeurs?

———

Ollioules, le 2 septembre 1860.

Mon cher ami, je viens de recevoir votre lettre et la triste nouvelle de la mort de M. de la Tournelle. Quelque averti que l'on soit par les circonstances de l'âge ou de la santé des probabilités d'une séparation suprême, la douleur est grande au jour de l'événement et l'esprit ne subit pas sans être brisé cet irré-

12.

médiable malheur. Quoique rares, mes relations avec M. de la Tournelle n'avaient laissé un souvenir plein de sympathie pour lui et pour sa bonne et charmante famille, et je m'associe de tout cœur aux douleurs que vous avez tous ressenties. Il me tardera d'apprendre que votre oncle vénéré n'a pas été trop éprouvé dans sa santé par ce triste événement et que le bien-être se maintient. Ce doit lui être une grande et précieuse consolation de se voir entouré de votre bonne famille, qui porte tant de cœur dans toutes ses relations de famille et d'amitié. Il est heureux que, grâce au voyage d'Italie, vous ayez pu changer un peu la direction de votre vie, reporter sur Georges une partie de vos occupations spéciales et par suite faire une part plus large à vos affections, à vos goûts et à votre repos.

A M. Rohault de Fleury

Toulon, le 21 janvier 1861.

Mon cher ami,

Au moment où je vous écris, j'entends le canon de la rade qui salue le pavillon de l'amiral ***, c'est un nouvel arrivé dans l'histoire si embrouillée des affaires italiennes. En mettant les choses au mieux, et en supposant que la guerre civile finisse pour le départ de François II, que vont faire les Piémontais? Je crains qu'ils n'en sachent pas assez, et qu'en fin de compte, par la mauvaise humeur des uns, par l'hostilité des autres, nous n'arrivions à un inextricable gâchis que la guerre

seule pourra débrouiller, à moins, ainsi que je le répète souvent,
que l'Empereur ne trouve dans ce gâchis une raison nouvelle
de remettre sur le tapis une idée de confédération, de conservation des autonomies et de présidence papale, mais que feront
les cardinaux? Enfin nous verrons. Je vous renvoie tous vos
souhaits.

———

Toulon, le 24 mars 1861.

Mon cher ami, me voilà à Toulon, et je voudrais bien y recevoir des nouvelles de votre excellente famille, trouvez donc
une assez longue course en voiture pour pouvoir m'écrire un
petit mot ou me le faire écrire par votre ombre.

J'ai trouvé ma mère bien vieillie, mais assez bien; la triste
chose, mon cher, que de voir cet inévitable vide que le temps
nous prépare. Ma femme est assez bien quoique toujours souffrante, quant à Marie elle est très-bien et m'a fait cent mille
questions sur vous tous pour qui elle a une grande affection.
Dites-moi aussi comment va votre oncle et rappelez-moi à son
souvenir ; la promotion qui m'a achevé n'a pas eu les suffrages
du port et a surpris ici autant qu'à Paris ; tout le monde me re-
gardait comme un futur major-général et sympathisait avec cette
combinaison. Je prends aussi philosophiquement que possible
ma nouvelle situation et suis tenté après une telle injustice si
persistante, et toujours au profit de mérites que je connais et
dont personne ne fait d'ailleurs un très-grand cas, je suis tenté,
dis-je, de m'appliquer un mot de je ne sais plus quel auteur :

« Quand je m'examine je suis humble, quand je me compare je deviens fier et orgueilleux. »

La vilaine chose que le monde ! Vous savez qu'à mon arrivée à Paris j'étais surpris du retour de politesse de tout le monde à la maison ; l'insuccès a tout changé, et j'ai trouvé dans les wagons du chemin de fer des officiers ex-polis qui ne m'ont plus octroyé le moindre coup de chapeau. Le vieil homme avait raison, et la bassesse est autant de notre temps que du sien. Mme de Waresquiel doit être contente de la tournure que prennent les affaires de Rome, il est évident que si on ne fait pas la guerre pour rétablir l'ancien État pontifical, on persistera à pourvoir à la sécurité du Pape. Il y a dans toute cette affaire d'Italie le germe de bien des embarras ; il faut espérer que la terminaison ne sera pas trop mauvaise pour nous. Mon frère qui est venu de Toulouse me voir à Montauban m'a dit avoir vu M. le Gentil bien portant ; il ne l'a pas connu, mais a su qui il était ; si j'avais su qu'il restât à cette époque à Toulouse, je lui aurais proposé en quittant Paris de nous rejoindre en chemin de fer et de venir pousser sa promenade jusqu'en Provence. Je ne sais trop comment je vais occuper ma vie, il faudrait pourtant bien qu'elle soit remplie de façon ou d'autre en attendant que je devienne perclus et idiot. Adieu, mon bon et vieil ami, faites mes meilleures amitiés à vos enfants et au gentil petit Maurice en particulier ; je souhaite que la santé devienne florissante dans toute la colonie. J'enverrai un de ces jours un échantillon d'eau de fleur d'oranger à Mme de Waresquiel et si elle la trouve meilleure que celle de Paris elle pourra se la faire fournir en gros à la fabrique. Adieu.

Montauban, le 16 juillet 1861.

Mon cher ami, je vous écris d'un lieu de douleur ; la mort de ma mère m'a appelé ici, et quelque attendus que soient ces malheurs de famille, ils apportent de vives douleurs et des tristesses que le temps adoucit mais n'efface jamais. Malgré la vitesse du chemin de fer, je n'ai pu arriver à temps pour lui fermer les yeux, et la mort a été plus prompte que les médecins ne le croyaient. Sans doute elle a quitté ce monde chargée de jours, mais il semble qu'une mère devrait vivre toujours. A présent, voici venir le règlement de ces affaires de succession, autre douleur dont il me tarde d'être délivré ; arrivés à notre âge nous sommes entourés de chances de séparation d'avec ceux qui nous sont chers et ce n'est pas une des réflexions les moins pénibles où je suis arrivé que de faire autour de moi cet espèce d'inventaire des ruines que je suis destiné à voir, ou à devancer. En présence de ces tristesses qui affectent le cœur, que sont les chagrins que causent les hommes, les ambitieux et le reste !

Toulon, le 5 janvier 1862.

Il y a de l'égoïsme à vous détourner de cette course qui me procurerait le plaisir de vous embrasser, mais la prudence et la nécessité le veulent ainsi. L'heure me presse, je vais prier pour vous, pour lui, pour vous tous à qui je souhaite toutes les consolations possibles.

Toulon, le 16 août 1862.

Mon cher ami,

Je comprends les regrets que vous arrache la mort du chancelier, son grand âge rendait cette fin tous les jours probable, mais le cœur ne se résout jamais à supporter philosophiquement cette dernière et irrévocable séparation. Nous venons d'éprouver un malheur de cette espèce; ma sœur, par une maladie incurable et depuis longtemps annoncée comme mortelle, s'est éteinte il y a deux semaines, et cette fin quoique attendue a porté chez nous la tristesse et la douleur; c'est d'ailleurs une perte immense, car elle était d'une immesurable bonté, et jamais dans sa vie déjà longue n'avait donné à ses frères que du bonheur, de l'affection et d'aimables pensées.

Nous souffrons ici de la chaleur et d'une sécheresse atroce; les sources tarissent et la pluie est attendue comme la manne au désert; tout est rôti, desséché et si ce n'était la situation spéciale de notre bastide qui reçoit les brises rafraîchissantes de la mer, il faudrait émigrer sur quelque montagne pour y trouver un peu d'humidité et de fraîcheur. Le pauvre midi est bien maltraité cette année par ces sécheresses et cette inclémence des saisons combinées avec l'action continue de pompe aspirante du gouvernement qui soutire quand même l'obole des campagnes comme les millions des capitales, fait pousser au paysan et au petit propriétaire des plaintes qui ne sont pas sans motifs. Je ne sais ce que deviendra l'affaire du Mexique, mais nous devons nous apprêter à voir à la fin de cette équipée la carte à payer la plus extravagante et la plus formidable qui se puisse imaginer. Je vous félicite de votre optimisme; tout compte fait, chez un homme bien et indépendant tel que vous

cette disposition est une chose louable. Je n'en dirai pas autant
de l'optimisme spéculatif de cette multitude de sangsues avides
qui sont la honte et seront la perte de ce gouvernement. Tout
mon monde vous adresse ses meilleures amitiés et moi, mon
très-cher, je vous serre la main en vieil et fidèle ami qui voudrait bien vous voir plus souvent. Adieu.

Pendant quelque temps nous résiderons à Ollioules, Var.

Ollioules, le 21 septembre 1862.

Mon cher et bon ami, il est difficile qu'à notre âge nous
n'ayons pas à constater le vide fait autour de nous, et c'est un
grand bonheur lorsque nos amis et nos parents ne nous sont
point enlevés prématurément. Malgré son grand âge et les
rechutes déjà éprouvées je pense que votre oncle supportera
encore ces secousses qui semblent se tenir entre des limites
telles que sa forte organisation physique et morale n'en est pas
gravement ébranlée. Je pense que, la saison froide étant toujours un peu plus hâtive, vous vous hâterez de le ramener à
Paris où les soins et les secours de la médecine sont toujours
plus rapprochés et surtout plus efficaces. Je prends bien part à
tous vos tourments et à ceux de Mme de la Tournelle déjà si
fortement éprouvée ; elle est une digne fille de cet énergique
vieillard dont le caractère et la force ont trouvé tant de rudes
épreuves. Vos enfants auront aussi quitté les bains de mer de
Gascogne où déjà on doit sentir les approches de la mauvaise
saison, et ce sera sans doute grand bonheur pour vous d'en-
endre le bruit de la famille.

Nous n'avons pas ici grand'chose de nouveau; le port n'a plus de navires, la malencontreuse expédition du Mexique les a tous amenés de l'autre côté de l'Atlantique; le quart d'heure de Rabelais de cette incartade impériale sera dur à passer, et la carte à payer ne portera pas les hommes qui auront, sans gloire, sans profit, sans raison, jonché de leurs cadavres cette terre où nous n'avons que faire. Nous avions bien assez d'embarras à nos portes sans aller chercher dans le pays de la fièvre jaune les stériles et sanglants lauriers qui nous ont même fait défaut dès le début et que nous sommes menacés de ne cueillir qu'à grand renfort de troupes et d'argent !

On ne sait rien ici de plus qu'à Paris sur les affaires italiennes; j'entends dire par les gens de l'art que Garibaldi mourra de sa blessure; un médecin m'affirmait que la seule chance de salut pour lui eût été que l'amputation eût été faite peu d'heures après la blessure; aujourd'hui elle est impossible et toutes les probabilités sont pour une conclusion fatale. De quoi cet épisode sera-t-il le point de départ? Ce qui est certain, c'est que le *statu quo* est impossible.

Toulon, le 10 mars 1863.

Mon cher ami,

J'avais espéré pouvoir faire une excursion à Paris dans le courant de cette année, je viens de me mettre assez bêtement sur le dos une besogne qui me retiendra ici cet été. La maison que j'habite ayant une toiture qui a besoin d'une grosse réparation, je me suis laissé persuader d'exhausser afin de rendre les appartements supérieurs plus convenables, et de là l'obligation de rester près des ouvriers, etc. Nous avons bien de la peine à nous persuader que nous vieillissons et que le mieux serait après tout de se mettre tout à fait sous la remise en supprimant soigneusement tout ce qui rend la vie compliquée, mais on n'a pas vécu impunément pendant un demi-siècle dans une vie agitée et une activité perpétuelle; et puis tout le monde n'a-t-il pas, par le temps qui court, la manie d'améliorer et refaire l'œuvre du passé?

Que dit-on à Paris des affaires courantes? On est ici assez peu tranquille sur l'avenir : cette Europe est bouleversée pendant que nous avons dispersé nos trésors, notre flotte et notre armée aux quatre vents du ciel et lorsque l'âge peut hâter d'un jour à l'autre l'affaiblissement des facultés de celui qui est la clef vivante de l'édifice actuel; n'y a t-il pas de quoi s'inquiéter sur l'avenir? l'expédition du Mexique menace de prendre des proportions d'une calamité publique et nous sentons ici un peu plus qu'à Paris ce que doit coûter en hommes et en écus cette malheureuse conception. On dit que l'Empereur déteste la marine et tout ce qui s'y rattache, et on ne s'explique pas quelle monomanie lui est venue de ne faire que des expériences maritimes et coloniales dont les temps passés ne rendent pas de trop bons témoignages. Enfin Dieu protége la France; mais en vérité, on compte facilement sur cette protection, et on la met à une rude épreuve en augmentant le royaume arabe en même temps qu'on songe à supprimer le royaume apostolique.

Ma femme et ma fille me chargent de les rappeler à votre bon souvenir. Elles se portent bien, cependant la santé de Marie laisse à désirer.

Adieu, mon cher et bon ami, demain j'accomplis ma soixante-

deuxième année et la quarantième 'année depuis ma sortie de
l'école ! Que d'années ! et quel dommage de ne pouvoir mettre
son expérience dans sa valise et recommencer ; que de bêtises
on éviterait et que de bonnes choses on ferait ! vains et bien
vains regrets, car par le fait, les anciens ont beau nous faire
part de leur expérience qui vaut bien ce que vaudrait la nôtre,
on ne les écoute pas ; ainsi tout est bien, et notre unique affaire
c'est d'arriver aussi bien que possible au terme. Mille bonnes
amitiés.

· Toulon, le 1er septembre 1863.

Mon cher et vieil ami, il me revient que vous avez décidément des projets de pérégrination en Italie pour la fin de l'été ;
j'espère bien cette fois que n'ayant à vos trousses aucun ministre et à vos pieds aucun opéra vous en prendrez à votre aise
et ferez votre voyage en flâneur qui veut jouir de tout et ne se
fatigue de rien. Je compte donc que vous laisserez le chemin de
fer vous conduire jusqu'à Toulon, que vous nous donnerez
quelques jours, et qu'enfin après quarante ans et après avoir
tant de fois été chez vous amicalement reçu, vous nous procu-
rerez le plaisir de vous recevoir. Ainsi il faudra me prévenir
quand vous partirez, me dire votre itinéraire et le jour de votre
arrivée à Toulon, nous vous recevrons à la bastide fort modes-
tement, fort rustiquement, mais fort cordialement, nous visite-
rons ensemble ce que nous avons de curieux ici, et nous rap-
pellerons quelques-unes de nos joies passées. Je crains fort que

les exigences de l'éducation ne clouent Mme de Waresquiel
à Paris, nous serions si heureux de lui voir prendre sa première
étape de repos ici. Enfin vous me conterez tous vos projets et
surtout n'écourterez pas vos séjours surtout ici.

Nous avons passé paisiblement notre saison à la campagne,
obligé comme je l'étais de suivre de près mes travaux, je jure
bien par le Styx que je ne me livrerai plus désormais à une pareille plaisanterie, quels tourmenteurs émérites que ceux qui
concourent à cette besogne !

Toulon, le 18 septembre 1863.

Mon cher ami, je me hâte de vous écrire quelques mots, d'a-
bord pour vous souhaiter bon voyage, et accompagner ces
souhaits du cœur par toutes les invectives dont je suis capable
à votre égard et à l'égard de votre bon Georges : par
où diable allez-vous donc passer ? je suppose que c'est par
les montagnes, car sans cela je ne comprendrais pas que vous
arriviez à Marseille pour prendre le paquebot au lieu de suivre
jusqu'à Nice ; il me semble que Georges et puis vous, êtes de
l'avis d'Horace sur le *robur et œs triplex* nécessaire aux gens
qui prennent la mer pour moyen de communication.

Quoi qu'il en soit nous avons fait naître des projets fondés
sur votre visite *prolongée* et *dégagée de toute sorte de préoccupations* d'affaires, et voilà qu'il faut y renoncer.

Vous avez bien raison, mon cher ami, de rendre après vous
toutes les questions d'affaires d'une solution facile entre vos
enfants, il ne pourra rester dans leur cœur que des sentiments

de gratitude, de respect, de regret pour ce père qui en leur laissant une existence brillante et opulente leur aura épargné, sa vie durant, les nécessités de se créer cette aisance par le labeur, et les mauvaises chances qu'entraînent toujours les débuts.

Au point de vue moral, que de bons exemples et que de bons sentiments ils auront à puiser dans les souvenirs de famille où apparaissent à tous les âges de douces et aimables figures qu'on n'oublie jamais quand on a eu comme moi le bonheur de les connaître et la possibilité de les apprécier ! Il y a une attraction puissante dans ces natures et ces familles bénies comme la vôtre, où depuis l'aïeul, l'aïeule, tous les enfants qui les ont entourés et suivis étaient des modèles de science, de dignité et tous de la plus sympathique amabilité.

Puisque les affaires sont au deuxième plan, je suppose que vous allez faire de votre voyage un plaisir et un exercice de santé. Georges nous rapportera, de là, de ces études d'art dont les archives paternelles lui ont donné l'exemple et l'enseignement, je pense qu'un jour il fera profiter le public de ses études ; à quoi servirait la fortune acquise si elle ne servait surtout à mettre au premier rang l'art et au deuxième les affaires ? — Le vieil Horace, un de mes auteurs favoris, écrivait sur sa maison une devise que devraient toujours respecter les enfants de pères laborieux et honorés : *Pater nobis hæc otia suis.*

Adieu, écrivez-moi donc d'Italie, si Raphaël, Michel-Ange, etc., veulent bien le permettre. Mille amitiés à vous et autour de vous.

Toulon, le 24 août 1864.

Mon cher ami, voilà bien longtemps que je me propose
de m'entretenir quelques instants avec vous, et comme les
grands paresseux, et surtout les vieux paresseux, chaque
jour voit remettre au lendemain cette résolution. Je me
demandais ces jours-ci comment il se faisait que chez
les gens inoccupés les plus minces devoirs étaient aussi
différés, — rien de plus naturel, dans l'ordre intellectuel et
moral la paresse atrophie comme dans l'ordre physique, et puis
la certitude que chaque jour n'est pas plus chargé d'occupations
que celui qui le précède donne une funeste habitude de dire :
« J'aurai bien le temps demain ! » Je suis persuadé que la
nécessité prétendue du temps présent d'éconduire de bonne
heure les hommes occupés au travail et aidés par l'expérience
et l'habitude, pour laisser arriver plus vite la jeunesse annuelle,
enlève tous les ans une énorme proportion de capacités et d'esprits actifs juste au moment où ils eussent été le plus utiles et plus
religieusement laborieux ; que faire à cela ? La province avec sa
vie peu chargée ne fait qu'ajouter à ces inconvénients et, pour
une cause ou pour une autre, on meurt ayant ainsi gaspillé
sans profit un tiers de son existence.

Je sais que le ciel implacablement bleu, dont nous jouissons
depuis cinq mois, a été plus varié chez vous et qu'ainsi vous n'en
êtes pas comme nous à demander au ciel des nuages gris, des
orages rafraîchissants, etc.

Aussi j'espère que sous cette température mieux balancée
votre famille grande et petite aura bien passé son temps ; toutes
vos petites fillettes doivent déjà être grandes et gentilles, et ce
cher Maurice doit avoir déjà un petit air de général en herbe.
J'aurai bien du plaisir à revoir tout ce monde, et à redire à

votre bonne et charmante fille que son vieil ami ne l'a pas plus oubliée qu'il n'a cessé de l'affectionner.

J'ai reçu ces jours derniers une petite brochure où vous faites la critique bien sensée des œuvres de nos sculpteurs. Je partage bien votre manière de voir sur la dépression du sentiment du beau chez les artistes de ce moment ; le réalisme et le sensualisme ont remplacé cet idéal des anciens et cela nous vaut, au lieu d'Apollon, des lutteurs, d'Antinoüs, de Niobé, de Vénus de Milo, etc., des satyres, des courtisanes avachies, des Vénus piquées de je ne sais combien de serpents venimeux qui provoquent tout autre chose que l'admiration ; — cela changera, car il ne manque chez nous ni verve ni inspiration, c'est la direction, la tendance qui est seule mauvaise.

Avec votre activité native vous devez avoir augmenté le cercle de vos relations de bienfaisance et d'utilité chrétienne et sur ce large théâtre parisien tout se prête à donner au dévouement une forme et une direction qui satisfait autant l'esprit que le cœur. Je suis sûr que comme autrefois vous n'avez pas *un moment à vous.*

Que dites-vous à Paris des choses de ce temps ? Vous fêtez les rois d'Espagne et autres, vous faites des empereurs américains ; mais nous autres gens terre-à-terre nous nous inquiétons de ces finances toujours insuffisantes et surtout de l'hypothèse d'une maladie grave, d'un accident survenu sur le personnage en qui se résume le gouvernement et de ce qu'il adviendrait quand il s'agirait de lui donner le successeur prévu. Comment ! sans sa main puissante et toujours obéie les partis se retrouvent toujours actifs, les dévouements sont toujours rattachés plus ou moins complétement à l'utilité, au profit qu'ils rapportent, et l'on peut supposer que au grand jour de la transmission tous ces dévouements seraient fidèles, tous ces partis inactifs ! Cela n'est supposable que dans un seul cas, celui où, comme

en Angleterre, le pouvoir gouvernemental ne serait plus aux mains
du Souverain, à moins que nous ne retrouvions sous l'influence
de la grâce ce vieux culte de la légitimité et du droit divin qui se
résumerait dans la devise *mort le roi, vive le roi*, mais nous sommes fièrement loin de là, aussi voudrais-je voir faire quelque
chose pour rendre le gouvernement automoteur et dégagé de la
personnalité du souverain, alors et seulement alors je regarde-
rais la succession comme probable. Comment va votre oncle le
général ? je crains toujours de voir arriver sa fin et je suis sûr
que vous êtes devenu pour lui et sa fille un ami providentiel que
personne ne peut remplacer.

Adieu, mon cher et vieil ami ; mille bonnes amitiés à tout ce
qui vous appartient, de ma part et de la part des miens.

———

Toulon, le 24 octobre 1864.

Mon cher et bon ami, je ne vous écris que quelques lignes
pour m'associer aux chagrins, aux perplexités cruelles que vous
avez dû éprouver pendant la maladie de votre excellent Georges ;
oh ! si ce n'était pour cause de santé, combien je me réjouirais
de vous voir fuir les brumes de Paris au profit de notre voisi-
nage. Quoi qu'il en soit, le gros danger est évité et il s'agit de
faire le choix de la station hivernale. Je ne puis vous donner
que des renseignements assez peu précis sur ces stations consi-
dérées au point de vue du malade ; voici ce que je sais et ce qui
pourra provoquer de votre part des écrits que je m'empresserai
de traduire en préparatifs si vous choisissez la Provence. Montpellier me paraît avoir à haute dose les soins et les opinions

médicales, quant au climat je ne le crois bon que relativement, c'est la région du jeune mistral et les côtes présentent de meilleures chances. Nice est une cité par trop impériale et de vrais malades qui ont peu de soucis des bals, etc., y trouvent un très-beau climat, des fleurs toujours et encore plus de russes et d'anglais qui y rendent la vie difficile. Je n'ai rien à dire pour vous de Menton.

Cannes a été découvert par quelques riches anglais qui ont fait décupler le prix des terrains et centupler les prix de location; des villas délicieuses, des réductions de Windsor, de Hamptoncourt; des hôtels immenses, vie chère, climat très-bon; quant aux distractions, si on n'a pas de relations européennes, il faut se promener et vivre entre soi; voilà ce que j'ai entendu dire, je n'y suis jamais allé. Le mistral y crève éreinté et par conséquent peu incommode; peut-être Antibes serait-il agréable si les étrangers l'avaient adopté, mais c'est une place forte et, je pense, un pays peu riche en distractions. Hyères est à une heure et demie de Toulon, abrité du mistral qui s'y fait pourtant sentir; beaux hôtels, villas, exposition archiméridionale, assez d'étrangers paresseux et autres parmi lesquels on peut parvenir à trouver sa société. Excursions faciles aux environs et à Toulon. Le duc de Luynes s'y est bâti une superbe villa, beaucoup d'autres personnages y viennent souvent. Un de mes anciens cuisiniers y tient un très-bon hôtel, et comme c'est un excellent homme qui m'a gardé un bon souvenir et qu'il est bien établi, il pourrait être utile; un médecin fort expérimenté y soigne une nombreuse clientèle de poitrines malades. Il a navigué avec moi il y a trente-quatre ans, et j'ai foi en ses lumières; d'ailleurs homme honnête, pieux, etc. Si je m'appesantis autant sur Hyères c'est que c'est ce que je connais le mieux. Si j'étais à votre place et si je choisissais Hyères j'aimerais mieux au début me mettre dans un hôtel tenu par quelqu'un dans le

genre de mon ancien artiste et si la condition de climat, de séjour et d'ameublement ne me plaisait ni n'améliorait, je laisserais le camp sans autre embarras que de payer le temps passé
là ; si un établissement plus personnel me semblait meilleur, je
le prendrais en connaissance de cause et à bon escient.

Toulon, le 29 octobre 1864.

J'espère, mon cher ami, que le mieux de Georges persiste
et que vous délibérez sur votre prochain voyage. J'ai depuis ma
dernière lettre parlé à plusieurs personnes de Cannes et autres
lieux. Tout le monde me répond : à Cannes très-bonne température, vie difficile et isolée à cause des Anglais qui ont envahi
le pays, vivent entre eux et ont fait monter le prix de toutes
choses. Hyères, un peu plus de variations de température
pourtant très-dure, grandes et nombreuses ressources pour s'y
établir, population d'étrangers de tous pays. Enfin quelqu'un,
mon médecin, me disait hier : pourquoi ne pas venir à Toulon,
à la vérité on y sent parfois le mistral, mais le soleil y est beau
et, si Mathieu de la Drôme a dit vrai, il y aura en novembre
autant de pluie à Nice qu'à Cannes, à Cannes qu'à Hyères
ou à Toulon, car au mistral près plus tempéré à mesure qu'on
va vers l'est, le climat est le même ou à peu près.

J'hésite à être affirmatif et conseillant pour ce choix, car on
prend presque une part de la responsabilité qu'entraîne le conseil.

Avec quel plaisir, mon cher ami, je vous reverrai vous et vos enfants ! il me semble que ce sera un rajeunissement que de me retrouver au milieu de vous tous. Nous avons ici plus de choses de science que de choses d'art, mais en résumé et en comptant les mouvements généraux de la province, on y trouve une bonne température.

J'ai dans une maison des locations à familles d'enfants qui paraissent prospérer sous cette influence. Plus il me sera facile de vous voir souvent, plus je serai enchanté ; dites-moi donc ce que vous désirez que je fasse pour rendre les choses faciles.

Mille amitiés autour de vous et dites à tous que ma vieille affection est toujours la même et que mon bonheur sera grand de les revoir surtout si je les vois repartir frais et dispos. Adieu, mille amitiés.

Toulon, le 1er novembre 1864.

Mon cher ami, j'étais déjà inquiet qu'aucune réponse ne me fût faite et aujourd'hui au reçu de votre lettre je me suis mis en campagne pour voir ce qu'il pourrait y avoir de séant pour vous.

Comme bien vous pensez, hors les villes d'eaux et des stations hivernales il n'est pas facile de trouver une maison meublée confortable avec neuf lits. Mais enfin j'ai d'abord attaqué la question sur les lieux ; avant tout il faut que je vide la question de nos maisons. En ville tout est loué et occupé hors

un petit appartement de trois pièces et une cuisine qui n'est
pas meublée et qui ne vous suffirait assurément pas.

Notre campagne est à votre disposition, mais ne croyez pas
que ce soit un palais, c'est une vraie bastide exposée en plein
soleil, disposée surtout pour l'été et comme telle n'ayant
que deux pièces à feu, meublée comme toutes les campagnes
de bric ou de broc, elle est cependant très-suffisante, exposée en
plein midi, et il nous est arrivé d'y rester jusqu'au 1ᵉʳ janvier.
Si elle vous convient en attendant mieux elle est à votre disposition ; vous y trouverez un jeune jardinier, cocher, une voiture fermée, deux vieux chevaux, le tout à votre service et avec
le regret que ce soit un peu rustique ; vous jugerez mieux
des lieux par le plan ci-joint, quant au soleil il ne peut pas
paraître sans chauffer le tout, et les enfants peuvent s'y ébat-
tre en toute sécurité. Vous savez : *La plus belle fille, etc.*, mais
l'hypothèse où cette résidence vous paraîtrait acceptable ne
peut être fondamentale.

Toulon, le 21 novembre 1864.

Mon cher ami, voilà près de huit jours que vous êtes à
Cannes et vous devez avoir à peu près la mesure de ce que
produira de bon pour votre cher petit monde le séjour de cette
station : nous sommes bien impatients de savoir comment
vous vous trouvez ; si l'hiver si rude, dit-on, en ce moment à Paris
vous paraît plus clément, etc. Etes-vous établis à votre convenance ? enfin êtes-vous satisfaits ? Ne viendrez-vous pas voir

notre ville et les vieux amis ? — Il n'y a pas à dire, M. Pressé n'a plus de raison de compter le temps, vous n'avez plus rien autre chose à faire de mieux que de retarder sa marche ; à notre âge, enrayer, serrer les freins, brider la vie, est le plus difficile et le plus important, car nous sommes sur une pente qui conduit vite au dernier gîte. J'ai trouvé Mme de Waresquiel d'une apparence très-satisfaisante, et j'espère bien que lorsqu'elle quittera le midi elle sera tout à fait bien. Quant au futur maréchal, je l'ai trouvé très-bien et toujours très-gentil ; vous savez que j'ai toujours eu une grande sympathie pour lui. Nous avons mis dans notre programme d'hiver d'aller vous faire une visite ; ne vous en préoccupez aucunement. Nous nous ferons débarquer à l'hôtel Gouet, et vous nous verrez venir vous demander une côtelette, et vos mains pour les serrer affectueusement. Laissons pour cela passer les bourrasques annoncées par M. Mathieu de la Drôme.

Vous devez déjà avoir parcouru le pays qu'on dit charmant, et qui emprunte pendant l'hiver une physionomie originale à ces excentriques Anglais qui viennent y promener leurs rhumatismes et leur ennui. Je pense que vous y verrez bientôt ce vieux lord Brougham qui vient de faire à M. Berryer un si magnifique accueil ; les Anglais sont insupportables par leur hauteur et leur allure dédaigneuse quand ils ne connaissent pas les gens, ils deviennent d'une société très-agréable dès qu'ils ont rompu la glace avec les hommes de quelque valeur, aussi émet-on à leur endroit et avec raison les jugements les plus contradictoires. Je souhaite que vous trouviez là quelque gentilhomme dont la famille et la société vous conviennent.

On enfante à grand'peine cette fameuse conversion qui pourrait bien finir comme la montagne du fabuliste ; en attendant, les crises financières, commerciales vont leur train, et si les chasses de Compiègne aboutissaient à quelque grave fluxion

de poitrine, Dieu sait le gâchis qui se produirait d'un bout à
l'autre de l'Europe, c'est pourtant bien peu sage de suspendre
les destinées des peuples au fil d'une existence déjà vieille.

Mille bonnes amitiés à toute la smala ; soignez-vous, et ren-
voyez bien loin tous les soucis étrangers. Adieu.

————

Toulon, le 7 décembre 1864.

Ne pourriez-vous, mes chers amis, une fois par semaine prendre la plume pour nous dire en aussi peu de mots que vous vou-
drez : Nous allons bien.. le soleil nous réchauffe et nous bronze..
l'air tiède dilate nos poumons et fond nos rhumatismes ;... le
médecin et l'apothicaire sont conspués... mais en revanche le
boulanger et le boucher nous ruinent, nous escaladons les montagnes comme des cerfs et un de ces jours nous irons faire la
pêche dans le golfe ; nous devenons des nautoniers très-ha-
biles et encore plus intrépides, enfin du premier au dernier nous
nous portons bien.

Je souhaite qu'il n'y ait pas de variante dans cette chanson
et que vous nous en chantiez fréquemment le refrain ; mais aussi
à la suite de ce bon séjour, il faudra bien venir faire une
petite visite à ce Toulon qu'on brûle toujours comme une
ville pestiférée et se faire une petite idée de ce premier grand
port de la Méditerranée (style officiel), et comme vous ne su-
bissez plus la tyrannie du carnet, vous en prendrez, j'espère, à
votre aise pour cette visite à laquelle vous ne pouvez pas ne

pas faire assister Maurice IIe qui a besoin de voir pendant qu'il est jeune et qui lui aussi peut bien avoir son tour pour nous renseigner sur vos santés et vos faits et gestes.

J'ai bien pris part à votre douleur au sujet de la mort de cette pauvre Mme de la Tournelle, et ce vieux père qui a vu tomber autour de lui la génération qui le suit ! ah ! c'est le cas de trouver que les survivants sont encore plus à plaindre que les morts ; heureusement il lui reste cette jeune femme qui ne l'a presque pas quitté et à qui, j'espère, la santé ne fera pas défaut.

Nons avons ici à très-peu près le même temps que vous, et nous nous portons assez bien. J'ai passé le moment de transition de l'activité à la vie indépendante et comme il arrive presque toujours on n'a plus un moment à soi du jour où l'on a plus rien à faire.

Je veux envoyer à M. de Waresquiel pour ses étrennes une petite publication de mon frère qui a trouvé moyen de remplir assez bien un vieux cadre. Il a fait lui-même l'éducation de ses deux filles et a leur a donné en terminant une teinture de sciences et d'application industrielles ; afin de donner un peu d'attrait à la rédaction de ses leçons, il a supposé l'une d'elles se sauvant à la suite d'un naufrage sur une île habitée par des sauvages, doux, dociles, primitifs, ignorant tout, et elle leur enseigne tout ce qu'elle sait depuis la poterie jusqu'à la religion, les lois, la guerre, la fortification, etc. ; tout cela est rapide, sommaire comme les rédactions des jeunes filles en général, et se fait lire avec plaisir. C'est un bon programme d'instruction pour une mère. Je vais écrire à mon frère et lui en demander quelques exemplaires dont un pour Mlle Lucile, qui maintenant qu'elle est en serre chaude sans froidure et sans humidité sous les pieds n'a plus le moindre prétexte pour se mal porter.

Adieux amicals de tous ici pour tous là-bas, écrivez-nous en attendant que nous allions vous visiter.

———

Toulon, le 29 décembre 1864.

Mon cher ami, j'espère qu'aujourd'hui à Cannes, comme à Toulon, le temps se prépare à disculper le climat provençal des aberrations un peu trop fréquentes qu'il se permet cet hiver, le baromètre monte et je compte bien que vous allez avoir la bonne série ; nous sommes nous aussi fort *embêtés* (passez-moi le mot) de cette continuité de vent et de pluie, et nous appelons de tous nos vœux cette climation à laquelle nous sommes habitués. Néanmoins puisque le mieux est dans toute la tribu en général, et qu'elle a supporté sans trop broncher les excentricités de cette saison, il y a lieu d'espérer que les choses iront de mieux en mieux.— Au nombre des souhaits que je vous fais à propos de l'année qui va commencer je mets en en première ligne la santé, la santé ! ce bien qui rend tous les autres précieux et utiles, et sans laquelle ils perdent les trois quarts de leur vertu ; avec cela vous avez, entre vous tous, tous tous les éléments d'un bonheur réel et solide et le seul vœu qu'il y ait à faire c'est que la situation avec la santé se maintienne ; vous aurez j'espère à vous féliciter de plus en plus d'avoir l'un et l'autre.

Vous aurez remarqué que lorsque le beau temps montre le nez il y va de si bon cœur qu'on s'abandonne à la légère, on prolonge une promenade, on pousse sa pointe allègrement, et à l'ouvert d'une gorge une brise froide, un abaissement subit de température vous colloquent tout, maux de gorge, courbatures, etc., avis aux grands et aux petits, — nous autres nous y sommes pris comme vous ; Marie a eu une fluxion ces jours-ci, moi je tousse de plus belle, j'ai plus souvent des migraines, le tout pour ne nous être pas défiés des coquetteries d'une journée radieuse.

Laissez passer les fêtes et revenir le beau temps prédit par le par le prophète Mathieu, et nous irons les mains dans les poches vous voir et vous embrasser tous.

Je ne suis pas étonné que les occupations que vous vous êtes créées vous suffisent ; elles justifient la réponse que je fais à des imbéciles qui me répètent souvent cette question : A présent que vous êtes libre vous devez souvent vous ennuyer ! — Eh ! crétins que vous êtes, depuis que je n'ai rien à faire je n'ai jamais un moment à moi !

J'ai reçu deux bonnes petites lettres de votre fille et de son mari, et je veux répondre aujourd'hui au moins à l'un d'eux. Tout mon monde vous fait à tous ses meilleures amitiés, et vous adresse les vœux les plus sincères pour la future année et celles qui nous seront données après elle.

Adieu, cher et vieil ami, je vous embrasse de tout cœur en attendant que je vous revoie, ce qui ne tardera pas.

A Monsieur Picquet

Toulon, le 30 janvier 1865.

Bouet commande l'escadre, elle est toute de cuirassés aujourd'hui, elle a ainsi l'avantage d'être à peu près tout entière à l'hôpital, de coûter 7 ou 8 fois plus que l'ancienne et de ne pouvoir aller hors de vue sans faire des avaries et dépenser des sommes folles.

Oh! c'est un drôle de temps que celui-ci : politique, guerre, marine, religion, etc. Tout cela durera à plaisir avec le bon sens.

Vous avez vu, je crois, la belle salle de spectacle dont on nous a gratifiés (*gratifiés est un peu fort, elle a coûté 2 millions*). Figurez-vous qu'on y donne en ce moment Roland à Roncevaux! rien que ça! Notre Roland massacre les notes et les mélodies, autant que l'autre massacrait de Sarrazins.

A M. Rohault de Fleury

A la campagne, le 12 septembre 1865.

L'Italie vous sera ouverte sans nul doute, car l'épidémie n'a jusqu'à présent rien de bien inquiétant. Le choléra asiatique se rapproche beaucoup du typhus, il résiste donc moins aux précautions hygiéniques et s'attaque surtout aux agglomérations.

Aussi est-il apparu ici aux casernes, aux bagnes, aux hôpitaux, à bord des navires et en général dans les groupes de population soumis à un régime commun ; à la Seyne, où se trouve une nombreuse population ouvrière assez peu soigneuse d'elle-même, on en a eu quelques cas ; en général la population civile en prend peu de soucis et semble considérer l'isolement de la campagne comme une précaution suffisante. Nous espérons que le progrès n'ira pas plus loin. C'est à cet abominable pèlerinage de la Mecque qu'est due cette épidémie, et au lieu de discuter à perte de vue sur la question générale des quarantaines, il vaudrait beaucoup mieux arrêter son attention sur le fait concret et positif du foyer pestilentiel qui existe dans le pays de l'Islam ; concentrer sur ces pays toutes les prescriptions gênantes et coërcitives, entraver là où nous le pouvons le mouvement des pèlerins, les arrêter au retour sur toutes les voies qui les ramènent en Europe, et rendre cette pratique si difficile, si dispendieuse et si dangereuse qu'un petit nombre de musulmans voisins de nos pays en eussent la pratique. Au lieu de cela, le gouvernement français, avec ses allures théatrales qu'il aime à exhiber, offre périodiquement des passages gratuits, les fait louvoyer sur les routes, les fait attendre au retour aux bords de l'Égypte et de la mer Rouge par ses vapeurs, le tout gratis, et se donne ainsi le tort d'importer en Europe la peste matérielle, et la peste morale du plus grossier et du plus indomptable fanatisme. Si ce n'était le respect qu'on doit au gouvernement je dirais qu'il est bête jusqu'à la stupidité et dupe jusqu'au ridicule. Quand donc prendrons-nous quelque chose de l'esprit sensé, pratique et réfléchi des Anglais ? Quant à moi, qui ai pour l'Islam sous toutes ses faces autant de haine que de mépris, je déplore les ménagements de toute sorte que la France prend,

et voudrais qu'à tout prix on refoule dans les profondeurs de
l'Asie et de l'Afrique cette race incivilisable et inassimilable.

———

Toulon, le 12 novembre 1865.

Mon cher ami, j'ai appris avec grande joie votre heureuse arrivée à Pise, j'ai bon espoir pour le bon Georges dans cette station
hivernale où il trouvera avec la satisfaction de ses goûts artistiques la douce température recommandée par la Faculté.
Mais vous ne dites rien du reste de la famille que certainement
vous avez autour de vous : les petites fillettes tirent aussi bon
profit de ce doux hivernage et la maman n'aura pas à grelotter
comme dans la brume parisienne ; faites-leur à tous mes plus
affectueuses tendresses ; ma femme et ma fille vous prient aussi
de nous tenir au courant de votre vie et surtout de vos santés.
Je conclus des termes de votre lettre que vous avez décidément
quitté les fonctions d'architecte du Muséum et les autres charges gouvernementales ; votre fortune, la situation de votre
famille et les goûts de travail et d'étude qui remplissent toujours si bien vos journées, font qu'il n'y a, ce me semble, qu'à
approuver dans cette détermination ; la parfaite liberté qui en
résulte, et qui n'est limitée que par le soin de vos intérêts privés, doit être pour vous un grand bien ; d'ailleurs il y a toujours
un moment où il est bon de pouvoir se reposer, se mouvoir à
son gré sans sentir la pression de la chaîne, et c'est à l'âge
avancé qu'on peut jouir sans regret de cette émancipation.

Ce que vous me dites de l'opinon publique en Italie ne
m'étonne pas. On ne conçoit pas à moins de violence à la russe

la possibilité de faire repasser l'Italie sous la puissance de l'Autriche, et malheureusement, il n'y a pas de milieu entre l'amitié italienne et le retour des princes vassaux de l'Autriche. Metternich avait très-bien défini l'état de la péninsule telle qu'elle était avant 1859 : ce n'était plus qu'une *expression géographique*, et il voulait la compléter en plaçant le Piémont dans la condition de Modène et de Florence à la guerre de 1859. Le retour est impossible. Quant au pape il me semble se rapprocher de l'idée pratique et juste, lui laisser une souveraineté réelle et la garantir par une protection efficace et des subsides convenables.

En fin de compte on ne se figure pas sans quelque dégoût les libres-penseurs maîtres de Rome, et y critiquant, condamnant, profanant ce que le monde civilisé respecte et honore depuis dix-huit siècles, et la papauté errante et devenue cause ou prétexte de guerres de revendications. Toutes les fois qu'un évènement quelconque réunira le midi et l'occident de l'Europe, le le bon sens à défaut de sentiment catholique indique la papauté souveraine d'un territoire restreint et trouvant son budget dans une caisse libérée de dettes et alimentée par le catholicisme et dans les conditions les meilleures pour exercer dignement son ministère sacré.

Le choléra nous a quittés, grâce à Dieu ! nous n'en avons senti aucune atteinte dans notre quartier, et nous nous sommes félicités de n'avoir pas bougé en voyant la diffusion du fléau dans différentes parties du territoire. En pareil cas, on est sans cesse le pied en l'air et on finit par retourner à sa case comme un lièvre au gîte après avoir promené ses appréhensions sur un cercle plus ou moins grand.

Voilà qu'on redonne une existence légale et territoriale aux Arabes, et le jour même ils viennent se ruer au nombre de cinquante mille sur la nouvelle fonction que nous leur octroyons.

Refouler l'Islam dans le fond de l'Afrique en lui refusant l'eau et le sel sur le territoire conquis, refouler l'Islam au fond de l'Asie en le chassant de Constantinople, de l'Asie et même de la Syrie, etc., supprimer tout contact entre la civilisation et cette barbarie ignoble et atroce, voilà le résumé de mon opinion à l'endroit de Mahomet. Le rêve de l'assimilation n'est qu'un rêve, et la civilisation de ces gens-là une grossière erreur. Mille amitiés à tous, nous bavarderions ainsi indéfiniment ; adieu, écrivez-nous.

Toulon, le 15 juin 1866.

Mon cher ami, vous m'avez laissé sur votre départ de Pise et depuis lors pas de nouvelles, d'où j'ai conclu à l'application du proverbe ; le petit opuscule de Georges que vous m'avez adressé et dont je vous remercie tous les deux me prouve que la santé est restée bonne, l'activité constante et le reste à l'avenant.

J'aimerais pourtant bien savoir un peu par le menu comment tout le petit monde a fait le restant du voyage et si vous êtes tous rentrés à Paris satisfaits complètement. J'espère que je saurai cela bientôt et je vous en saurai grand gré. Si j'avais su où vous perchiez à Rome je vous aurais peut-être fait transmettre mes mamours par une de mes nièces récemment mariée qui s'en est allée faire son pèlerinage italien la poche bourrée de lettres pour les cardinaux, les chambellans, les chefs d'ordre.

Il arrive souvent qu'il se fait par le tranquille usage des climats étrangers une évolution favorable aux malades ; j'espère que les choses se seront passées ainsi. En tout cas, je suis sûr que vous aurez eu tous au point de vue artistique et au point de vue moral et religieux de grandes satisfactions et que personne n'aura regretté les inévitables fatigues qu'entraîne le déplacement. A présent vous voilà à Paris, passant des merveilles de l'art ancien, des conceptions de Michel-Ange et des merveilles de Raphaël et du Titien aux inventions architecturales de M. Haussmann, aux gâteaux de Savoie de toutes les dimensions, à la crème fouettée de MM. Dubufe et consorts, et au réalisme de Courbet. Il me semble à moi pauvre Welche que ça ne doit pas être tout-à-fait la même chose, malgré cela je suis bien sûr que vous éprouvez chaque fois que vous rentrez chez vous ce bien-être comparatif que donne le retour dans la patrie ; et puis, quand je voyageais, il me semblait qu'au retour la comparaison était toujours pour moi favorable à la France et j'étais toujours de l'avis de Marie Stuart qui trouvait qu'après le royaume du ciel celui de France était le meilleur qu'on pût habiter.

Je dois faire comme un ministre d'État et vous dire : « Vous n'attendez pas de moi, Messieurs, que je passerai sous silence la politique du moment... »

Ah ! j'espère qu'on ne se plaindra pas de la variété du spectacle ! Voilà deux millions d'hommes l'arme à l'épaule, furieux les uns contre les autres, grillant de se faire la guerre et n'osant pas donner, ni les uns ni les autres, la première taloche. Elle est pourtant inévitable cette taloche, et quoi qu'on fasse, quoi qu'on projette, je suis persuadé qu'il y aura trois ou quatre faits principaux qui surgiront (avec beaucoup d'autres peut-être), mais trois ou quatre qui sortiront fatalement de ce conflit : la Vénitie reviendra aux Italiens ; la neutralité du pays avec sa principauté actuelle et une large et perpétuelle liste civile cons-

tituée par les puissances catholiques solidairement et à toujours à la papauté, une autre organisation de l'Allemagne, et
pour nous une rectification de frontières tout au moins ; il
pourra se joindre à cela beaucoup d'autres choses, mais celles
que je dis me semblent devoir sortir nécessairement de là ; à
quel prix? Dieu le sait, et le sait tout seul.

Nous allons tous assez bien. Ma peste de fille ne peut se
décider à sauter le pas et franchement je suis fatigué de la
voir fille et voudrais bien qu'elle en finisse. Nous allons partir
pour les eaux d'Aix en Savoie, je vais y noyer ma bronchite,
mes douleurs, et le résultat d'une chute qui m'a endolori le
bras droit. Je ne sais ce que je ferai après ; si j'étais seul j'irais
passer quelque temps à Paris ; mais c'est le diable pour se
remiser dans ce Paris impraticable aujourd'hui aux gens qui
ne sont ni des cassecous, ni des intrigants et qui n'y ont pas
pignon sur rue. Enfin, nous verrons ; écrivez-moi toujours ici
jusqu'à nouvel ordre.

Adieu, mille amitiés à vous et à toute la famille.

———

Toulon, 21 août 1866.

Mon cher et vieil ami, votre lettre m'est parvenue à Aix en
Savoie ou j'étais allé baigner, doucher, vaporiser mes vieilles
infirmités. Au dire des étrangers, il paraît que tout cela ne
m'empêche pas d'être encore un vieillard assez résistant et de
porter légèrement mes soixante-cinq ans. Mais tout cela n'empêche pas de les avoir ces soixante-cinq monstres d'ans, et de

ne pouvoir s'en décharger sur qui ni quoi ce soit ; nous sommes revenus de la Savoie tous assez bien et nous allons passer à la campagne le reste de la saison ; quand en novembre vous viendrez en Provence, faites-moi la grâce de ne pas être comme des rats empoisonnés et de réfléchir que Nice étant à une demi-journée de Toulon vous pouvez très-bien laisser filer vos bagages, le gros de votre maison civile et militaire, vous reposer ici et aller ensuite comme des princes prendre possession du logement que vous aurez sans doute arrêté, et où vous trouverez sans fatigue chaque chose à sa place.

Ah ! vous ne trouverez pas là Rome et ses musées, et son pape, etc., ni Pise et ses vieux monuments. Vous y trouverez le soleil, de jolies promenades, la mer bleue et souvent une réunion d'étrangers de bon aloi, mais le soleil, le soleil, qui paraît si bien aller à la jeune et moyenne famille.

Je vous envie votre ardeur au travail, votre talent de sculpteur, de dessinateur, votre science d'artiste, etc., etc., etc., le tout aiguisé, échauffé par la collaboration de Georges ; c'est un magnifique emploi de vos derniers jours. Quant à moi, quoique l'ennui ne me vienne pas chercher quand je suis seul, je dois confesser que je me reconnais pour un fier âne et qu'en me conservant les facultés nécessaires pour tout comprendre j'ai laissé s'atrophier celles qui servent à produire. C'est un des résultats de la mort anticipée qui m'est infligée ; que faire à cela, *c'était écrit !*

Du reste, pour les esprits oisifs et désintéressés, et quelque peu méditatifs, il y a de quoi penser en voyant le tourbillon d'événements qui nous emporte et en cherchant à démêler dans le noir de l'avenir ce qui adviendra.

Voilà cette foudroyante année qui s'avance nous laissant sous l'impression d'une razzia de couronnes et d'une révolution qui en dix-sept jours de combats a détruit l'œuvre de cinquante années !

De grands événements de cette sorte produisant de tels résul-
sultats ont une cause essentielle, une raison d'être, et il me paraît quelque peu niais d'attribuer au fusil à aiguille des succès
de cette importance. Qu'on le veuille ou non, l'Autriche et
son système de gouvernement, et son esprit politique et philosophique, et sa législation même la plus récente, tout cela était
vieux, sénile, contradictoire avec l'esprit du temps, système
excellent pour résister, détestable pour marcher.

En Prusse, depuis longtemps c'était tout autre chose. Com-
mercialement, le zoll-verein a ébauché et mis en pratique depuis plus de vingt ans les éléments d'une union allemande qui est
l'antipode de la confédération germanique ; philosophiquement
on se lançait dans le pays au-delà de toutes les limites posées
par la philosophie ancienne, la tradition avec le dogme et avec
l'espèce d'unité qu'il produit, le principe accepté du libre
examen; la Prusse était encore l'antipode de l'Autriche féodale,
stationnaire, policière, besoigneuse, qui avait peur d'un livre,
d'un journal, d'une opinion, d'une hardiesse : les tentatives
politiques avortées, tout cet ensemble faisait ressortir les har-
diesses prussiennes, et cet esprit chercheur, novateur,
hardi, s'appuyait sur un soin incessant de perfectionnement
militaire et avait pour auxiliaire une avidité politique qui était
autant dans l'esprit des libéraux que dans celui des féodaux
les plus lettrés. C'est dans cette situation que la lutte
s'engage. Benedik planté comme une borne au pied des
montagnes de Bohême représente à merveille la qualité résis-
tante et inerte du gouvernement autrichien ; la Prusse se préci-
pitant comme une avalanche sans souci de ses derrières, sans
inquiétude pour l'assentiment facile des populations, sans égard
pour les pays qu'elle foule, pour les tiers qu'elle mécontente,
court sur son ennemi, l'écrase après l'avoir étonné, et compte

sur les différences politiques, commerciales, philosophiques, religieuses, militaires, etc., pour faire abandonner par tous les Allemands la vieille domination des Hapsbourg, et pour obtenir de tous après son succès un large bill d'indemnité ; il n'y a pas d'autre moyen d'expliquer l'inertie, le laisser-passer de toute l'Europe ; on a su mieux que nous que la Prusse progressive, hardie, aurait de gré ou de force la meilleure part des sympathies allemandes.

Il faudrait l'âpre parole de Juvénal pour dire ce qu'inspire à un esprit sans préjugé la sottise, la vanité, l'incapacité du gouvernement italien dans cette occurrence ; il n'a compris ni son intérêt, ni sa dignité, ni son présent, ni son avenir, et si l'Italie avait été un moment lâchée par la France elle serait tombée dans la plus déplorable et la plus irrémédiable condition ; elle nous doit d'innombrables chandelles et sera un incomparable modèle d'ingratitude et de sottise ; elle s'en tirera, grâce à nous, mais nous allons la voir faire encore des choses impossibles à propos de Rome qui n'en restera pas moins la ville papale.

Oh mais, ah mais ! je m'aperçois que je bavarde comme une pie. Je n'ai plus que l'espace nécessaire pour vous dire de faire mes amitiés à toute la smala et surtout à Mme de Waresquiel et à son grand fils et à vous. Adieu.

A Monsieur Picquet

Toulon, le   octobre 1866.

En vieillissant, et lorsque l'on aurait plus besoin de se sentir les coudes on devient plus casanier et plus paresseux. Cependant le souvenir de vieux amis ne s'efface pas et il revient surtout dans les grandes circonstances de la vie. Enfin Marie s'est décidée à se marier à celui qui le premier l'avait demandée il y a bien de cela douze ou treize ans. C'est donc M. de Marivault qu'elle épousera avant peu. Je n'avais et n'ai d'autre désir et d'autre ambition que de voir Marie heureuse; j'espère qu'elle le sera. Marivault est bien élevé, son grade le met en dehors des tyrannies de la liste d'embarquement et sa constance permet de penser qu'il a bien réfléchi aux conditions de son union. J'espère donc et me réjouis de pouvoir mourir sans laisser le problème du mariage de ma fille irrésolu. Aussitôt après son mariage, Marie va grignoter sa lune de miel à Paris où son futur mari a disposé pour la recevoir un petit appartement. Leur quartier-général sera à Toulon. J'ai mis à leur disposition un appartement dans ma maison et un pavillon (*dit la Campagne-Basse*) près de notre rabattière des champs; de la sorte, ils auront leur vie propre près de nous sans être obligés de vivre forcément avec nous. Cette combinaison satisfait à mes idées sur l'autonomie des ménages d'âges différents.

A M. Rohault de Fleury

Toulon, le 4 janvier 1867.

Mon cher ami, j'aurais bien voulu que votre lettre me donne la nouvelle que toutes les santés florissaient également sur cette terre des fleurs que vous habitez. J'aime à croire et j'espère que le mal qui a atteint votre petite fille et les autres habitants de la maison sera très-passager et qu'à l'heure qu'il est vous êtes tous sur pied. Faites (s'il est possible) que Mme de Waresquiel n'abuse pas de ses forces, son excellent mari la supplée si bien dans les soins de la famille qu'elle peut et qu'elle doit s'épargner le plus possible. Elle est une des personnes qui demandent le plus de ménagement, et son courage et son dévouement sont tant au-dessus de ses forces qu'elle doit s'en défendre comme d'un vice. Recommandez-lui donc l'égoïsme, ce travers détestable dont elle ignore presque le nom et dont elle ne sait pas du tout le fond et la pratique.

Je suis heureux d'apprendre que Georges profite bien de tout point de son séjour en Italie. En voyant ces alternatives de bien et de mal qui semblent suivre les déplacements, on serait tenté de se demander s'il ne serait pas bon de les éviter; mais la vie la plus simple est, en fin de compte, si compliquée, qu'on a toujours quelque peine à mettre tout d'accord.

Le beau temps qui vous a rejoints en Italie dans les dernières semaines de décembre nous a réchauffés aussi dans ce pays, et depuis peu de jours seulement nous avons des ciels gris sans neige, sans glace, et avec une température constamment douce. En vieillissant je me suis si bien accoutumé à cette climature bénigne que, la paresse aidant, je ne sais plus me déplacer. Quelques affaires m'appelaient à Montauban, j'ai fini par leur dire que s'ils étaient pressés, ils n'avaient qu'à me laisser en paix, ou faire comme moi, attendre que le soleil réchauffe la terre montalbanaise à l'égal de la Provence.

Ce que je trouve de déplorable dans le gouvernement italien c'est qu'il n'ait pas le courage de poser la question principale sur sa vraie base. En fait l'Italie, telle qu'elle est, est debout, mais elle ne peut continuer si elle ne fait la paix avec tout le monde y compris le pape et l'Autriche, et travaille lentement à augmenter sa richesse et sa force actuelle ; ou bien qu'elle reprenne les errements de la Convention, qu'elle arme tous les hommes, qu'elle abandonne au vent des révolutions la propriété publique et privée, le pouvoir, les lois, la famille, l'Église, et qu'elle aille, le fer et la torche à la main, tout détruire, tout ravager, tout vaincre pour bâtir à nouveau un ordre de choses différent. Cela ne se fait pas deux fois, et il faut être la France pour donner de tels coups de collier et de tels ébranlements ; la pauvre Italie s'embarquant dans une telle aventure y serait non-seulement impuissante et vaincue, elle y serait ridicule.

Je suis, je l'avoue, fort peu rassuré sur l'avenir et voudrais bien voir notre gouvernement modifier un peu sa doctrine et ses actes. Les affaires du Mexique vont à ce qu'il paraît un peu plus mal ; il y a d'autant plus d'intérêt à se modifier sur ce point que l'opinion publique a toujours été contraire à cette aventure ruineuse ; ce que nous savons ici de ce pays est de tout point déplorable. Enfin, patience, il faut toujours compter sur la vieille légende qui entoure nos pièces de cinq francs, et puis nous sommes le grand outil de la Providence pour l'accomplissements de ses desseins sur la civilisation du monde : *Gesta Dei per Francos* ; qui donc irait-elle chercher pour nous remplacer dans cette œuvre éternelle ? Si j'étais pape je ferais de cette considération un des grands motifs de certaines déterminations; que ferait le Seigneur pour le gouvernement du monde avec l'égoïsme avaritieux des Anglais, les lourdeurs besoigneuses des Autrichiens, la sauvagerie inintelligente des Russes, l'enfantillage éternel des Italiens, l'orgueil de dindon des Espagnols ?

Voilà une *blague* bien longue et bien filandreuse ! ma foi, nous causons à présent si rarement qu'il faut bien de temps en temps dépenser quelque peu sa provision de balivernes.

Adieu ; mille amitiés à tout ce qui vous entoure.

A Monsieur Picquet

Toulon, le 4 janvier 1867.

Samedi dernier, j'étais à la gare attendant le train de quatre heures avec l'espoir d'y trouver Marivault, l'attente a été trompée, mais j'espère que le courrier de février nous le ramènera et que sa campagne Indo-Chinoise sera terminée et qu'il n'aura plus à tenter la longanimité de la Providence qui l'a jusqu'ici protégé. Figurez-vous en effet qu'il est parti au commencement de novembre pour aller au Japon ; qu'il a trouvé au-delà du cap Varella (dans des parages où les théoriciens prétendent qu'il n'y a plus de typhons) un nouveau cyclone, et que, dans la tourmente, non-seulement ses embarcations, une partie de sa poupe a été emportée, mais le contre-étambot avec le gourvernail et une partie de l'arrière s'en est allé à vau-l'eau, ouvrant ainsi une large voie d'eau, feux éteints, mâture en valdrague, la frégate craquant de toutes parts et impossible de la faire arriver. Toute la nuit a été employée à faire un gouvernail de fortune, et en ajoutant pendant cinq jours de petites routes à de petites routes, on est enfin parvenu sur les fonds de mouillage de Saïgon.

Le premier soin a été de mettre cette malheureuse barque au bassin et une photographie prise dans le dock est venue révéler l'effroyable danger auquel *La Junon* a échappé par une sorte de miracle. Non-seulement le contre-étambot et le gouvernail ont été emportés, démontant comme de raison tout l'arrière, mais l'étambot avant, le véritable étambot a été cassé au-dessous de l'arbre de couche et avec lui sont partis tribord et babord, 8 où 9 rivures de bordé avec la pièce de quille correspondante....

Le ministre qui, malgré l'expérience de *La Guerrière*, sœur de *La Junon*, a envoyé cette dernière dans les mêmes mers où elle a eu les mêmes avaries que les autres, trouvera que dans cette partie, où le capitaine et l'équipage ont mis leur vie pour enjeu, ils sont bien maladroits et bien osés de n'avoir pas gagné. Il n'en a peut-être pas été de même pour la belle corvette à vapeur *Le Monge*, qui, partie douze heures avant *La Junon*, a dû se trouver dans le même cyclone et dont le 30 novembre on n'avait pas de nouvelles, ni au Japon, ni à Marseille, ni sur les côtes de Cochinchine ; elle a peut-être sombré.

A M. Rohault de Fleury

Toulon, le 7 janvier 1867.

Je me réjouis fort de savoir toute la famille en bonne voie, et vous, portant allègrement une vieillesse plus verdoyante que les jours de votre printemps.

J'avais fait projet d'aller vous voir et à cet effet je m'étais laissé affilier au Congrès scientifique qui a tenu ses premières assises à Aix et les deuxièmes à Nice, mais j'avais compté sans les soucis que se donne un papa qui se sépare pour la première fois sérieusement de sa fille. Donc pendant qu'elle passe à Paris les premiers mois de son nouvel état, je me suis mis à lui préparer une habitation des champs et à réparer ma villa située dans les champs d'Ollioules ; de là des maçons (horreur), des défonceurs (peste), des jardiniers (sangsues) et tout ce monde n'en finissant pas ; j'ai donc, ma paresse aidant, ajourné tant et si bien que je suis encore ici, et le pire de tout c'est que ma besogne est loin d'être terminée. Ma fille, après avoir vu à Paris les forêts vierges improvisées en quelques semaines au moyen d'arbres séculaires qu'on promène en voiture, s'étonnera que son père ait été assez maladroit pour ne planter que des avortons et mettre plus de temps à des rafistolages qu'on n'en met à Paris à refaire un quartier. Marie est encore à Paris et son mari a reçu l'ordre malencontreux d'aller servir temporairement à Rochefort, vous concevez que cela l'amuse médiocrement, mais il faut bien accepter d'une destinée les charges avec les bénéfices ; elle me reviendra au plus tard à la fin du printemps pour éviter les influences des plaines basses de la Saintonge.

A propos d'école nous avons eu ici le banquet annuel des anciens élèves; nous n'étions pas moins de soixante-dix-sept; j'étais le plus ancien, grâce au refus de trois plus vieux, et cela m'a valu le peu enviable honneur de présider, de faire le speech, etc., tout cela s'est passé très-bien quoique gravement; il est difficile d'être bien folichon quand il y a des jeunes gens de vingt-cinq ans et des patriarches plus que sexagénaires.

La flotte qui doit ramener l'armée du Mexique nous a à peu près tout à fait quittés, la grande faute du règne tire à sa fin, mais l'expiation ! ! !

Je me réjouis fort de vous voir à peu près exempt d'inquiétudes et de chagrin, toute la smala étant dans une situation satisfaisante et le travail continuant à garder votre esprit dans son état ordinaire de sérénité. Continuez, mon cher ami, que tout ce qui vous entoure aille toujours de mieux en mieux et votre destinée aura été une de celles qui ont été le plus heureusement accomplies. Mille bons souhaits pour les jours qui s'ouvrent sur une nouvelle année et puissions-nous nous souhaiter de nouveaux bons jours dans des conditions aussi bonnes que celles d'ajourd'hui. Adieu.

Toulon, le 2 mars 1867.

Mon cher ami,

Nous avions pour compagnons de voyage deux individus qui nous ont donné une petite comédie de mœurs qu'on ne peut rencontrer que sur le chemin d'un Monaco quelconque : une femme assez belle encore quoiqu'un peu avancée, un jeune homme sémillant, causeur, etc., que je supposais d'abord son compagnon, offraient des formes réciproquement aimables. De quoi parler en revenant de Nice, si ce n'est des faveurs ou des mécomptes du jeu ? Peu à peu le jeune bavard se déborde, raconte comme quoi il a perdu douze mille francs et que sa bourse ne lui présentait pas même le moyen de solder ses comptes d'hôtel. Recours au pacha des jeux, pour lequel la signature du requérant n'avait plus qu'une valeur douteuse ; enfin il parvient à conquérir je ne sais comment de quoi solder ses dettes et son voyage à Paris. Jusque-là, de la part de la dame, gracieusetés, bouche en cœur, etc.

Je me mets à faire bavarder cet indiscret, et, poussé par mes insidieuses questions, il m'avoue que malgré son élégance et ses breloques il tient à Paris rue Saint-Lazare *une crèmerie !* où pour deux sous et quatre sous au plus il régale une clientèle de 18ᵉ catégorie qui lui procure néanmoins de gros bénéfices ; impossible de vous décrire le changement à vue qui s'est opéré chez ma voisine et le dédain sans égal dont cette confidence a été la cause ; ils ont continué à Toulon et je doute que la belle citoyenne ait continué ses aimable grimaces à ce dandy d'esprit tout à fait parisien.

Vous aurez vu le discours de M. Rouher et il vous aura fait conclure que le grand patron est décidé à entrer dans une voie plus large que par le passé. Un ami intime d'Émile Olivier, que j'ai vu hier, m'a dit que l'opinion à Paris était que le deuxième Empire, l'Empire discrétionnaire était mort et bien mort, et que nous commencions un troisième Empire constitutionnel, et que personne ne doutait qu'une fois engagé dans cette voie on n'en sortirait pas ; tant mieux si cela nous amène à un régime de contrôle qui rende impossibles les nouvelles fantaisies mexicaines et des nouveautés ruineuses pour le trésor.

Ici rien de nouveau. Ce soir bal pour mes péchés, et puis bientôt le mercredi des cendres, jour béni par les papes et les maris. Les nouvelles de Rochefort sont bonnes ; un peu de malaise qui pourrait bien avoir une signification spéciale et désirée.

Continuez à vous bien porter tous. Vous n'avez pas autre chose à faire. Mille amitiés autour de vous, et tous mes remerciements à Mme Lucile pour le bon et gracieux souvenir qu'elle garde au vieil ami de plus de trente ans.

Adieu, mon cher ami, je vous serre bien cordialement la main ainsi qu'à Georges et Maurice de Waresquiel et j'embrasse les fillettes.

A M. Hubert Rohault de Fleury

Toulon, le 7 mars 1867.

Mon cher Hubert,

J'ai vu toute ta famille il y a peu de temps à Nice, ils se portaient tous bien et les moins forts très-passables ; comme toujours, j'ai trouvé là ce bon et aimable accueil qui ne m'a jamais fait défaut dans ta famille, et je reçois de temps en temps de bonnes lettres de ton père et de charmantes et très-spirituelles épitres de ta sœur à laquelle je réponds par de longs bavardages et des calembredaines qui rappellent les bons jours de notre jeunesse. Ta sœur est bien ; elle a un peu plus que l'an passé l'usage de ses jambes et n'est pas pour cela une forte coureuse. Les fillettes vont à merveille et Loïde sera avant peu une très-gentille, très-piquante et très-remarquée jeune fille.

Toulon, le 27 mars 1867.

Mon cher ami, la présente est pour vous demander, avec des nouvelles de la santé de toute la smala, un petit service que j'ai oublié de vous rappeller dans mon dernier bavardage.

Pourriez-vous m'envoyer le dessin d'un enchevêtrement de briques que nous avons vu sur la route de Villefranche ?

Comme bien vous pensez, l'espérance de devenir grand-père m'a fait grand plaisir, je n'ai pas trop le temps de lanterner si je veux jouir un peu de cette dignité, et puis enfin c'est dans la famille qu'est pour les jeunes et pour les vieux le bonheur réel et durable; si je n'en étais convaincu par principe, je le deviendrais par l'exemple que je trouve chez vous à aussi haut et si parfait degré.

A M. Rohault de Fleury

Rochefort-sur-Mer, le 14 avril 1867.

Mon cher ami, l'homme propose et les enfants disposent. Je suis auprès de ma fille et partant je n'ai pas l'arme au bras pour vous attendre à Toulon. Y serai-je le 7 mai ? je ne le sais, mais j'espère bien y être au passage de vos enfants, je tiens donc à vous avertir de la chose par avance parce que je sais que vous faites chez vous des combinaisons savantes qui règlent vos mouvements comme ceux des princes.

J'ai trouvé ici ma fille en très-bon état et fort satisfaite de sa
nouvelle condition, surtout si rien ne vient plus l'obliger à quitter pour longtemps son pays natal.

J'espère que le retour du beau temps aura rendu parfaite la
santé de toute la smala et qu'elle rentrera à Paris pleine de
force et de vigueur pour subir les fatigues de l'exposition ; je
compte toujours aller la voir si les Parisiens consentent à pratiquer à l'égard des provinciaux la moins écossaise des hospi-
talités.

Toulon, le 5 juin 1867.

Mon cher ami, vous devez être tous reposés, remis, accli-
matés, et il est temps de vous demander de vos nouvelles. Je
pense que le séjour de Paris a été pour tous, grands et petits,
plein de charmes, de nouveautés et n'aura servi qu'à mettre en
bon service les forces acquises sous le soleil de Nice ; donc,
jusqu'à nouvel ordre, je me réjouis du surcroît d'activité et de
travail d'esprit satisfaisant que l'exposition et les nouveautés
auront apportés à Georges. Dites-lui de la part de son vieil
ami de mêler à toutes ses excellentes idées un peu, beaucoup
d'optimisme, c'est pour les vieux, et aussi souvent pour les
jeunes, un excellent condiment. La digestion des choses humaines est singulièrement favorisée par cette disposition d'esprit ; vous en êtes du reste un exemple vivant, et je vous ai toujours vu prenant à plaisir le bon des choses et y trouvant toujours la grande sérénité d'homme qui vous faisait vivre au mi-

lieu de la satisfaction d'autrui et de celle de vous-même. C'est là ce qui manque à la santé morale de Georges qui doit mettre la mélancolie à la porte de son existence d'ailleurs si pleine de sujets de contentement.

Je pense que la petite Marie a laissé de ce côté du Rhône ses dispositions fébriles et qu'elle va bien maintenant ainsi que son frère, les autres deux mioches étaient si gentilles et si bien portantes qu'il n'y a qu'à souhaiter que cela ait continué.

Et vous, êtes-vous agité par la fièvre de l'étude industrielle, ou par la fièvre des enchantements princiers ? Je parie pour la première tout en étant persuadé que vous n'êtes pas plus émer-veillé qu'il ne faut de toute cette exhibition de luxe de tapissier et de décorateur qui semble être le caractère des accessoires de l'exposition véritable ; d'après ce que je lis, le futile et le clin-quant occupent trop de place dans cette grande exhibition, heu-reusement le sérieux et l'utile y ont une large part ; on dit que tout cela est un peu gâté par le boniment charlatanesque et le carotage ; on n'est pas parfait !

Il faudra pourtant bien aller voir cela, car il n'est pas bien sûr que j'aurai assez de jours pour voir la prochaine. En ce moment je suis un peu cloué ici : 1° parce que les rois et les empereurs prennent toute la place et que je n'ai pas dans les veines assez de sang monarchique pour courir après ces personnages dont l'utilité est bien contestable ; 2° ma fille poursuit avant tout le succès désirable, sa carrière maternelle, et son mari est absent ; il faut qu'il trouve le moyen de revenir au moins pour un temps pendant que nous irons à Paris sa mère et moi.

Entre temps il faut qu'aidé par Waresquiel vous me disiez s'il y a par là, je ne sais où, près de vous s'il se peut ou ailleurs, si on ne peut faire autrement, un endroit où l'on puisse trouver deux chambres suffisamment décentes, et pas trop ruineuses ; on vivra en bohème tantôt ici tantôt là, et on tâchera de ne pas

sortir de tout cela mort de fatigue et dépouillé de son dernier
sou. Priez Waresquiel de me donner quelques indications à ce
sujet. J'ai mis dans mon programme de faire cette excursion
vers la mi-juillet de façon à être de retour avant le mois de septembre. Vous aurez alors mâché et ruminé l'exposition, et vous
m'indiquerez la voie pour voir vite et bien.

A Monsieur Picquet

Toulon, le 11 juin 1867.

C'est évidemment une crise notable que celle par où nous
avons passé et bien fou serait le gouvernement impérial s'il ne
tenait grand compte de ce qui s'est passé. Le résultat tel qu'il
s'est produit, tout sérieux qu'il est, n'est pas à mon avis le
grand enseignement qui sort de là : ce qui est grave,
c'est la nouvelle proportion qui s'est manifestée dans le corps
électoral, c'est-à-dire dans le pays. Évidemment le nombre de
ceux qui désapprouvent la politique impériale a grandi et gran-
dira encore s'il persiste dans ses errements. Ce qui est en relief,
c'est le vice radical du gouvernement personnel sans amis,
sans alliés au dehors, entouré d'ennemis et de mécontents au-
dedans, ne pouvant continuer ni ses guerres impolitiques et
ruineuses, ni son despotisme, ni ses dépenses, ni ses emprunts,
ni ses accroissements d'impôts avec la facilité qu'il avait jusqu'ici pour ces fâcheuses initiatives ; il faut changer de voie, et
entrer, quoi qu'il en ait, dans le régime parlementaire, tant
honni, tant conspué par les gens de l'Empire. On a toujours

menti depuis son établissement signalé par le mensonge pyramidal : *l'Empire c'est la paix, l'Empire c'est la propriété, la liberté*, il faut cesser de mentir, il faut cesser de tout décider seul, sans quoi.....

Enfin nous verrons bien, mais je crois que Napoléon III a préparé à nos enfants de rudes épreuves et à la fortune publique de grandes ruines.

A M. Rohault de Fleury

Paris, le 14 août 1867.

L'exposition, qui me charme, m'exténue, et je rentre le soir brisé. Par ces causes, je suis obligé de prendre du repos intermittent, et, si ma vanité m'inspirait la pensée que je suis toujours jeune, l'expérience que je fais m'aurait prouvé le contraire ; c'est pourtant bien fâcheux que nous ne nous soyons pas trouvés réunis dans cette occurrence.

Je suis de plus en plus émerveillé de cette exposition, et de plus en plus aux regrets que dans quelques jours, toute trace de cette étonnante création ait disparu ; car le moniteur a parlé ; la culotte de peau triomphe, le Champ-de-Mars redeviendra la steppe plate et maussade que vous savez, et là où les plus belles fleurs de Nice et les plus belles œuvres de l'homme s'étalaient, des officiers stupides vont faire faire de nouveau, tête à droite, et tête à gauche, à des conscrits ennuyés, pour les faire servir à quelques inventions aussi sublimes que l'expédition mexicaine, ou à venger les sottises faites par

un seul homme en Italie et en Allemagne. Il est providentiel-
lement arrêté que l'impossibilité de faire sortir le bien du despotisme fût démontrée par tous les moyens les plus indiscrets
et les plus inattendus.

Faites mes amitiés les plus expressives à tous vos enfants;
nous aurions pourtant bien des choses sensées et insensées à
nous raconter, Madame de Waresquiel et moi. On me dit que
Georges va toujours bien, il doit retrouver ce mois-ci un souvenir du ciel bleu et du soleil chaud du Midi; quand à moi, je
vous certifie que jamais sous ma latitude quasi-tropicale de
Toulon je n'éprouve des effets de chaleur aussi intenses, et
aussi assommants qu'ici.

———

Paris, septembre 1867.

Mon cher ami, vous vous doutez du contre-temps, en voici
le bulletin. Levé à cinq heures, à six heures commencé à
patrouiller dans le quartier à la recherche d'une voiture, Made-
leine, Boulevard, rue du Mont-Thabor, etc.., pas le moindre
véhicule; enfin, je me mets philosophiquement en route à pied;
j'accroche un fiacre éreinté qui me met à la gare après la ferme-
ture du bureau; le train était encore en gare; mais le règlement!!! empêchait qu'on en profite; en tout autre pays je
serais entré dans la gare, et j'aurais sauté dans un wagon jusqu'à la dernière minute, jusqu'au dernier sifflet, mais le règlement! Nous pourrons destituer des rois, des empereurs, des
républiques. Mais le règlement! c'est l'indestructible parapet
de la France.

Alors, j'ai pris mélancoliquement le chemin du Luxembourg pour voir ce qu'on en a fait ; à Paris on fait si vite, on transforme avec tant d'art : grilles magnifiques, fleurs fraîches, gazons verdoyants ; tout cela y est et cela est encore quelque chose de bien ; est-ce mieux que le passé, je ne sais ; c'est comme tout ce qui se fait, raide, bâclé, propre, et l'on circule à l'aise. M. Haussman connaît bien le parisien qui se console vite, si on change les choses sans qu'il ait le temps de voir la ruine ; il me fait l'effet de ces dentistes qui pressent le patient, et crac lui enlèvent la molaire ; le patient crie, il a une brèche à sa mâchoire, mais il ne souffre plus et mâche bien et le voilà consolé.

Tout en flânant, j'ai poussé au Panthéon ; j'ai revu les lieux où nous étions jeunes. L'Empereur devrait bien prendre une trentaine de mille francs dans la poche de l'architecte de l'Opéra pour supprimer quelque cinquante mille et autres fanfreluches, et les appliquer à refaire les stalles et l'autel en bois peint du Panthéon pour y placer quelque chose de plus en harmonie avec le style du temple ; enfin, me voilà un peu éreinté de ma course matinale et regrettant d'avoir manqué de voir la tribu de nomades qui campe à la Minotière ; en attendant, faites-leur à tous mes meilleures amitiés.

Je suis sorti de l'exposition à six heures, la tête grosse comme une citrouille et le cerveau en marmelade ; aujourd'hui je fais le lézard puisque je n'ai pu faire le lièvre.

Sur ce, bonjour et au revoir bientôt.

A Monsieur Picquet

Lyon, le 24 septembre 1867.

Je compense les espérances perdues du voyage à Paris, par une complaisance à rester ici. Nous avons vu Julie ou Célestine bien rendue, Charles VI assez mal rendu et froid; en sommes la stalle de l'un et de l'autre théâtre m'a fait l'effet d'une banquette de chemin de fer et j'ai demandé grâce pour le théâtre comme pour le wagon, décidément je ne suis plus bon qu'à végéter comme un champignon au pied d'un châtaignier et j'ai hâte de regagner mon clocher et de recommencer ma vie d'huître.

Toulon, le 28 octobre 1867.

Ce matin ma fille est accouchée d'un gros garçon, bien qu'il ait pris en entrant dans ce monde des allures conquérantes et une voix de commandant, il a causé à la mère de cruelles douleurs, enfin, tout terminé, il ne reste qu'à obtenir du calme et de bons soins, un rétablissement prompt et exempt d'accidents consécutifs. Ah! mon cher ami! c'est une rude chose que d'assister à un pareil travail et à de si énormes souffrances et d'être impuissant à les soulager. Mon vieil ami Levicaire a rempli son office avec le zèle et l'habileté sur lesquels je comptais, nous voilà donc en partie rassurés et priant Dieu de donner de longs jours à la mère et à l'enfant.

Nous sommes dans les agitations de l'embarquement, du débarquement, puis du réembarquement du départ, et bientôt nous entendrons les échos du canon d'Italie. Rien ne manque donc aux ruineuses initiatives du gouvernement personnel; est-ce sa dernière faute ?

A M. Rohault de Fleury

Toulon, le 25 novembre 1867.

Mon cher et vieil ami, vous devez être à l'heure qu'il est installé quelque part dans cette Nice que vous aimez tant, et j'apprendrai avec plaisir que tout votre monde est bien et content; à bientôt donc de vos nouvelles. Ici, nous allons tous, tous à merveille; la jeune mère commence ses promenades, le Dauphin est rose et bien portant, son œil commence à fonctionner, et il cherche le nouveau avec la curiosité qui caractérise l'enfance douée de l'intelligence; enfin, père et grand-père, nous sommes en admiration devant ce petit être, ce qui est fort naturel.

Remerciez Georges du cadeau qu'il m'a fait, de sa petite notice sur la chaire de Jean de Pise; moi qui suis un Welche de la première catégorie, je l'avais admirée à l'exposition et j'ai été charmé des détails contenus dans la notice. Si j'avais, comme Georges, la double flamme du talent et de la foi, j'aimerais d'attacher mon nom et mon travail à la dotation de Notre-Dame de Paris d'un monument de cette nature je dirais à l'archevêque de Paris : Monseigneur, il faut écarter le coffre ignoble où montent vos prédicateurs; il n'est bon qu'à renfermer des meubles, ou à un jardinier pour y planter des arbres exotiques ; et le remplacez par une reproduction de la chaire de Pise. Arrangez cette affaire, frappez à la porte et à la bourse de tous les croyants et de tous les artistes; appelez pour cette œuvre cette armée de sculpteurs que M. Haussmann a fait venir et qui gaspillent leur adresse, leur science à faire des amours joufflus, des femmes débraillées, des ornements hybrides et font de Paris une ville de la décadence. Dites-leur de racheter leurs péchés et leurs œuvres par la création de cette œuvre d'art et de foi. La ville de Pise sera remplacée par une statue symbolique de la ville de Paris; Hercule par Bossuet, saint Michel par un des grands saints de la Gaule et le reste reproduira l'œuvre des sculpteurs florentins; je serai l'architecte de cette création, et quand un nouveau Lacordaire et un nouveau Ravignan viendront faire leurs conférences, ils consacreront un jour à l'explication du symbolisme de cette tribune sacrée et feront appel à la foi et à la bourse des auditeurs pour en solder les frais; je vois d'ici cette chaire splendide, saillant du pilier où elle est adossée dans la nef, et de là l'orateur remplissant toute l'église de sa voix; et plus tard la paupière de Georges tressaillant chaque fois que le symbolisme mystérieux de ce monument sera expliqué aux fidèles. Après cette tirade, je vous permets de m'appliquer la recommandation du fabuliste et de vous dire : Ce pauvre B... n'a pas le sens commun, et il commence à radoter; qu'il lui soit pardonné puisque c'est pour un bon motif !

Toulon, le 3 janvier 1868.

Ici, les choses n'ont pas été tout à fait selon mes souhaits, Marivault a été nommé au commandement de *La Junon* qui devait aller à Maurice; arrivé à Paris, le ministre lui a dit qu'il s'agissait de garder *La Junon*, de faire avec elle la campagne de Chine et Cochinchine, etc., et il a fallu aller à Brest, armer la frégate qui avait tout à faire.

Mais il y a à tout cela, comme à toutes les choses humaines, le côté burlesque; ma fille a plus compté sur ma paternité que sur celle de qui que ce soit, de sorte qu'elle a voulu que j'aille coucher dans sa chambre pour gouverner toute la colonie de femme de chambre, de nourrice et d'enfant qu'elle y a laissée, et j'ai accepté, de sorte que me voilà grand-père, grand' mère, et même un peu nourrice. Qu'on me pardonne! je me livre donc à toutes les douceurs de la chose, j'entends tout le petit drame quotidien de M. André, on le porte le matin sur mon lit; il fait là sa petite jacasserie, ses petites risettes, et même de temps en temps son petit pipi; et le grand-père trouve tout charmant; et voilà ce que nous devenons après avoir été quarante ans le capitaine du bord.

Suivant la formule impériale que vous savez, on a voulu opposer des candidats quelque peu honnêtes et intelligents, et on est venu me quérir; j'ai eu beau dire que j'étais vieux, paresseux, grand-père, nourrice même, on m'a fait braver la chance d'un premier scrutin, et dimanche on remet mon nom au ballottage; j'avais renoncé, retiré ma candidature, on m'a réaffiché sur les murs, et je passe auprès des autorités pour un révolutionnaire n° 1. Ah! vraiment il ne faut voir le gouvernement impérial personnel ni de loin, ni de près; il est partout malhonnête, absurde, fatal au pays ; et j'espère bien que Dieu, dans sa miséricorde, nous délivrera avant peu et pour toujours des Napoléons.

Adieu, amitiés tendres et sincères.

Toulon, le 3 février 1868.

Mon cher ami, je vais mettre tous mes soins à mettre toutes les lettres voulues par la grammaire. Mais, sur ce point, je suis assez semblable aux femmes qui ne répondent jamais du lendemain ; pour peu que l'idée me pousse, je suis capable de n'écrire plus qu'en caractères cunéiformes ; en tout cas, je veux vous épargner le labeur de remâcher par la copie mes rabâchages, c'est bien assez d'avoir à les lire.

Je vois que vous êtes comme moi, arrivé à ce point où le monde n'a plus de charmes pour nous, et dès lors, la famille, la vie commode forme le programme de la vieillesse. Je suis toujours fort aux regrets que les goûts et les soins de toute la smala ne permettent pas de trouver à Toulon la satisfaction de toutes les nécessités hivernales, c'eût été pour nous deux un grand bonheur. Nous aurions devisé sur la philosophie, la politique, les hommes et les choses, je vous aurais enseigné l'art de perdre son temps, et en revanche, vous m'auriez montré celui de le bien employer ; mais rien n'est parfait ici-bas ; et il faut se contenter de ce que l'on a.

Toulon, le 19 août 1868.

Je ne sais si je vous ai conté une des grosses épouvantes auxquelles nous avons été soumis; heureusement tout s'est bien terminé.

Marivault, dans sa traversée des mers de l'Inde, a été assailli par une de ces tempêtes effroyables qu'on ne trouve que dans ces parages; les Orientaux appellent cela des typhons, la science a étudié ces terribles phénomènes, et les a appelés des cyclônes; les îles de Maurice et Bourbon ont été ravagées cette année par un de ces cyclônes; à Bourbon, les colons qui venaient à Paris manger cent mille francs en plaisirs, sont réduits à la misère. Eh bien! deux mois après celui de Bourbon, *La Junon* s'est trouvée dans un cyclône, et l'a traversé par son grand diamètre; sur cent chances, il y en avait une ou deux pour échapper; la description des détails de cette situation est incroyable, même et surtout des gens du métier; et c'est avec un bonheur qui n'est pas sans souffrance que nous considérons le danger passé.

Je me réjouis fort de l'idée de vous voir, à la fin de l'hiver, passer à Toulon en flâneur, et nous y donner quelques jours. Ce sera une fameuse réforme dans vos habitudes, car on dirait que vous avez tous les diables à vos trousses, dès que vous êtes sur les grands chemins. Je me surprends bien un peu trop de courir, au dépit d'arriver vite et ainsi courant plutôt que marchant dans la vie, mais, mon cher, vous arriverez à la perfection de cette tendance, aussi quand je saurai que vous avez, avec votre fidèle Georges, fait par nombreuses étapes votre prochaine excursion, je vous tiendrai pour un vrai converti aux premiers éléments de la science : *Chi va piano va sano;* ainsi donc au mois d'avril; ce n'est pas que j'aie à vous promettre de vif

plaisir ici, mais enfin vous mettrez pied à terre, vous verrez
la bastide archi-modeste de votre serviteur, et vous vous direz
en la quittant que votre ami doit être un crétin pour trouver
cette existence monotone, suffisante; c'est que je vois tant de
gens haletants du mouvement qu'ils se sont donné et qui ne
sont pas plus avancés, que je suis un peu désenchanté de l'activité fiévreuse de la société moderne. Sur ce, je termine mon
bavardage, en vous serrant la main, et vous priant d'être mon
interprète auprès de tous les vôtres grands et petits.

A Monsieur Picquet

Toulon, le 7 octobre 1868.

Votre très-charmante femme a dû vous donner de nos nouvelles, elles sont bonnes aujourd'hui, quoiqu'il y ait eu deux
jours de fièvre de lait un peu intense. Quant à M. Léon, il va
bien et il entre dans la vie dans des conditions qui semblent être
favorables; son *grand* frère est un petit démon gentil qui mar-
chera bientôt, mais son éloquence future ne se manifeste pas
encore.

Nous avons fait de sottes élections et lorsque ce matin, au
comice agricole, j'ai entendu ces Messieurs gémir sur l'octroi,
l'impôt et tout ce qui s'ensuit, je leur ai ri au nez en leur demandant s'ils croyaient qu'avec un gouvernement comme le nôtre, gaspillant, empruntant, égoïste et despotique jusqu'à l'absurde, ils croyaient faire arriver à bien leurs jérémiades par

l'organe du candidat officiel qu'ils ont envoyé. Tout compte fait la France a le gouvernement qu'elle mérite, et en conservant l'homme à qui elle s'est livrée pieds et poings liés, elle ne doit pas compter qu'il abandonnera jamais ses deux instruments de règne, la guerre et l'emprunt.

Il paraît, mon cher, que vous faites le bonheur de vos administrés, preuve qu'on peut être bon administrateur sans cesser d'être un honnête homme et un fonctionnaire indépendant. Ici nous rencontrons des individus qui ont changé le mode de locomotion humaine ; ils marchent à plat ventre : il est vrai qu'il y a parmi eux un ancien commissaire de la république, un légitimiste de naissance, un maire ancien bousingot ; parlez-moi des convertis pour en faire des fanatiques.

Quant à moi je suis devenu une huître de première catégorie et je ne suis et veux rester bon à rien. Je monte deux fois par jour au quatrième étage, je m'évertue à faire le grand-père de la façon la plus stupide, je vais à la campagne pour bâiller aux corneilles, me couche tôt, me lève tard et ainsi faisant, suis menacé de travailler encore bon nombre d'années.

———

A M. Rohault de Fleury

Toulon, le 15 octobre 1868.

Mon cher ami, on ne sait vraiment où vous prendre, êtes-vous en Allemagne, êtes-vous en Italie, à Paris ou à Rome ? à tout hasard j'envoie cette lettre ; si vous vagabondez, peut-être votre fille sera-t-elle revenue de ses voyages dans l'ouest, et puis enfin, en désespoir de cause, il y aura bien Mme Pauneau, qui, en voyant mes hiéroglyphes et leur provenance, se dira : Ce doit être du vieil ostrogoth d'autrefois, et mettra la missive aux mains de quelqu'un ; eh bien ! quand elle vous parviendra, vous vous saurez que ma fille est heureusement accouchée d'un garçon, elle attendait une fille, il a bien fallu en passer par ce que Dieu a voulu ; tout s'est passé sans accident, et elle est encore dans le lit, attendant le retour des forces ; je voudrais que le retour de son mari fût aussi prochain, mais il est au Japon ; elle se chagrine et s'irrite de cette lointaine absence ; elle savait bien à quoi s'en tenir, quand elle s'est décidée à entrer dans la marine ; enfin, tout a une fin, l'essentiel pour le moment, c'est que la santé se rétablisse, que le moutard nouveau prospère, et que nous ne recommencions pas de sitôt ce rude labeur imposé aux pauvres mères. Marie soupire après le retour à la campagne, pour y profiter, pour elle et ses enfants, des derniers sourires du soleil ; nous aviserons à ce déménagement, dès qu'elle pourra le supporter.

Entre temps, j'ai aperçu l'autre jour, au coin d'un journal, la vente de la Minotière ; aussi vous voilà citadin, dès que vous cesserez d'être voyageur ; je crois qu'au fond, ni vous, ni Georges n'aviez de grandes inclinations bucoliques, et que vous n'appartenez pas à la catégorie des *fortunati* du poète.

Quant à moi, mon cher, je deviens de plus en plus huître, et ce ne sera guère que lorsque je vous saurai fixé définitivement quelque part, que j'envisagerai en face la grave question de quitter un moment mon rocher.

Je vous ai dit, je crois, que j'avais fait récemment comme vous, et que j'avais liquidé pour valeurs mobilières les biens territoriaux qui appartenaient par contrat à ma fille. J'ai laissé faire cet acte, tout en étant convaincu que nous étions destinés à voir de terribles bourrasques assaillir, quelque jour, la forêt trop touffue de la dette publique; nous avons livré la fortune de la France à des joueurs trop imprudents, aussi c'est bien fini, et je garde tout ce qui nous reste encore d'immeubles; c'est en définitive ce qu'il y a de plus difficile à livrer aux gaspilleurs de toute espèce.

J'espère que vous, Georges et toute la famille Waresquiel sont en bonne santé et en bonne disposition pour aller courir la pretentaine. J'espère que je verrai les uns et les autres à terre, ou sur mer, en wagon ou en ballon; mais toujours pressés, toujours courant; et Félix est-il bien portant? il doit être content de son ami Pinard, hélas! il y a tant de zélés; les Guizot, les Polignac, qui ont voulu tout garder, tout sauver, et qui ont tout perdu! il y aurait bien des choses à dire sur tout ce qui se passe, mais je vous le passe, et vous serre la main, à vous et à tous les vôtres.

Toulon, le 8 novembre 1868.

Mon cher et vieil ami, j'ai enfin rattrappé votre trace, et vous voilà à Florence; très-bien, vous pouvez vous livrer à vos travaux favoris, et pomper le soleil à votre aise; j'entends dire pourtant que pendant l'hiver il descend de l'Apennin des brises aigres, qui n'ont rien à reprocher à notre mistral; défendez-vous tous les deux de ces visiteurs fâcheux, et insistez sur le paletot et le cache-nez; de tout cela il résulte que Georges et en bonne santé, puisqu'il peut ainsi se livrer à la pérégrination, et en passer par des épreuves qui ont dû avoir leur moment de rudesse.

J'ai parfois d'atroces envies d'aller vagabonder : par exemple, en ce moment, je serais bien tenté, un jour que le baromètre serait haut, la lune pleine et claire, la Méditerranée clémente, de prendre au passage le paquebot d'Italie, de me faire jeter à Livourne, et de vous tomber sur les bras comme un bolide ; vous me feriez un peu la leçon sur les beautés de Florence, et autres lieux, et puis j'irais pousser une pointe sur Venise, que j'ai bien envie de revoir, et que je retrouverais aussi triste de sa liberté piémontaise qu'elle l'était de ses vains efforts de résistance à l'Autriche, de sa famine, etc.... Qui sait, peut-être me paraîtrait-elle encore plus chagrine aujourd'hui ; ce qu'il y a de sûr, c'est qu'elle me répèterait ses anathèmes contre 1797, et maudirait de plus belle les Napoléons, qui ne lui ont valu que des malheurs et des souffrances ; en quoi, elle n'aurait pas tort !

Parbleu, mon cher, vous devriez bien faire une collection qu'on dit très-curieuse, pourvu qu'elle soit un peu expurgée de ce qui est par trop bas ; ce sont les caricatures faites, en Italie, sur la France et son patron depuis que ce dernier s'est mis à sauver l'Italie ; ah ! ces sauveurs ! j'attends avec impatience que la race nous en soit épargnée, et s'il nous arrive encore quelque révolution, je verrai clairement la protection divine s'il ne nous est pas envoyé de tel sauveur.

Enfin, mes chers amis, jouissez des intervalles de repos qui nous sont donnés, car il est impossible que la situation actuelle n'aboutisse pas à un nouveau bouleversement.

Quand vous m'écrirez, la vie politique aura recommencé à Florence, vous y verrez l'hostilité italienne contre la France, dans toute sa bassesse et dans toute sa laideur; donnez-moi quelques détails là-dessus.

———

Toulon, le 23 décembre 1868.

Mon cher ami, je suis en vérité fort content de vous savoir revenu en France. Vous et Georges, vous franchissez les fleuves et les montages comme des jeunes gens, et, ce qui est bien plus difficile, vous vous dépêtrez des milieux ignobles et rebutants, sans salir vos pieds et vos ailes; Dieu en soit loué! Quoique notre pays ne soit pas bien ragoûtant par le temps qui court, il vaut encore mieux, il vaut encore plus que l'Italie, l'Espagne, la Prusse et la Russie; tous les mauvais germes qu'a semés notre fièvre, alternativement révolutionnaire jusqu'à la destruction et despotique jusqu'à l'abrutissement, aucune terre ne les a développés aussi bien que l'Italie; cette, terre qui a produit tant d'hommes de génie, tant d'imaginations brillantes, tant d'hommes d'esprit, semble n'avoir plus que l'ivraie de la corruption, de la bassesse et des passions subalternes; j'ai peine à croire qu'elle retrouve jamais ce qui fit sa grandeur et son illustration.

Vous avez dû trouver toute la smala bien portante et satisfaite, et votre fille doit être en ce moment ravie de vous voir tous sous le même toit comme toujours. Vous avez engrangé en Italie des matériaux pour fournir à votre travail préféré, et à celui de Georges; vous n'avez donc qu'à jouir en paix de ces mois de repos occupé, que vous aimez tant. Donc, occupez-vous de vous bien porter, et de prendre le soleil, le parfum des fleurs et de respirer les brises clémentes de la Méditerranée.

Il nous manque à nous, pour être au même diapason, de voir revenir notre marin absent. Sa femme ne prend pas aisément son parti de cette longue séparation, flanquée de deux nourrices et de deux moutards.

Toulon, le 26 février 1869.

Mon cher ami,

Parlez-moi des gens qui n'ont rien à faire pour ne pas savoir user de leur liberté, je suis maintenant comme ces hannetons, qu'enfants nous attelions pour traîner une planchette, un grain de sable nous arrête; et je crois véritablement que je finirai par vivre comme un moine, qui ne sort pas du jardin de son couvent.

A quelle époque quittez-vous votre villa pour retourner à Paris ? vous concevez que si ce devait être bientôt, je ferai mieux de vous attendre au passage; en tout cas, redites-moi le nom de l'hôtel voisin de chez vous que vos enfants m'avaient indiqué et dont j'ai oublié le nom, afin qu'en arrivant, nous n'aillions pas caramboler sous la conduite des estaffiers qui stationnent dans les gares, et, aussitôt que j'aurai colloqué les époux dans leur paradis conjugal, nous irons, ma femme et moi, vous serrer la main.

Comment trouvez-vous que le petit Thiers vous a épluché le pacha de Paris! et quels éclaircis il a fait entrevoir sur ce que nous réserve la carte à payer du régime impérial! Je suis en vérité quelque peu effrayé de ce qui adviendra avant peu; eussions-nous une guerre heureuse (ce qui n'est pas certain) il me paraît impossible que nous n'aboutissions pas à une situation désastreuse.

Pauvre! pauvre France! deux fois *sauvée* par les Napoléons, deux fois ruinée, deux fois diminuée, deux fois démoralisée, deux fois renvoyée dans le deuxième rang des nations; Dieu veuille que nous n'ayons pas à dire deux fois démembrée!

Notre petite marmaille va très-bien, mais ce n'est pas petite affaire d'avoir tout l'attirail de ces rapprochements d'enfants en nourrice; enfin, voilà le papa présent, et grands et petits vont bien.

J'espère que chez vous le soleil vous a tous chauffés, renforcés, rendus élastiques et joyeux; c'est ce que nous verrons, j'espère, bientôt; embrassez tout le monde pour nous tous, et écrivez-moi un mot, adieu.

Toulon, le 9 mars 1869.

Mon cher ami.

Vous avez eu froid à Cannes, nous gelons aussi, mais avant ce froid nous avons eu ici un coup de vent de quatre jours qui n'a pas son pareil dans la mémoire des vieux Provençaux; je ne sais si vous l'avez éprouvé à Cannes, il m'a fait pas mal d'avaries dans les toitures, et c'est un peu la raison qui retarde mon excursion ; j'attends les ouvriers, etc., et comme toujours ils me font croquer le marmot.

J'espère que Waresquiel se sera vite refait, et que nous le trouverons bien portant ainsi que toute la famille.

Je viens de remettre au mouleur une petite caisse qu'il remplira de plâtre ; j'acquitterai ce petit compte ; je le charge de vous le mander, s'il n'y en a pas assez vous me le direz.

Ah! monsieur l'optimiste, vous reconnaissez enfin que les *sauveurs* politiques vont toujours au même endroit, au despotisme et à tout ce qui s'ensuit. Vous verrez ce qu'en vaut l'aune quand enfin vous aurez à faire la liquidation générale du deuxième Empire, comme a été faite en 1815 celle du premier.

Les Napoléons doivent fatalement laisser la France amoindrie, appauvrie, divisée, diminuée au matériel et au moral ; c'est une conséquence infaillible du système de gouvernement de cette race. Ce qu'il faut demander au Ciel c'est que notre pays soit délivré de ce fléau avant qu'on n'ait donné suite à cette fantaisie de prendre la revanche des fautes de 1866, car à ce jeu où les destinées de la France seront sur un champ de bataille, si nous perdions la partie nous aurions la plus désastreuse invasion à déplorer et l'assimilation serait devenue parfaite entre l'oncle et le neveu.

Que Dieu nous préserve !! A bientôt.

Toulon, le 9 mars 1869.

Je me fais une fête de vous avoir quelques jours, et je compte que vous accepterez la complète hospitalité de la case ; ainsi donc vous n'avez qu'à arriver ; une fois là nous arrangerons le meilleur emploi du temps, dites bien à la jeune partie de la famille de ne pas fixer d'heure pour votre rentrée à Paris, et de ne pas me rogner la portion.

Hier j'ai fait une excursion aux champs ; quand on vient de Cannes et de Nice, où il y a tant de fleurs et surtout tant de jardiniers, on éprouve quelque humiliation à voir notre quasi-pauvreté.

Mille amitiés autour de vous.

Toulon, le 4 avril 1869.

Mon cher ami, votre lettre est pleine de motifs de tristesse, et m'a vivement chagriné en ce qui concerne la santé de la famille ; j'aime à espérer que vous êtes assez bien rétabli pour pouvoir à l'aide de précautions revenir à votre vie accoutumée ; Waresquiel fera bien de traiter sérieusement cette jaunisse, sotte maladie qui ne devient sérieuse que si on la néglige ; il faut à tout prix supprimer cette sécrétion irrégulière de la bile qui altère la qualité du sang.

Quant à votre fille, faible et énergique encore plus que faible, il ne s'agit que de se défendre de l'extrême fatigue et des acci-

dents ; le moral chez elle est si vigoureux qu'il domine le physique et le restaure bon gré mal gré ; c'est une des plus vail-
lantes et en même temps une des plus douces organisations que
j'aie rencontrées et elle mérite bien d'être aimée comme elle
l'est de tous ceux qui la connaissent.

Les évènements de Jérès sont arrivés pendant mon court va-
gabondage, et je n'ai vu qu'ils avaient eu lieu que par un
entrefilet de journal où le nom très-estropié de votre frère était
mentionné ; j'attendais une communication de vous pour la confirmation de cette malheureuse catastrophe ; pauvre Paul ! au
milieu de cette famille patriarcale, où tous les enfants ont tracé
leur sillon et trouvé le repos pour eux et leurs enfants, lui seul
a été soumis de bonne heure aux inégalités d'une existence
troublée ! Actif, savant, il y avait chez lui toute l'étoffe désirable
pour une belle existence, et il l'a finie dans une émeute
sur la terre étrangère !...

Toulon, le 15 avril 1869.

Mon cher ami,

Vous devez être bien près de votre déménagement, et je
pense que la santé de tous se raffermit en vue du prochain déplacement et à cause du beau temps. Vous aurez soin de m'avi-
ser quand vous aurez fixé les bases de cet exode.

J'ai vu ici M. de la Faulotte et je l'ai reçu de mon mieux ; à
ces causes je l'ai éreinté par une course détaillée dans l'arsenal
et j'ai pris ma bonne part de cet éreintement. Nous sommes

rentrés ensemble à la maison où je l'ai retenu à dîner et je l'ai chassé en temps utile pour qu'il ne manque pas le train. Vous a-t-il écrit sa rude corvée ? Après m'avoir entendu chez vous tenir des propos un peu excentriques en politique je pense qu'il aura trouvé qu'on peut être bon garçon quoique peu impérialiste.

Vous devez avoir en ce moment la vue de l'escadre cuirassée. Je suis sûr qu'à vous tous vous avez des connaissances là-dessus.

Vous allez tomber à Paris en pleine fièvre électorale ; comme de raison, je souhaite que la plus grande partie de cette majorité, stupide tout au moins, ne retourne plus au parlement, je voudrais, comme le Seigneur, la réforme du régime impérial plutôt que sa chute, car on ne sait à quel prix nous aurions autre chose ; mais avec une majorité comme celle d'aujourd'hui on peut et on doit désespérer de voir rien se réformer.

Je me prends de passion de plus en plus forte pour le métier de n'être rien. En France pour être député, au château pour rester empereur et despote, en Prusse pour avaler au risque d'indigestion toute l'Allemagne sans compter le reste, les ambitieux me font tous l'effet d'écureuils, la roue seule est différente ; et l'Europe, de plus en plus vieillie, décomposée, en proie à des agitations stériles, me semble avoir atteint cette phase de décadence par laquelle ont passé le monde ancien, le monde romain ; et la vie de l'humanité est en réalité de l'autre côté de l'Altantique, c'est aux États-Unis que se rajeunissent la race humaine, l'intelligence, la politique, la civilisation de l'avenir.

Toulon, le 9 mai 1869.

Enfin, vous voilà tous en repos pour un temps. Cela me fait l'effet que me produisait autrefois l'arrivée au port, après une traversée laborieuse et ornée de tempêtes ; et à moins d'être piqué de la tarentule, on éprouve un singulier plaisir à n'avoir plus à songer au lendemain ; il est vrai que je parle en homme bâti pour le *far niente*, au lieu que vous êtes tous des travailleurs infatigables, et dignes d'être des Yankees.

Toulon, le 24 mai 1869.

Mon cher ami, je mets aujourd'hui au chemin de fer un paquet contenant le châle de l'une de vos petites filles, un mouchoir, et pour vous, un paquet de branches de jujubier ; l'arbre était bien choisi pour relier la couronne de jonc et s'enfoncer dans le crâne, l'épine est dure et aigre, et quand elle est jeune, elle est recourbée et tenace comme une dent de requin.

J'ai voulu l'autre jour cueillir ces échantillons à la brune ; mes mains ont été martyrisées et j'ai remis au lendemain en plein soleil ce choix de branches meurtrières ; il y en a où l'épine est vieille et dure, d'autres où l'épine est jeune, puissante, et très-piquante, enfin les très-jeunes recourbées ; voyez et comparez.

A la campagne, le 20 juillet 1869.

Mon cher ami, où êtes-vous, que devenez-vous? Je pense que la partie pérégrinante de la famille est allée flâner en Poitou, mais vous et Georges êtes-vous à Paris? et y resterez-vous encore? aujourd'hui la Minotière ne vous attire plus, aussi j'espère que la rue d'Aguesseau est le plus sûr de vos perchoirs?

Mais, me direz-vous, que vous importe à vous provençal l'abri que nous choisissons à deux cents lieues de vous? c'est que vers la fin de ce mois, je compte faire une fugue vers le Jura, et après cette excursion je me demande si je ne ferais pas bien d'aller revoir si Paris est à la même place, donc vous devrez me dire au plus tôt votre programme pour le mois prochain et suivant, vous concevez que tout serait au mieux si vous étiez tous tranquillement réunis.

A la campagne, le 10 août 1869.

Mon cher ami,

Nous avons eu ici comme partout des chaleurs torrides, et contre l'habitude pendant quelques jours, les brises maritimes faisaient défaut; aussi, si n'eût été la maladie de ma fille, je me serais envolé vers les montagnes; et voilà comment les projets humains sont renversés, modifiés, contrariés. Du reste, je crois que si j'étais seul, en général je ne bougerais plus, tout

mouvement et tout changement dans ma vie monotone me
devient de plus en plus désagréable, et j'ai besoin d'être poussé
pour changer de place ; ah ! la vilaine chose que la vieillesse ! !

———

A la campagne, le 16 octobre 1869.

Mon cher ami,

Parlez-moi de courir le monde pour oublier ses amis ! c'est
quand on est en repos qu'on peut tenir au courant sa correspondance et le reste.

Moi aussi, j'ai fait un peu comme vous et vos enfants, j'ai
fait une fugue dans le Jura et je me proposais de faire le grand
tour par Paris, mais madame ma fille a été malade et j'ai eu
toutes les peines du monde à me décider à agrandir la distance ;
aussi, après avoir stationné dix jours chez un de mes anciens
camarades de navigation, et un vieux et véritable ami aussi, j'ai
rebroussé chemin et j'ai bien fait, car j'ai trouvé Marie con-
damnée à la position horizontale et les moutards un peu souf-
frants : aujourd'hui, je pousse à la roue pour qu'on rentre en
ville et qu'on se rapproche du médecin.

C'est près des anciennes propriétés de M. de la Tournelle
que je suis allé ; et j'ai même connu un de ses parents ou amis,
M. de Saint-Germain.

Je me suis arrêté quelques jours à Lyon, ville splendide
admirablement encadrée dans sa double ligne de coteaux, et
de là nous sommes revenus dans notre ermitage ; et aujour-

d'hui, je soupire après le moment qui me laissera en repos; le repos aujourd'hui est ma seule et dernière passion.

Je vois que l'humeur voyageuse ne vous quitte pas, même pendant l'été, et voilà, à peine rentrés, votre fille qui outille son grand voyage; j'ai bien des raisons pour regretter qu'elle ait Toulon en assez grande aversion, mais je regrette aussi de ne pouvoir l'envelopper de raisons et même de sophismes, pour lui prouver que le mouvement est un des plus grands labeurs de l'espèce humaine, et que le repos..... est le suprême (reqüiem) *desideratum*.

Toutefois, pour cette année, je ne puis que vous complimenter d'aller hiverner dans la ville éternelle, vous allez pouvoir y faire une des études de mœurs, d'intelligences, de fêtes, d'hommes et de choses, les plus rares et les plus intéressantes qui se puissent trouver.

Outre mon amour du *statu quo*, je suis conduit à aimer médiocrement les voyages par la fatigue que me causent les longues traites en chemin de fer : je suis, à la lettre, éreinté, crispé, enfiévré, après douze ou quinze heures de chemin de fer, surtout si je suis en compagnie, dans un compartiment; j'envie quand je vois les wagons américains où on peut circuler et changer de position quand on est fatigué de moudre les vertèbres de l'épine dorsale.

Adieu, mon très-cher; dites-moi votre adresse là où vous serez bientôt, afin que je puisse alors vous écrire et vous lire; je vous embrasse ainsi que tous les vôtres.

Toulon, le 16 octobre 1869.

Mon cher et vieil ami, votre lettre m'a réjoui comme il arrive toujours quand je reçois de vos nouvelles, et je vous félicite d'être établi à votre guise dans la ville éternelle ; il y a eu du tirage, à ce qu'il paraît ; cela ne manque jamais quand les autres font vos affaires de logement, sans avoir la mesure exacte des exigences personnelles ; enfin, vous voilà débrouillés. Tout est bien qui finit bien ! Je voudrais pouvoir appliquer à tout cette maxime shakespearienne qui est si rarement traduite en pratique.

Ici, par exemple, la fin n'est pas encore arrivée, et elle m'inquiète ; ma fille menacée il y a trois mois a traîné tant bien que mal depuis lors dans des alternatives de bien et de mal. Nous l'avons non sans peine transportée de la campagne et, depuis lors, elle ne quitte pas son lit.

Tout cela est long et inquiétant, j'ai bien hâte de voir tout cela terminé. Triste chose que cette vie, car il n'est pas un désir satisfait qui n'amène son danger et son inquiétude. On veut établir ses enfants, les voir entourés de famille, et aussitôt commencent les plus amères tribulations. Espérons que tout finira bien.

Tout votre petit monde, qui s'est accoutumé à la vie errante et accidentée, doit être content d'être établi à Rome dans la circonstance singulière du Concile, et c'est assurément une des choses les plus intéressantes du temps présent. Pour les catholiques zélés comme pour les autres, il est très-intéressant de voir comment se résoudra cette délibération entre des hommes venus de tant de pays différents, apportant des degrés d'éducation, d'instruction, de passions fort divers, et mis en face d'influences très-puissantes.

Qu'adviendra-t-il, dès que la plus petite circonstance donnera un ébranlement à cet édifice de carton du deuxième Empire? Dieu seul le sait. — Mais nous sommes à la veille de grands évènements; ce n'est pas que je croie comme certaines gens que l'on recommencera la période néfaste de 93, on ne ne refait pas de pareilles choses, mais il n'y a pas moins dans les éventualités de l'avenir de mauvaises chances de malheurs et de ruines. Ce qui aggrave la situation, est que ce gouvernement a tout énervé, tout corrompu, tout gâté, tout souillé pendant dix-huit ans, et aujourd'hui, pas un homme ne surgit dans la génération actuelle qui soit digne de quelque confiance; le premier Empire, avec ses guerres, ses emportements, ses excès, avait laissé croître, sous le harnais ou dans le silence, des administrateurs vigoureux, obéissants, quelques esprits d'élite qui se trouvèrent mûrs pour s'instruire à la vie publique sous la Restauration. Je ne trouve plus de capacités nées et prêtes à naître. Le deuxième Empire a pris tout ce que la mort a respecté, l'a mis au pilon, l'a amalgamé avec de la fange, et par force, et par corruption ne laisse disponible qu'un *caput mortuum* de vieux corrompus, de jeunes *crevés* et de cocottes à divers degrés de putréfaction, voilà dans quel milieu va travailler l'énergie d'un prolétariat avide, lui aussi, de jouissances, et des bavards disposés à escalader le pouvoir par toutes les brèches ouvertes; tout cela n'est pas gai, n'est-ce pas, il faut pourtant croire qu'on n'avale pas un pays comme la France comme une meringue, et que les honnêtes gens (par nature poules mouillées) auront à la dernière heure le courage des poltrons, et iront bravement aux élections, et au besoin dans la rue pour combattre les malandrins par le vote et au besoin par l'épée; mais il faut confesser que ce n'était pas la peine de faire quatre ou cinq révolutions, et de passer par le laminoir de deux Napoléons pour sortir de là aplatis comme nous le sommes, et relégués à la queue des nations.

Et votre archéologie religieuse, où en est-elle ? l'occasion est belle pour la produire dans le milieu où vous vivrez six mois.

Et ces fillettes dont vous me parlez peu, ainsi que de la chère maman ? tout ce petit monde doit être enchanté et reviendra de là chargé de bénédictions, quoique j'aie du *boni ;* comme le sait bien Madame Lucile, je n'en demande pas moins ma part dans ses prières et dans son bon souvenir.

Adieu, mon bon vieil ami, je suis toujours un peu honteux de faire des tartines aussi prolongées; mais c'est une si bonne chose de causer avec de vieux et indulgents amis. Je vous serre la main à tous.

A Monsieur Picquet

Toulon, le 7 décembre 1869.

Nos grands fonctionnaires sont garçons ou peu avenants, et puis qui rit par le temps qui court ? Tout l'édifice social craque de tous côtés; les vingt ans de dictature ont tout énervé, tout éteint : les convoitises malsaines ont seules grandi et l'activité sociale est toute dans ce prolétariat que l'Empire a jeté dans les grandes villes, et qui tient la corde dans le mouvement politique. Que deviendra tout cela ? Je ne le sais : un seul moyen avait, ce me semble, quelques chances de succès, c est que le chef de l'État, tout affaibli qu'il est, profitât des quelques jours de jouissance qui lui sont laissés pour rentrer nettement dans le système parlementaire, rendant ainsi le pays tout entier solidaire du sauvetage ou du naufrage où a sombré le gouvernement personnel, mais point. La franchise manque et par suite la confiance, et Dieu sait où tout cela nous mènera. Il y a des gens qui disent que nous aboutirons à une révolution républicaine et puis aux d'Orléans. Grand merci, et quelles ruines laissera la première étape de ce triste voyage !

A M. Rohault de Fleury

Toulon, le 11 décembre 1869.

Mon cher ami, j'ai reçu votre bonne et charmante lettre. J'ai souvent dit, dans l'intimité de la famille, que vous étiez un type rare digne d'être offert à l'estime et à l'imitation de tous. Au midi de votre vie, une perte sans égale détruisit la base de votre bonheur, et, par une protection providentielle, Dieu vous donna la foi et l'espérance, ces deux dons célestes qui ouvrent des vues radieuses et consolantes sur l'avenir, et en même temps l'amour du travail, le dévouement qui combla si bien pour l'esprit, pour le cœur et pour la pratique de la vie, l'immense vide qui s'était fait autour de vous. Ah ! ce furent de grands bienfaits que tous ces dons, et vous avez su les utiliser pour le plus grand bien de tous les vôtres, et pour leur laisser l'exemple d'une des plus pures existences que je connaisse. Je suis heureux de tenir dans ce milieu une place d'ami, et j'y pense rarement sans faire un retour utile sur moi-memê.

Entre temps, les jours sombres se sont levés sur nous. La grossesse de ma fille a continué pénible, laborieuse ; il a fallu la ramener non sans difficultés de la campagne, et après de dangereuses opérations, elle a mis au monde, le jour même de l'ouverture du Concile, un garçon venu avant terme et que la mort a enlevé aujourd'hui même.

Je lui avais donné le nom de Marie, pour le mettre sous la protection de la Vierge dont on célébrait la fête.

La vie s'est échappée de cette organisation frêle qui a duré trois jours. Puisse la protection de sa patronne s'étendre sur la pauvre mère ! Quelle nuit que celle du huit décembre ! Et quelles douleurs dont pas une n'a été perdue pour moi !

Vous qui êtes entouré de saints enfants, de saints évêques, réunissez vos prières pour cette pauvre mère sur laquelle je ne serai rassuré que lorsqu'une période qui me semble éternelle aura rassuré tout le monde, et surtout les hommes de la science, sur les suites de ce rude travail.

Point n'est besoin de vous dire combien est triste toute cette famille que vous connaissez ; je me serais moins étendu sur toutes ces douloureuses choses, si je ne savais tant l'intérêt que vous prenez à tout ce qui vous touche.

J'espère bien que mon ancienne victime Hubert ne passera pas sans nous voir, j'aurai peu de plaisirs à lui offrir, mais en le voyant partir pour vous rejoindre, il me semblera que je suis plus rapproché de vous tous.

Pendant que nous étions livrés à de si rudes épreuves, vous assistiez à cette grande cérémonie de l'ouverture du Concile. Un seul souhait me semble devoir dominer dans les esprits sains toutes les prévisions et toutes les espérances, c'est que la paix des esprits, des cœurs et des intelligences sorte de ces grandes délibérations. L'apaisement et la règle en tout me semblent le grand besoin du siècle.

Enfin, nous verrons !

Si j'étais seul, sans famille, et plus jeune, je serais porté à franchir la mer, à aller dans cette Amérique du Nord ou s'élabore la société de l'avenir et me mettre aux premières loges pour voir s'effondrer cette vieille société européenne, qui n'a de ressources et de moyens de vivre que par la liberté, et qui s'évertue à gaspiller ses dernières chances dans les mêmes luttes et les mêmes fautes qui ont perdu le monde païen.

Je n'ai pas l'esprit au rose aujourd'hui et je me laisse aller à la causerie qui semble paradoxale et que les faits pourtant colorent un peu des tons de la vérité.

Ecrivez-moi souvent, mon cher ami, vos lettres me font un extrême plaisir et vous êtes en position de rectifier bien des idées que la polémique journalière va agiter d'une façon peu commune. Malgré le caractère peu religieux de l'époque actuelle, il y a cependant une tendance instinctive à espérer qu'au milieu de l'impuissance des gouvernants, ils pourront trouver, dans le fait qui se développe à Rome, des inspirations heureuses pour remédier aux maux de la société.

Jamais le précepte de la charité chrétienne ne me parut plus adapté à l'état des esprits que dans ce moment, et il est à remarquer que c'est dans la société américaine qu'on trouve, avec la liberté de conscience la plus illimitée, la condamnation la plus énergique et la plus universelle de l'irréligion, et par la combinaison de ces deux dispositions, l'idée religieuse s'y maintient, s'y transforme et ne laisse pas de chances de durée à ce qui s'éloigne de l'idée fondamentale de l'Évangile.

Adieu, cher et bon ami, faites à toute votre famille nos meilleures amitiés et dites-vous souvent, entre vous, qu'il y a, de ce côté des Alpes, des vieux amis qui pensent souvent, très-souvent à vous tous.

Toulon, le 26 décembre 1869.

Mon cher et bon ami,

Tout est fini, la plus grande douleur qui pût m'advenir m'est infligée. Ma fille, ma fille unique, celle qui avait été le but, l'objectif de toute ma vie, n'est plus depuis hier, après trois semaines de souffrances elle s'est éteinte. Pendant les derniers huit jours, je la voyais s'affaiblir de plus en plus, et puis, par intervalles, un répit semblait ramener la vie, mais le pouls baissait toujours à l'état fébrile.

C'est dans ces conditions qu'elle est morte avant l'heure qui nous était pronostiquée, elle est encore à la maison, et je ne puis me figurer qu'elle n'est plus.

J'ai là à côté de moi un de ses jeunes enfants ; quelques heures avant sa mort, les moments où ses pensées fonction-naient étaient pour ces pauvres enfants. Qu'adviendra-t-il d'eux si jeunes, et moi si vieux !

Pendant les premiers moments qui ont suivi la catastrophe, mère, mari, tous succombaient sous le poids de la douleur, et moi, le seul qui sois chargé d'ans, j'ai dû me raidir.

A MADAME PICQUET

Toulon, le 19 janvier 1870.

Combien je vous sais gré de vouloir bien vous inquiéter de nous, et de la sympathique expression de votre affection pour nous ! Comme vous le pensez, rien de plus triste que notre maison et notre existence. Chez moi, il y a encore un peu de ressort, et l'obligation de s'occuper encore un peu des choses du dehors me fait comme une distraction ; mais ma femme est dans un état qui me fait vivement désirer de l'éloigner de Toulon. Toutes les visites qu'elle reçoit déterminent chez elle un accès de douleur qui lui cause des névralgies qui ne laissent plus de repos, elle ne sort jamais, et il est décidé que nous irons ces jours-ci à Menton.

Toulon, le 7 mars 1870.

Mon cher ami,

Votre lettre m'est parvenue à Toulon le lendemain de mon
arrivée, comme la colombe dans l'arche, et m'a fait un plaisir
d'autant plus grand, qu'elle me donne des nouvelles détaillées
sur tout votre monde et m'assure que tous vous vous portez bien
et passez bien votre hiver ; il est rude pourtant à Rome, dit-on,
et suit en cela la loi générale ; à Menton, même dans cette oasis
faite pour fondre les maladies les plus rebelles, il a été souvent
mêlé de giboulées et j'ai vu le moment où anglais, prussiens,
russes, etc., allaient adresser une pétition au sénat pour se
plaindre que, venus sur la foi des traités pour jouir d'un soleil
sans nuages, les meilleurs jours de la station étaient troublés par
ces vilains vents de sud-est qui ont dû vous tourmenter là-bas.
Je ne suis pas étonné de la sympathie que Mme de Waresquiel
trouve même parmi les prélats ; partout où elle ira, sa distinction native, sa bonté parfaite et son esprit fin lui vaudront des
succès de bon aloi. Il me tarde bien de la revoir, elle, et vous
tous.

Si quelque événement ne vient rien déranger, nous ferons
une excursion à Paris, attirés surtout par l'espoir de vous y
trouver.

Vous aurez lu sans doute un article de M. Léopold de
Gaillard dans le *Correspondant :* une perle de style et de bon
sens, en le lisant je me rappellais qu'il y a dix-huit ou vingt
mois, causant avec un aide-de-camp de M. l'amiral Jurien, je
lui avais dit que je ne comprenais pas que son Empereur, en
pleine possession de sa puissance et de son autocratie, n'en pro-

fitât pas pour changer de rail et entrer carrément et volontaire-
ment dans la voie parlementaire, qu'il aurait avant peu la main
forcée et que tout le mérite de l'évolution lui serait ainsi dérobé;
les faits n'ont pas tardé à vérifier cette prévision de bon sens,
et aujourd'hui il est l'homme dont on se défie le plus et le seul
même dont on se défie. Il est difficile d'admettre que le règne
des Napoléons se prolongera au-delà de sa vie.

Marseille, le 6 avril 1870.

Mon cher ami,

J'ai reçu votre dernière lettre écrite après votre retour
d'Assise, et on vous aura peut-être remis une épître que j'écri-
vais à Mme de Waresquiel et qui devait lui être remise par un
ami de son beau-frère. Je suis à Marseille pour quelques jours
encore.

Je suis comme les vieux meubles; mis en place ils figurent
passablement; déplacés ce sont des guérites; ainsi de moi,
je ne suis bon à rien hors de mes habitudes de vieux. Vous
devez être en ce moment dans cette agitation que donne même
aux coutumiers du fait *le retour* de ces grandes fêtes de la
semaine sainte; la présence des évêques va donner un lustre de
plus à ces cérémonies.

A Monsieur Picquet

Toulon, le 16 mai 1870.

Mon cher ami,

Merci mille fois pour votre bon souvenir qui est venu me chercher dans mon lit où je suis cloué depuis une douzaine de jours par une bronchite redoublée qui préparait une fluxion de poitrine. De là, vésicatoires, vomitifs, etc., et toute cette médication assommante, qui outre la douleur condamne à des soins matériels insupportables. Enfin ma toux est moindre, l'engorgement pulmonaire s'améliore et les forces semblent se refaire ; autant eût valu, en vérité, en finir cette fois et voir enfin la terminaison d'une vie qui, désormais sans but direct, me fait l'effet du vide, du désert et de l'obscurité de la nuit : heureux, cent fois heureux ceux qui en ces occurrences sont saisis par les illuminations d'une foi profonde et se rattachent au monde supérieur, y voient sans nuages leurs espérances d'avenir et l'objet unique de leurs préoccupations pour leurs derniers jours. Je n'ai jamais si bien compris ces actes de scission avec la vie sociale accomplis par les hommes ou les femmes profondément blessés au cœur, et allant chercher le repos et une mort anticipée dans les profondeurs du cloître et les sévérités de la méditation et de la prière. Quel vide, mon cher Picquet, je trouve autour de moi ! J'étais indulgent à tout et à tous dans l'absorption de mes facultés par mon unique enfant ; il m'est enlevé et tout autour de moi me paraît inférieur ou coupable ; je ne crois presque plus à personne et je prends en grippe tout ce qui a la prétention de remplacer la pauvre morte.

Votre désir exprimé de nous revoir quelques jours dans votre pays pour jouir de votre bonne et touchante hospitalité m'a profondément touché ; triste compagnie que je vous apporterais là ! et puis la vieillesse et la maladie ont trouvé la fissure ouverte pour envahir ce corps charpenté pour vivre longtemps. Il a été secoué de main de maître par la dernière bronchite et il faut que ma carcasse soit bâtie comme celle des nouveaux vaisseaux cuirassés. On a pu se scandaliser de cette toux, car c'était à faire vibrer les clochers à cette distance.

Le plébiscite en principe est une partie désespérée jouée inutilement, et qui a eu une issue heureuse, parce que les républicains sont les pires sots qui se puissent voir. Ils ont cru que le terrain était désormais déblayé et le pouvoir aux audacieux, et ils se sont montrés violents, autoritaires, avides, démolissant, tout ce qu'il faut être pour faire une révolution et tout ce qu'il faut n'être pas pour fonder un gouvernement. Aussi tout le monde, légitimistes, orléanistes, peureux, courageux, gens de robe, gens de commerce, gens de propriété, gens de finances ont-ils d'abord voulu rendre impossibles les républicains et les révolutionnaires et ils ont appliqué à l'Empereur le principe de droit, *possession vaut titre.* Ce ne sont pas sept millions et demi d'amis qui ont voté pour lui, ce sont sept millions et demi de gens qui veulent en finir et rentrer dans le sillon de l'ordre et de la liberté. Si, se trompant sur cette signification, on allait ramener au pouvoir les Rouher et les Forcade (les Polignac de l'Empire), oh ! alors je ne répondrais plus même des peureux, et, à la première occasion, qui n'est certainement pas éloignée, la question serait posée tout autant que le 8 mai.

Au reste, qu'on suive strictement les errements d'un gouvernement parlementaire honnête, et tout ira bien. De ce moment il est évident que le centre droit représente la majorité plébiscitaire, c'est donc lui qui doit fournir les éléments du ministère nouveau ; après, si l'opposition continue à être une

opposition taquine, individuelle, tracassière, bavarde, elle se
déconsidèrera en consolidant les torys de la droite. Mais si,
sachant sacrifier les intérêts individuels, elle se constitue en
un parti politique, si elle forme une gauche gouvernementale
dont les chefs éventuels, habiles, éloquents, mesurés, seront
aussi les héritiers présomptifs du ministère tory, alors les questions seront traitées sérieusement et pour se maintenir au pouvoir il faudra d'abord agir et voter selon l'opinion publique, sinon, les espérances, les préférences, l'avenir seront à la gauche
gouvernementale.

Enfin en voilà pour quelque temps, mais qu'ils sont inhabiles
nos grands politiques et orateurs! Enfin nous verrons.

A M. Rohault de Fleury

Toulon, le 14 juin 1870.

Mon cher ami,

Je suis si content de vous savoir en France, que je vous réponds, aussitôt votre lettre lue, et vous félicite bien vite vous
et nous de vous voir enfin quelque peu rapprochés et avec des
probabilités de nous revoir. Il faut se dépêcher, car la machine
se détraque et au moment où je vous écris je relève à peine
d'une affreuse bronchite qui avait secoué tellement la vieille
carcasse (pourtant assez bien chevillée) que le poumon com-
mençait à se prendre et il a fallu se laisser mettre un vésicatoire
et avaler d'horribles boissons.

Mon isolement actuel, mon avenir sans objectif et sans but
ou à peu près, me donnent, hélas! une grande liberté, et si je

n'étais alourdi par l'âge et aussi par un affaissement moral plus complet encore que la décadence physique, je pourrais vaguer tout à mon aise. Mais si tous les lieux me sont presque indifférents, le repos et la solitude qu'on ne trouve que chez soi resteront jusqu'au bout le *desideratum* final de mon existence. J'espère toujours que les jours que nous passerons ensemble dans ce commerce d'une amitié rare et éprouvée me remonteront un peu.

J'espère toujours que dans le doux milieu que je trouverai rue d'Aguesseau, il se mêlera quelques teinte s douces à cette athmosphère sombre et morose qui m'environne ; j'ai, je vous assure, grand besoin de cela.

Je sais que vous et Georges vous avez travaillé comme des nègres ; heureux êtes-vous d'avoir cette louable passion du travail, et heureux aussi de voir votre cher fils trouver la santé et le contentement dans cet emploi de ses talents. Il faut que sa santé se soit grandement raffermie dans cette vie active et vous devez éprouver une complète satisfaction de voir ainsi se produire l'un par l'autre la sécurité de votre cœur paternel et l'application de votre activité, intellectuelle et artistique, jouissez de ce bonheur et remerciez Dieu de vous avoir donné ce qu'il faut pour qu'il se maintienne.

Aux Eaux-Bonnes, le 14 juillet 1870.

Mon cher ami,

Le timbre de ma dernière lettre vous a rappelé une triste date et un irréparable malheur, je me suis bien affectueusement associé à ce souvenir, car je n'ai pas perdu la mémoire de celle qui en était l'objet. Lorsque les circonstances rappellent ainsi de douloureux événements, je suis de ceux qui ne les écartent ni ne les regrettent ; j'aime peu qu'on fasse des efforts pour étendre le voile de l'oubli sur les épreuves de la vie et je recommande bien à tous ceux qui mettront la main à l'éducation de nos petits-fils de leur parler de la mère qu'il ont perdue et de la placer au premier rang de leur mémoire et de leur affection.

Toulon, le 18 août 1870.

Mon cher ami,

Que d'inquiétudes dans votre maison à la suite de tous ces malheurs ! Vous faites bien *d'interner* votre jeune famille et il n'y a plus qu'à souhaiter d'autre part que votre jeune Maurice trouve l'honneur de sa jeune épaulette sans avoir à le payer trop cher. Quand on songe que la moitié de la France au moins est dans les larmes et la plus mortelle inquiétude et que c'est à un homme, à un homme seul que nous avons bêtement élevé sur le pavois, que tous ces malheurs sont dûs ! ! !

Toulon, le 3 novembre 1870.

Mon cher ami,

Voilà les révolutionnaires qui sont au pouvoir à Marseille, Cluseret s'est fait chef militaire, je ne sais qui, chef civil, on a tout démoli, préfet, maire, conseillers municipaux et tout d'un coup, les affaires, l'industrie, tout s'arrête. Vous devez déjà sentir l'émigration marseillaise ; ici la chose sera un peu plus difficile, car il serait dangereux de laisser aux mains de ces sectaires une place forte, et on y veillera néanmoins dans la mesure du possible. Ils agissent, ce matin ils ont arrêté le président du tribunal je ne sais trop pourquoi, enfin on essaye d'une espèce de terreur. Tenez-vous tranquilles et surtout n'allez pas vous mettre à courir ; à Nice plus qu'ailleurs, les étrangers sont les protégés naturels de toute la population et des autorités quelles qu'elles soient.

Je ne conçois pas la folie des gens qui se figurent qu'un régime violent et une autorité usurpée peuvent avoir quelque avenir ; même l'idée de pillage ne peut être une idée praticable avec l'extrême division des intérêts et de la richesse. On conçoit que cette idée ait pu prendre racine, quand la noblesse et le clergé étaient seuls possesseurs, mais aujourd'hui l'ouvrier a sa bastide, son petit domaine, ses titres de rentes, etc., et un jour de surprise peut le mettre du côté des tapageurs, mais dès que ses intérêts sont compromis il est plus apte à la défense que le riche.

Le riche ! ! ! où sera-t-il avait peu ? plus de loyers payés, plus de dividendes, plus de rentes, plus de travailleurs, plus de capitalistes pour payer la main-d'œuvre, encore quelques mois de ce régime et nous serons tous pauvres comme Job. Le peu de détails qui arrivent indiquent que l'affaire de Bazaine se préparait depuis longtemps et qu'il lui eût été facile il y a un mois de forcer les lignes prussiennes et de donner du champ à son armée et laisser des vivres à la garnison de Metz, les lettres de Coffinières en font foi.

Bazaine a été *roulé* par Bismarck, comme celui-ci a roulé Napoléon, comme il l'a fait pour ceux qui ont eu affaire à lui.

Toulon, le 15 novembre 1870.

Mon cher ami,

Je suis fort inquiet de l'avenir, la victoire d'Orléans est une excellente chose, à la condition d'être suivie d'une autre qui amène l'armée prussienne battue et poussée par l'armée de la Loire sous Paris, où elle serait mise entre deux feux. Nous sommes bien peu organisés pour atteindre ce but en présence de l'organisation savante et des combinaisons excellentes de ces généraux prussiens qui se donnent le tort de gâter leur gloire et leurs succès par les barbaries et les cruautés et le pillage faits pour déshonorer les armées les plus sauvages. Comment notre pauvre pays sortira-t-il de cette effroyable épreuve? je ne le sais, et ne puis conserver vingt-quatre heures mon esprit dans un état d'espérance et de sérénité un peu satisfaisant. Lisez-vous quelquefois *l'Indépendance belge*? Il y a là des révélations et des correspondances d'où sortent souvent des éclairs de lumière sur cette désolante période de notre histoire contemporaine.

J'attends des nouvelles qui me disent ce que devient mon gendre, il commandait l'*Armide*, on la désarme et je ne sais ce qu'on fera de lui, ses enfants vont bien et le climat du Berry leur va; je souhaite qu'ils ne reviennent ici que lorsque le père y pourra aussi prendre pied, d'autant plus que la petite vérole est fréquente à Toulon. On dit au reste qu'elle règne presque partout : c'est là un des résultats du mouvement des armées de développer partout le germe des épidémies; il est bien temps que la colère de Dieu prenne fin, et trouve suffisante l'expiation que nous faisons de nos fautes passées.

———

Toulon, le 19 novembre 1870.

Mon cher ami,

Vos lettres sont toujours les bienvenues et elles seraient une vraie manne si elles me disaient carrément : Tout va bien et Maurice est redevenu le jeune et ingambe cavalier que vous savez; espérons que grâce au soleil et aux bons soins dont ils sont entourés ces chers enfants arriveront à cet état si désirable qui m'ôte toute inquiétude. Je remercie de tout cœur le bon souvenir de votre aimable petite Marguerite, quelqu'un de ces jours je lui répondrai, mais avec les enfants il faut attendre une disposition d'esprit moins sombre que celle qui nous domine en ce moment. Vous faites bien de vous détourner un peu de ces préoccupations désolantes du moment et de vous distraire en les instruisant des grandeurs du monde de Dieu, dont les hommes ont une si fatale tendance à déranger l'ordre et l'harmonie. Le petit livre que je vous ai adressé est à la fois amusant et instructif, quelque peu insuffisant pour un esprit comme le vôtre ; mais si vous voulez corser un peu plus votre enseignement, je puis vous envoyer le cours complet d'astronomie de Delaunay, qui est complet, très-bien fait et d'où on peut extraire de la science réelle et précise sans être obligé de faire de la différentielle et de l'intégrale. Je le tiens à votre disposition.

Et Mme Lucile, vous ne m'en parlez pas, donc elle va passablement et je m'en réjouis, car vous savez que c'est une de mes plus anciennes et de mes plus chères prédilections.

Nous allons assez bien au physique ; mais quel affaissemeent moral en présence de tant de malheurs présents et de tant de dangers pour l'avenir !

Il est rare que ma première sortie du matin, qui me conduit à la lecture des journaux, ne me ramène pas au logis avec l'esprit assombri. Vous avez lu sans doute le remarquable *memorandum* de M. Thiers ; comme on aperçoit clairement, à travers les euphémismes et les prétéritives de ce remarquable résumé, le plan déjà amené et bien catégorique qui produit aujourd'hui les malheurs de notre pays et son abaissement futur ! Entre la Russie et la Prusse, il y a un dessein depuis longtemps résolu, habilement préparé pour déplacer le centre de gravité du monde européen ; ce n'est plus dans l'Europe occidentale, entre la France et l'Angleterre, que passera désormais l'axe de la civilisation et de la puissance, c'est entre l'Allemagne et la Russie, quelque part vers le Danube et l'Elbe, qu'il se trouvera ; évidemment des traités antérieurs ont laissé à la Russie libre action sur l'orient et à la Prusse même liberté sur l'occident et le midi ; entre les deux on est convenu d'agir comme les généraux habiles : détruire, l'une après l'autre, la puissance de la France et ensuite celle de l'Angleterre. La France est démolie grâce aux Bonaparte, on l'achèvera, on lui enlèvera son dernier fusil.

Je m'attends à tout, et je finirai en pensant que la bataille qui se prépare entre Paris et la Loire sera la péripétie suprême de notre destinée ; si Dieu ne donne pas la victoire à d'Aurelles et à Trochu, c'en est fait de la vieille France et de l'Europe moderne ; ce n'est pas le semblant d'énergie incarnée dans cette espèce de premier Consul qui a nom Gambetta, dictateur doublé de jacobinisme, que sera le salut ; au contraire, encore avec la victoire, il sera dangereux de voir les destinées du pays réglées par cet esprit inexpérimenté et peu pratique qui se reporte sans cesse aux souvenirs de 92 et de la Convention, qui ne veut pas voir que les temps, les hommes et les choses sont affreusement changés depuis lors. Grâce aux Napoléons, tout a croulé à la fois, richesse, puissance, moralité, sentiment du devoir patriotique, que sais-je ; l'Italie n'est plus une puissance ni une collection d'unités politiques reliées par des intérêts divers aux autres éléments européens, c'est un appoint à la disposition du vainqueur quel qu'il soit, son existence est factice, on la laissera vivre si elle sert utilement les ambitions nouvelles ; on la démolira le jour où elle gênera ou servira mal ; et, en achevant de détruire la valeur toute morale du Pape, les Italiens suppriment une des raisons de respecter leur pays ; l'Angleterre a abandonné le Hanovre au Danemark ; la Hollande, le jour où elle élèvera la prétention

de les défendre et de les relever, on lui rira au nez. Tout enfin
me semble préparé pour un avenir des plus déplorables. J'entends toujours répéter qu'il faut chasser les Prussiens de
France. Eh! sans doute, il faudrait les chasser; est-ce possible,
après tant de défaites, tant de trahisons, tant d'abaissements,
tant de ruines? Vous parlez de la dette et du budget? c'est
désormais un gouffre insondable. Le gouvernement de la
République doit à tout et à tous; il dépense toujours et toujours sans compter, et ce qui est pire, il ne produit à peu près
rien. Je vois tous les jours des corps qui partent et d'autres
qui reviennent toujours sans officiers, sans chefs, sans arme-
ments, sans équipements, et tout cela va se rallier tant
bien que mal à des centres d'action que nul ne connaît et
que nul ne dirige; heureusement d'Aurelles et Trochu ont
quelque valeur militaire, sans cela nous n'aurions pour guerroyer qu'une collection de Garibaldi de diverses couleurs, bons à
faire des proclamations et des émeutes, impuissants à préparer
un combat sérieux; et avec cela quelle administration intérieure ! ! !

Vous savez que je suis peu porté à l'optimisme, je m'y efforce
pourtant, et je n'y réussis guère.

En résumé, il me semble que nous sommes comme ces
joueurs, qu'on peut voir à loisir, qui ont bêtement jeté sur le
tapis vert une grosse fortune passée peu à peu sous le râteau
du banquier bien muni de capitaux et d'un sang-froid imper-
turbable; arrive le tour du dernier écu, si on gagne et qu'on joue
serré on peut refaire sa fortune; si on perd ce dernier
coup, bonsoir; il n'y a qu'à se résigner et à traîner honteuse-
ment une vie obscure et désespérée.

Mon gendre est je ne sais où, il y a longtemps que n'ai reçu
de lettres de lui. Je suppose qu'après avoir désarmé son *Armide*,
on l'aura envoyé quelque part commander des corps à terre;

heureusement je suis sans inquiétude pour ses pauvres enfants ; attendons.

Je regrette presque de vous envoyer cette tartine préparée à la sauce noire ; le moyen de trouver un peu de sérénité avec tant de malheurs et si peu d'espérances !

Adieu, mon cher ami, envoyez-moi de vos lettres optimistes ; peut-être me convertiront-elles.

J'embrasse tout votre monde, et vous avec.

A Madame Picquet

Toulon, le 7 décembre 1870.

Je ne saurais assez vous dire combien j'ai eu de plaisir à recevoir de vos nouvelles, et ma femme s'est associée à ce bonheur avec toute l'affection que vous lui connaissiez pour vous et les vôtres ; avec quelle délicatesse vous avez saisi, pour vous rappeler à notre souvenir, le douloureux anniversaire qui va arriver ! Vous joindrez vos prières aux nôtres pour cette chère enfant dans la mort prématurée a fait un si grand vide parmi nous.

Les petits enfants vont bien, d'après les très-récentes nouvelles que j'ai reçues d'eux. Ils sont encore en Berry chez une tante de Marivault, et dans la même maison se trouve la fille de cette tante, et deux jeunes fillettes. Tout cela forme un petit cénacle de femmes et d'enfants, au milieu ces jeunes orphelins sont mieux que chez nous, vieux sociétaires habituellement tristes.

Les premières nouvelles de la guerre nous ont surpris aux Eaux-Bonnes où j'étais allé pour tâcher de guérir ma vieille *loz lan escandaloza*. Hélas! en trois jours j'ai pu juger que l'Empire, aussi malhabile que présomptueux, nous embarquait dans une campagne qui pouvait devenir désastreuse. Vous savez la profonde aversion que j'avais pour ce régime, les sentiments que j'ai toujours professés pour l'Empereur, eh bien! malgré les funestes prévisions qui sortaient naturellement de ces appréciations, j'étais loin de penser que l'Empire avait ruiné à ce point les fondements de la puissance de la France, et que l'effondrement de ce régime serait aussi prompt et aussi désastreux. Au moment où je vous écris, les espérances qui étaient nées de la reprise d'Orléans sont encore perdues, et je ne sais où tout cela pourra aboutir; ce qui est certain, c'est que ce règne finit dans la honte, et qu'il laisse le pays couvert de ruines, de désastres, la réputation de la France guerrière, morale, puissante, ternie et compromise.

En quittant les Pyrénées nous sommes venus ici, en pareil cas on n'est à son poste que chez soi, et la vie errante de ceux que la peur fait émigrer me paraît le pire de tout. A la suite du gouvernement qui a succédé à l'Empire, des désordres se sont produits un peu partout et nous en avons eu notre part; au fond les réactions qui ont eu lieu partout ont été le fait d'hommes qui, les uns à tort, les autres à raison, avaient été plus ou moins traqués, ou écartés par le régime impérial. Ils ont mis la République en demeure de réparer les torts de l'Empire à leur égard et, sous le couvert de sentiments républicains plus ou moins sincères, ils ont commencé la guerre aux places et à ceux qui les occupaient; et par le fait, partout où des désordres locaux se sont produits, il s'agissait surtout de vengeances personnelles et de la mise en œuvre du principe *ôte-toi de là que je m'y mette ;* l'affaire des préfets maritimes et civils et des autres fonctionnaires n'est autre chose que cela. En ce moment nous sommes assez tranquilles ; ce qui n'empêche pas de vivre dans l'anxiété, en raison des événements de guerre qui sont si douteux en ce moment.

A M. Rohault de Fleury

Toulon, le 11 décembre 1870.

Comment allez-vous tous, mes bons et chers amis ? Les jeunes gens ne souffrent-ils pas de cette recrudescence de froid ? Et les vieux tiennent-ils le coup contre le mal physique et le mal moral ? Vous devez avoir de la peine à maintenir ce système de fermer vos oreilles aux nouvelles de chaque jour. Le malheur qui vous est tous les jours raconté par les journaux et le télégraphe est dans l'air, dans les physionomies, et on a beau s'en défendre, l'histoire de chaque jour arrive aux yeux et aux oreilles, triste histoire en vérité !! — Comment finira cet effroyable cataclysme ? Je n'ose rien présager, car tout porte avec soi des symptômes de ruine et de malheur. L'effort que fait la France est immense, mais à quoi aboutit-il ? Les dernières journées entre Paris et Orléans témoignent d'efforts et de dévouement, mais notre jeune armée lutte contre des troupes

aguerries, disciplinées, encouragées par la victoire, avides de
meurtre, de pillage et dont la rage et la passion hostile sont
encouragées par les chefs depuis le roi et son actroce ministre
jusqu'au dernier sous-officier ; aussi nos succès, quand succès
il y a, sont-ils sans résultat final. Pour comble de malheur,
nous avons un gouvernement sans nom qui s'inspire des idées
de 92, comme si les temps étaient pareils ; qui semble avoir pour
objectif, non de sauver la France de l'excès de la ruine et de
la destruction, mais de prolonger l'existence de ce gouvernement pseudo-républicain dont les paroles et les compromis ont
créé des impossibilités pratiques. Les derniers événements militaires ne me semblent pas prouver que nous parviendrons à forcer les Prussiens à la retraite, et que, après avoir perdu beaucoup de monde, ils ne se maintiennent pas dans leurs positions.

Paris, très-héroïque, arrivera aux jours de famine, alors il faudra traiter — avec qui et comment ? Cette question me donne
le frisson. Depuis que Marivault a été nommé général de division, je n'ai pas eu de ses nouvelles et je ne sais ce qu'il fait et
ce qu'on en fait. Nous sommes ici en attendant, et mon humeur
est peu sereine en face de tant de désastres.

Je ne pense pas que Nice ait trouvé cette année son ancienne
animation, et vous devez, avec le programme de votre vie,
trouver facilement à satisfaire aux nécessités de la vie matérielle.

Je ne vous ai pas envoyé de livres. En chimie il y en a des
quantités et je pense que vous devez les trouver à la librairie
que je vous ai déjà indiquée à Nice et pouvoir les classer vous-
même, taillés à la mesure de l'usage que vous en voulez faire.

Le 23 de ce mois, nous assisterons à la messe anniversaire
de la mort de ma pauvre fille ; joignez ce jour-là vos prières aux

nôtres ; hélas ! hélas ! il y avait là une source de larmes suffisante pour assombrir la fin de la vie, et les malheurs publics ont augmenté la douleur sans l'égaler.

Écrivez-moi de temps en temps, mon cher ami, dites-moi comment vont tous vos enfants ; employez-vous toujours utilement et agréablement vos moments ?

Quant à moi, je me laisse absorber par les affaires courantes et je m'en distrais par quelque peu de science ou de littérature, mais tout cela ne vaut pas le diable, et je finis toujours par la même conclusion : *Heureux sont les morts.*

Adieu, mon cher vieil ami, j'embrasse tout votre monde et vous avec la même affection.

Toulon, le 16 décembre 1870.

J'espère, mon cher ami, qu'il y a du mieux dans l'état de Georges, mais je compte que vous m'en donnerez l'assurance et que vous y ajouterez le détail de la santé de toute la famille. Ici, nous deux, nous allons passablement, toutefois mon catarrhe enragé me secoue plus que jamais et ce n'était guère la peine d'aller aux eaux pour en revenir aussi démoli.

Si mauvaise que soit ma santé, elle vaut encore mieux que celle de notre pauvre pays. L'invasion s'étend comme une tache d'huile, et sauf Paris qui rachète bien ses vieilles fautes et sa mauvaise renommée, il y a peu d'éloges à donner soit à nos armées de mobiles, soit au gouvernement qui en dispose. Je suis persuadé que hors Paris nos insuccès iront toujours s'augmen-

tant et l'invasion aussi. Il faudra cependant que cela finisse par
une paix telle quelle. Il y a de quoi trembler dans la prévision
des ruines et de l'appauvrissement qui sera la suite de ce cataclysme.

Je ne sais si je vous ai dit que Marivault a été fait général
de division et commandait le camp de Conlie, où il a succédé
à Kératry. Grosse et rude besogne, me dit-il dans sa dépêche
télégraphique.

———

Toulon, le 2 janvier 1871.

Mon cher ami,

Tous nos meilleurs souhaits sont faits tous les jours pour
vous tous et surtout aujourd'hui quand s'engouffre, Dieu merci
pour l'éternité, cette année néfaste 1870 à laquelle nous devons
tant de malheurs publics et privés. Quand donc se relâchera
pour cette pauvre France cette persistance d'abandon de la
Providence ? Autrefois elle était le bras droit de Dieu, par elle
il distribuait la lumière, l'activité, l'exemple de l'humanité, par
elle il accomplissait les actes qui conservaient le présent et pré-
paraient l'avenir : *Gesta Dei per Francos*, aujourd'hui la France
périt et semble abandonnée de Dieu et des hommes ; au point
de vue religieux, le schisme et l'hérésie ont la suprême influence ; au point de vue politique, la doctrine *la force prime le
droit* fait reculer le monde de dix siècles ; au point de vue moral il n'y a plus ni respect de l'homme, de la société, de la propriété ; le pillage, le vol, le meurtre sont acceptés par toute l'Eu-

rope, comme la base des futures relations des nations entre elles. Où cela s'arrêtera-t-il ? Vous ne sauriez croire quelle désespérante tristesse m'envahit quand je vois tout cela et combien j'envie ceux à qui il a été donné de ne pas voir cet affreux cataclysme.

Bien différent de vous, je suis avec un intérêt amer les nouvelles qui nous arrivent et mes conclusions sont rarement optimistes. Tout ce qui relève du caractère national est louable et semble fait pour donner des espérances. Paris, sous la main d'un homme d'honneur et à la fois habile général et sincère patriote, retrouve ce bel élan de générosité qui est le fond de notre caractère ; mais hors Paris, sous l'influence de la peur d'abord et surtout des doctrines, des menaces, des espérances de la démagogie, il y a un décousu, un laisser-aller égoïste chez les uns, un calcul machiavélique chez les autres, un découragement chez tous, qui me laisse peu de confiance dans l'avenir. J'entends dire des choses qui me font douter du bon sens des hommes du jour, et comme si la dernière heure de notre pays avait sonné, il s'abandonne à la direction d'un seul homme au lendemain même du jour où la même stupide confiance lui a valu les plus affreux malheurs.

Mon gendre est toujours à son camp de Conlie, qu'on lui a remis dans le plus piteux état. Kératry lui a remis une cinquantaine de mille hommes manquant de tout, sans armes, sans vêtements et qui étaient au moment de se révolter quand Marivault a pris le commandement ; il s'escrime à mettre un peu d'ordre là-dedans, demandant des ordres et n'en recevant pas, et aujourd'hui côte à côte avec Chanzy ; je pense qu'ils vont tâcher de rendre utile cette armée de Bretagne où se trouvent des éléments qui valent mieux que ceux du Midi. Le peu de lettres qui m'arrivent de ce pays me font espérer que la rupture qui avait eu lieu entre les Charette et les Cathelineau et Kératry ne persistera pas avec Marivault. Nous avons parfois, ma femme et moi, quelques velléités d'aller faire une courte excursion à Nice pour vous voir et nous distraire, il faut pour cela être un peu dégagé des inquiétudes du moment et des embarras qui nous entourent.

Adieu, mon bon et cher ami, nous vous embrassons tous de cœur.

Toulon, le 11 janvier 1871.

Mon cher ami,

Ici le temps est beau en ce moment, mais ce n'est pas le temps tiède des autres années. Pour nous c'est encore passable, mais nos pauvres soldats comment supportent-ils ces intempéries jointes aux dangers, aux privations de la guerre? Il est bien temps que cela finisse. Que nous autres Français battus, pillés, ruinés, nous nous défendions à outrance et poussions la résistance jusqu'à sa limite extrême, cela se conçoit, mais que la Prusse, après des victoires inespérées dues surtout à l'ineptie et à la trahison, repousse toutes les occasions de traiter, et compromette les fruits d'un succès si extraordinaire, c'est ce que l'on conçoit difficilement. Dieu nous réserve-t-il une revanche éclatante et se servira-t-il de l'orgueil de ce roi ivrogne et têtu pour lui infliger à lui une punition et à nous un bienfait dont nous avons tant besoin, je voudrais pouvoir l'espérer. Malheureusement chaque courrier, chaque dépêche dans son obscurité et sa concision laisse apercevoir bien des efforts, bien des malheurs privés et peu de progrès vers la solution. Pour comble voilà la démagogie qui cherche à démolir Trochu, le seul homme dont la figure se dresse irréprochable dans cet effroyable cataclysme.

Vous ne sauriez croire quels moments de sombre tristesse me donnent ces malheurs sans trève et sans fin.

Je vois dans les dépêches que le pays de Vendôme, Villeporcher, etc., a été le théâtre de luttes ardentes. Votre famille est en nombre dans ces pays et a dû bien souffrir. Ah! si on avait pu croire à tant de désastres, il aurait fallu amener avec soi tout son monde et comme les Hébreux traverser la mer ou les déserts et entamer un exode, en attendant des jours meilleurs. Mais au XIXe siècle, qui aurait pu croire à de telles barbaries, à des luttes aussi sauvages, à de telles ruines?

J'ai des nouvelles très-écourtées de Marivault, son camp Breton lui a été remis dans le plus piètre état et son grand soin dès le début a été de faire vivre et armer cette réunion d'hommes qu'on disait être une armée; bientôt Chanzy est arrivé éreinté, écloppé, diminué, il a fallu suspendre tout ce qui se faisait pour Conlie et reporter sur Chanzy toutes les ressources. Comment tout cela se débrouille-t-il? je ne le sais; ce qu'on peut assurer en voyant que toutes nos places fortes sont tombées sans qu'une armée de secours ait pu arriver jusqu'à elles, c'est que la plus grande difficulté pour les généraux doit être, outre une organisation incomplète de troupes neuves, la presque impossibilité de les tenir approvisionnées de vivres et de munitions, lorsqu'ils tentent de franchir l'espace qui les sépare des places. Le service de l'intendance doit être des plus mauvais et ce doit être là l'explication de l'isolement fatal des places et

de celui de Paris dont la chute aura je ne sais quelles conséquences.

———

Toulon, le 2 février 1871.

. Mon cher ami,

N'avons-nous pas assez des douleurs publiques sans avoir à
y ajouter l'appoint des tourments de famille ! Que va devenir
cette suprême phase de nos désastres ? Assurément je n'ai jamais
compté sur une résistance indéfinie de Paris, et je n'ai pas
partagé les illusions de ceux qui répétaient : Paris ne peut être
hermétiquement bloqué, Paris ne peut être absolument affamé,
Paris ne peut être atteint par les bombes ! tout cela était inad-
missible si on songeait d'abord que les Prussiens étudient
depuis soixante ans la campagne de France, que c'est le thème
principal, unique des études militaires de ce pays et, chose remarquable, que le gouvernement impérial était surabondamment
éclairé à cet égard par les rapports de son ambassade de Ber-
lin... rapports qu'il ne lisait pas et dont il ne tirait aucun enseignement. Les forces de l'armée prussienne depuis l'ouverture
de la campagne, la science de l'occupation, de la garde des
lignes de communications et surtout les mœurs politiques et
militaires de ce peuple devaient bien nous faire penser qu'aucun effort ne serait épargné pour venir à bout de cette héroïque
capitale. Donc, voilà Paris vaincu, occupé, rançonné, etc., les
démagogues ont porté comme toujours leur contingent de se-

cours aux envahisseurs et aujourd'hui ils font ce qu'ils peuvent pour compléter notre ruine. J'espère que, l'Europe aidant, et surtout avec une assemblée nationale un peu sensée et un peu patriotique, nous pourrons aboutir à une paix douloureuse, mais enfin à une paix. Il est bien évident que les idées de l'avocat-dictateur qui a déjà la responsabilité de tant de désastres, et qui voudrait organiser *la guerre à outrance*, ne peuvent prévaloir ; le plus simple bon sens indique que nos trois armées du nord, de l'ouest et de l'est étant vaincues et contenues par des armées prussiennes, en quelque endroit que pût se concentrer la levée en masse, dont parle sans cesse la démagogie, les Prussiens n'auraient qu'à disposer contre elle de l'armée de Paris ; et n'ayant ni sur la capitale ni sur les armées vaincues aucune inquiétude, il suffirait d'une marche vigoureuse de cette armée de Paris pour en finir avec cette masse, ce troupeau d'hommes sans discipline et sans direction habile, et après cette facile victoire, le pillage, l'incendie, le meurtre et tous les fléaux que porte avec elle l'armée prussienne s'étendraient sur les départements du Midi et des Pyrénées à la frontière du Nord ; la pauvre France serait ravagée et meurtrie à merci ! Si cette idée si simple ne frappe pas la future assemblée il faut désespérer de la raison humaine. Mais je ne sais quoi d'infernal est au fond des opinions des démagogues ; il y a un mois, mon frère me racontait une conversation d'un vieux républicain de Montauban, qui n'était que l'écho des grands chefs du parti et qui lui disait qu'ils comptaient bien que les Prussiens viendraient dans les départements méridionaux, qu'ils les ravageraient, que les *réactionnaires* (c'est le nom consacré pour désigner tout ce qui n'est pas terroriste) une fois punis, ruinés, décimés, l'heure des vrais républicains sonnerait.

Que Dieu nous préserve de tels malheurs et que tous les honnêtes gens se portent avec empressement aux élections pour choisir des députés capables de combattre cet affreux parti du terrorisme.

Toulon, le 11 février 1871.

Mon cher ami,

Je prenais la plume pour vous écrire, lorsque votre lettre m'a été remise. Nous nous inquiétions ici du mouvement sé-cessioniste de Nice et à en juger par les dispositions prises à Toulon, on pouvait croire que cela pouvait être sérieux; je vois avec plaisir que tout cela s'est borné à une tentative de malan-drins et que les vaisseaux, les canons, et les mobiles avec leurs canons en ont été pour une promenade. Le seul avantage de cet essai, c'est que les émeutiers Niçois pourront juger que leurs audaces ne peuvent en aucun cas aller bien loin.

Est-ce que nous sommes condamnés au Garibaldi à perpé-tuité? et l'Italie ne va-t-elle pas redemander cette célèbre ga-nache? Je l'ai vu cet animal-là à Montévidéo, à Venise, en Italie et j'ai toujours été surpris du succès de ce fantoche qui ne s'est jamais battu, qui a été tenu pour patriote dans tous les pays, sans avoir jamais de patrie.

Toulon, le 2 mars 1871.

Mon cher ami,

L'immolation de notre pauvre France est consommée! que de désastres, que de hontes, quel avenir nous ont fait les Bonapartes, complétés par les Gambetta et consorts! Je suis sombre et inabordable depuis plusieurs jours, et après avoir fait toutes les hypothèses, caressé toutes les illusions pour me forcer à espérer qu'un reste de pudeur et de loyauté tempérerait les exigences du vainqueur, je me suis trouvé en face du terrible dénouement. Quelle douleur pour M. Thiers d'avoir eu à faire un semblable traité et combien nous lui devons de reconnaissance!

Il ne manquait à la période sinistre de l'histoire de nos jours pour cette pauvre France que le spectacle de l'ingratitude des peuples et des rois; jamais l'esprit le plus pessimiste n'eût osé concevoir l'égoïsme et la bassesse portés au degré où nous le voyons chez les Italiens, chez les Anglais et enfin chez les Américains. Les premiers élevés par la France à l'unité et à la puissance, et ne se contentant pas de lui refuser leur aide mais faisant officiellement une conspiration pour détacher Nice et la Savoie, car l'œuvre est bien celle du gouvernement italien; les Américains affranchis par nous et venant au jour de nos revers insulter à notre défaite, en baisant la botte de Guillaume... C'est à rendre haineux et vindicatif le plus débonnaire des archanges.

Enfin nous voilà diminués, ruinés, appauvris, démantelés, ouverts de toutes parts, sans armées, bientôt sans argent et ayant à nos trousses tous les malandrins de la démagogie, prêts à se ruer sur le pays s'il lui survient une défaillance ou un insuccès ! Quelle situation ! et que l'Europe mérite bien de trouver bientôt le châtiment de son imprévoyant égoïsme.

J'espère que la première opération de Thiers aura pour objet de nous délivrer de cette absurde armée de mobiles, mobilisés, etc., qui dévore des sommes folles et qui n'aurait pas tenu deux heures devant l'ennemi, si on avait recommencé la guerre. Nous avons vu nos rues sillonnées par ces soldats sinistres, sordides, couverts d'uniformes en lambeaux, sans avoir jamais fait d'autre marche que du camp au cabaret, partout des figures de bandits, marchant de ce pas titubant des gens qui sortent d'une cour des miracles. C'est le garibaldisme appliqué à la constitution des régiments. C'est l'œuvre de Gambetta et de ses amis.

Quand viendra le jour de la revanche ! ni vous ni moi ne le verrons, mais il appartiendra à nos enfants d'être les instruments de la justice de Dieu et de venger la France ; la venger de l'Allemagne, et surtout de l'Italie, l'une et l'autre bien dignes de la colère céleste.

Que dit de tout cela, notre ancien camarade Montalivet ? il doit être navré de tant de désastres.

Adieu, mon très-cher et vieil ami, nous n'avons plus qu'à répéter le psaume *Super flumina...* et à entrer gravement et sérieusement dans un mouvement de réforme complet.

Toulon, le 3 mars 1871.

Mon cher ami,

Ce n'est pas le goût du travail qui vous possède, c'est la rage, et vous voilà attelé à l'étude des réformes financières de la France. Dieu veuille que les hommes qui nous gouverneront soient animés des mêmes ardeurs, et veulent les poursuivre avec persévérance.

On lit sur les murs de Toulon une affiche qui convoque à une réunion le populaire pour disserter sur la résistance par les armes à la cession de territoire, etc., et cela, quand on a pu lire ce matin la séance navrante de l'Assemblée, où ont été acceptées, malgré leur sauvage dureté, les conditions du vainqueur. Il y a de quoi désespérer d'un peuple à qui on a permis de tout dire, de tout discuter, et qui ne voit dans les malheurs de la patrie qu'une occasion d'exécuter et un moyen d'organiser la guerre civile.

L'infanterie de marine tant augmentée est très-facile à ramener à ses anciennes proportions, elle laissera seulement un état-major considérable qui a poussé à l'augmentation, afin de pousser par la même occasion à la multiplication des grades.

En résumé l'Empire nous a laissé un personnel mangeant le budget qui est innombrable comme en 1815, il faudrait se boucher les oreilles et amputer. L'administration était dotée d'appointements fabuleux, il faut mettre tout ce monde à la portion congrue, envoyer les sous-préfets se promener, tailler en plein drap dans toutes les administrations et refaire l'armée en prenant pour type cette armée prussienne qui a mis soixante ans à préparer sa victoire et qui a si bien réussi.

Trouverons-nous des généraux assez habiles, assez persévérants, des officiers assez patriotes, assez laborieux pour atteindre à ces résultats, je ne sais ; mais il faut absolument entrer dans cette voie si nous voulons ne pas tomber au-dessous de l'Espagne et du Portugal.

Toulon, le 10 mars 1871.

Mon cher ami,

J'ai reçu le numéro du journal de Nice où vous commencez votre étude financière ; et avec votre sagacité accoutumée, vous avez devancé le grand mouvement qui se produit en France, et se manifeste dans la presse pour aider à la libération prompte de la France. Après avoir fait et dit tant de sottises, M. Crémieux aura l'honneur d'avoir le premier formulé, par une offre positive, le sens dans lequel il sera le plus facile d'aboutir et de désintéresser promptement nos ennemis. A mon tour, mon esprit a travaillé tant bien que mal sur cette idée. Vous allez vous écrier : *Tu quoque grand fainéant ! ! !* Eh bien ! il m'est avis que c'est en partie par le don volontaire, en partie par l'avance portant intérêt et en partie par une ingénieuse combinaison qui m'était communiquée par un de mes amis, qu'on pourrait satisfaire la rapacité allemande.

Le don volontaire : réduisant le problème comme un théorème de mathématiques à une expression simple, on peut dire théoriquement : si 5,000,000 d'individus en France pouvaient faire don à l'État de 1,000 francs chacun, les 5 milliards seraient payés immédiatement. Les 5 millions de donateurs sont une utopie, et en admettant même les compensations provenant de ce que M. de Rothschild pourrait bien donner 200,000 fr. pendant que Crémieux donne 100,000 fr. et votre ami 1,000 fr. et que entre ces trois catégories il peut y avoir beaucoup de gens à 1,000 fr. et beaucoup à moins de 200,000 fr. et pourtant au-dessus de 1,000 fr., on ne parviendrait pas aux 5 milliards. Mais trouverait-on, avec ce système des catégories, 3 millions de donateurs ? sinon, 2 millions ? sinon, 1 million ?

Je crois, que bien menée partout à la fois par des délégués du gouvernement de Thiers, hommes honnêtes, et non payés pour cela, de gens de confiance agissant partout à la fois avec publicité, avec persuasion, avec enfin tout ce qui entraîne les résolutions, on arriverait facilement à obtenir au moins 2 milliards.

Je voudrais obtenir 1 milliard d'un emprunt national au pair avec intérêt à 4 0/0 et remboursé en 40 ou 50 annuités.

Enfin, et ceci serait une application des idées de l'ami dont je parlais et dont voici l'exposé réduit à ses plus simples termes.

Depuis les événements de la fin de l'Empire beaucoup de personnes chefs de familles, gens prévoyants, propriétaires, etc., ont craint en voyant les dépenses grossir et les revenus publics diminuer, poursuivis par le souvenir de la Révolution, beaucoup de personnes, dis-je, ont consigné des réserves plus ou moins importantes qui permettent de pourvoir aux besoins imprévus et aux accidents résultant de la guerre. Ce n'est pas trop dire qu'il y a ainsi peut-être 1 milliard caché partie en numéraire, partie en billets de banque, mais surtout en numéraire. Si la confiance dans la durée du gouvernement nouveau s'établit (et elle s'établirait triomphalement si on remplaçait à Paris et ailleurs les rouges par des députés honorables et honorés et si le mouvement généreux de certains financiers pour l'acquittement de la dette prussienne se prononçait), si, dis-je, la confiance s'établissait, il faudrait pouvoir faire sortir ce milliard de ses cachettes et le diriger dans les caisses de l'État pour le paiement de la dette de guerre.

Voici le procédé suggéré par M. G. : Que l'État crée des bons du Trésor de 1,000 fr. à 100 fr. qui rapporteront au porteur un intérêt de 3 fr. 65 pour o/o, soit un centime par jour, ce papier d'État sera reçu dans les caisses publiques pour la valeur nominale pour tous les paiements à faire à l'État, il circulera comme le billet de banque, parce qu'il pourra toujours être remboursé à son échéance et de plus pourra être transformé en monnaie pour les dépenses courantes par le procédé suivant.

Tout bon du Trésor de 1,000 francs et au-dessus à 3 fr. 65 pour o/o d'intérêt pourra être remplacé à présentation chez les trésoriers-payeurs de l'État par des coupures de 100 francs (aussi à 3 fr. 65 pour o/o) et toute coupure de 100 francs pourra à présentation être remboursée moitié en billon d'argent, moitié en pièces autres que le billon par toutes les caisses publiques avec addition de l'intérêt échu au moment de la présentation. De la sorte, au lieu du billet de banque improductif, vous aurez dans votre portefeuille du papier d'État portant intérêt et échangeable en tout temps en monnaie de cours pour pourvoir aux dépenses journalières et aux appoints.

Par ce moyen l'État fait un emprunt réel à 3 fr. 65 pour o/o au pair et par l'échange des coupures il gagne sur la moitié du bon de 200 francs la moitié de 65 millièmes représentant la différence du titre du billon à 835 p. o/o à 900 p. o/o soit à 3 fr. 65 pour o/o; ainsi placement de son emprunt en réalité à 3 fr. 65 pour o/o au pair et bénéfice de 3 fr. 65 pour o/o sur le change des coupures, c'est-à-dire que si l'opération s'accomplissait complétement l'emprunt serait fait au pair à 0, 40 pour o/o d'intérêt, mais ceci est une limite.

Quoi qu'il en soit en l'état actuel des choses, si la moindre confiance s'établissait dans le nouveau gouvernement, avec ce système il vaudrait mieux, évidemment, avoir dans sa caisse des bons du Trésor portant intérêt et échangeables en valeur métallique, que des billets de banque improductifs à cours forcé dont le gage a disparu et qui sont plus ou moins des assignats, cela vaudrait même mieux que d'avoir des masses de métaux improductifs, difficiles à transporter et exposés à tous les risques. Je ne sais si j'ai dit tout ce qui précède d'une façon intelligible ; en tout cas nous en reparlerons quand nous nous verrons, ce qui pourrait bien arriver après les giboulées de mars et à la fin du Carême.

A Monsieur Picquet

Toulon, le 13 mars 1871.

Si vous n'êtes pas délivré des angoisses et des douleurs patriotiques qu'inspire la situation, vous êtes, je l'espère, délivré dans une certaine mesure de ce Prussien vandale et rapace qui a

mis le tiers de la France à feu et à sang. En le voyant à Lons-le-
Saulnier je me suis demandé avec anxiété si Saint-Amour avait
échappé à cette désolante invasion. Lacombe que j'ai rencontré
avant-hier m'a dit que vous n'aviez pas eu cette ruineuse
visite, mais que vous aviez eu à partager les douleurs de notre
pauvre armée de l'Est. Pauvre France ! Pauvre pays ! dans quel
abîme de malheurs l'ont conduit les deux incarnations les plus
complètes du despotisme, celui du deuxième Bonaparte et
celui de Gambetta ! Comment guérirons-nous les plaies résultant
de cet immense désastre? Je ne le sais, je serai mort quand nos
enfants où petits-enfants pourront prendre une revanche de cette
affreuse défaite, mais que de sagesse, que d'esprit de suite, que
de réformes il faudra accomplir d'ici à ce moment ! Espérons
qu'il sera encore resté assez d'énergie dans les âmes pour arriver à ce radical et indispensable changement dans notre état
social.

En attendant voilà qu'on a déblayé un peu les abords de
cette grosse besogne. Une paix désastreuse, mais qu'on ne pouvait ni ajourner ni écarter, et une élection qui n'a besoin pour
faire le bien que d'imiter la modération, l'esprit de suite, le dévouement, surtout la tolérance dont M. Thiers lui donne la
leçon et l'exemple. Dieu veuille prolonger les jours et maintenir les facultés de cet homme d'État auquel je ne vois guère
pour le moment de successeur indiqué.

Ici, grâce à la distance et à la latitude, nous avons été épar-
gnés. Les républicains nous ont bien servi des plats de leur
façon, préfets extravagants et ignobles, émeutes d'ouvriers, réunions publiques, où se disaient des sottises grosses comme des
montagnes, menaces, etc.... ; mais tout cela s'est passé relativement fort doucement ; aujourd'hui chacun cherche à reprendre
son équilibre, et après cette effroyable hécatombe, le printemps

renaît, le soleil redevient chaud et fécond et Dieu recommence
son œuvre de reproduction après que les hommes ont accompli
sans nécessité ni raison justifiable le plus affreux des cata-
clysmes.

Didelot est préfet maritime et a fort bien réussi dans cette
position. Je suppose qu'il restera ici quelque temps, je le vois
rarement, mais il a été fort aimable pour moi.

A M. Rohault de Fleury

Toulon, le 28 mars 1871.

Mon cher ami,

Où allons-nous, à quel abîme va s'engloutir la fortune de la
France... Je ne puis considérer sans terreur toutes les éventualités redoutables qui nous menacent. A Paris une insurrec-
tion d'un caractère atroce qui a surgi et persiste sans qu'il y ait
même un prétexte ; dans les provinces une anxiété chez les honnêtes ; une vigoureuse envie d'entrer dans la voie du désordre
par les malandrins, dont la misère de chaque jour augmente le
nombre, le travail suspendu partout, et à côté et au-dessus de
tout cela, l'ennemi extérieur à nos portes, et prêt à saisir la première occasion pour mettre le reste de notre pauvre France
au pillage ; et pour comble de honte, notre armée infi-
dèle, livrée aux plus basses séductions, et pour que rien ne
manque à notre malheur, l'Algérie en feu du fait de ce misérable gouvernement du 4 septembre.

Certes personne n'apprécie plus que moi ce que renferme
d'éléments excellents, de richesses de toute sorte cette grande

ville de Paris, et pourtant en la voyant produire périodiquement d'atroces révolutions, presque toutes médiocrement mo-
tivées, je conçois les colères qui se sont emparées de certains
esprits. Paris nous a envoyé toutes faites les révolutions
de 1830, de 1848, la dictature impériale, et elle continue en nous
fabriquant la plus stupide, la plus insensée des révoltes ; à cha-
cune de ces époques le mouvement régulier des institutions
suffisait à remédier au mal et à conjurer le péril. Mais Paris
tranche le nœud gordien avec le glaive des révolutions et il
faut le suivre partout encore qu'on en ait ! Ces jours-ci on
m'a dit que, du côté de Nice, on avait coupé le fil télégraphique
qui maintenait les rapports avec Paris sans passer par Marseille ; j'ai craint quelque mouvements locaux, j'espère qu'ils
n'auront pas eu lieu, et la nouvelle qu'on me donnait ce matin
du départ de l'escadre me fait espérer que la tranquillité se
sera maintenue. Au reste vous me confirmerez bientôt la chose
vous-même.

Ici, à deux pas de Marseille, livrée au démon révolutionnaire,
nous sommes assez tranquilles. Y a-t-il rien de plus absurde,
de plus ridicule que cette ville de Marseille, qui, par sa position, son commerce, son mouvement maritime, peut se désintéresser de tout et se livrer en tout temps à ses intérêts particuliers,
et qui se laisse imposer la domination de deux ou trois mille
bandits ou imbéciles qui frappent de stérilité tous ses éléments
de richesse, de tranquillité, de fortune, etc. !

Toulon, le 7 avril 1871.

Mon cher ami,

Il y a en Allemagne un homme d'un grand talent et d'une grande gloire, un prince cadet de famille qui est chargé d'occuper la France après l'avoir vaincue et dont l'ambition peut être fort grande, fort juste et fort embarrassante pour la Prusse, c'est le prince Frédéric-Charles. Lorsque les événements politiques que nous gouvernons si mal auront rendu la République modérée impossible et suspecte à tous, la République rouge, odieuse, et dangereuse même pour l'Europe, les d'Orléans peu probables, Henri V presque impossible, et qu'il n'y aura plus d'autre moyen de contenir la Révolution et de la désarmer, qu'une occupation très-sérieuse de Paris et d'une partie considérable de la France, lorsque cette occupation sera le seul moyen de garantie que puisse prendre l'Allemagne, ne peut-il pas se faire que le Frédéric-Charles vienne prendre le gouvernement de Paris et de la France, qu'il mette ses forces à la place des nôtres, *qu'il désarme les gardes nationales* et que toutes chances de révoltes n'existant plus, il mette sa main de fer dans un gant de velours, fasse subir la domination du vainqueur avec une dureté relativement tempérée, qu'à l'ombre de cette sécurité relative, le travail, les recettes, les services prennent une certaine forme régulière, et qu'après une expérience plus ou moins longue de ce régime, on nous dise : Pourquoi ne ferait-on pas de Frédéric-Charles, ce que les Anglais ont fait en 1688 des princes du Hanovre après la chute des Stuarts et les désordres de la République de Cromwel, ce que les Espagnols ont fait des Bourbons et de Philippe V après les malheurs de la dynastie autrichienne de

Charles-Quint, ce que les Suédois ont fait de Bernadotte après les fautes des Vasa, ce que les Russes ont fait en acceptant la dynastie des Holstein-Gottorp qui règnent aujourd'hui à la place des vieux Moscovites de Pierre-le-Grand; cette substitution d'une dysnastie étrangère à tous les précédents y compris la République, vous vaudrait *la restitution de l'Alsace et de la Lorraine, la remise de la plus grande partie de l'indemnité;* l'acquisition d'un souverain qui cesserait d'être prussien pour devenir français, referait votre état militaire, organiserait tous vos services, vous débarrasserait de tous vos révolutionnaires, vous apporterait une alliance offensive et défensive avec le puissant empire d'Allemagne, etc. Henri IV lui aussi, succédant violemment aux Valois, était relativement presque un étranger. Cette combinaison débarrasserait la Prusse des chances de guerre avec la France, en ferait un voisin bienveillant, relié par des traités de commerce avantageux et aussi débarrasserait la dynastie prussienne d'un prince trop capable, trop glorieux, trop influent sur l'armée, pour n'être pas un danger pour les descendants de Guillaume.

Je ne fus pas peu étonné de trouver ce plan cité dans un journal français du 4 avril, comme ayant parfaitement pris place dans la cervelle de Bismarck et de Guillaume.

A M. Hubert Rohault de Fleury

Toulon, le 2 mai 1871.

Mon cher Hubert,

Un bon souvenir de toi est toujours le bienvenu, il trouve ce fond de vieille amitié qui me lie à ta famille depuis un demi-siècle et où tu as une bonne et durable part. Ce souvenir acquiert surtout un nouveau prix lorsque j'y trouve comme dans ta lettre cette bien enviable expression d'un bonheur intérieur, pur et sérieux.

J'ai toujours tenu pour un don précieux entre tous cet état de l'âme qui peut se reposer à l'abri des inspirations et des espérances d'une foi profonde. Ce bien, ce don, n'est pas accordé à tous au même degré, et c'est sans contredit le plus grand bienfait qui puisse descendre d'en haut. Vous êtes tous des exemples admirables de cette protection divine et j'espère bien que par l'exemple et par la sympathie de vous tous j'aurai ma part de ces bienfaits.

A M. Rohault de Fleury

Toulon, le 11 mai 1871.

Mon cher ami,

Et vous tous comment êtes-vous ? 1° l'entorse ? Ensuite les fillettes, et puis le reste ? Dites-moi si Mme de Waresquiel se trouve mieux. J'ai causé de vous tous avec mon vieux docteur, il dit que si la guérison de l'entorse n'est pas en bonne voie il faudrait ajouter aux autres précautions d'immobilité, etc., le soin qu'on ne pratique pas de *tenir la jambe horizontale* et toujours au repos : ce que Mme Lucile pratique assez peu.

Je ne vous envoie pas les livres pour Marie, vous les aurez dans quelques jours. Après avoir été prêtés à quelques personnes, ils sont rentrés si décousus que je les ai envoyés à la brochure ; je sais par expérience que lorsqu'on lit les livres d'autrui, c'est un ennui permanent de sentir les feuilles s'échapper et de voir toujours le danger de retrouver le livre incomplet.

J'espère que cette aimable enfant continuera à se bien trouver de l'air pur et de l'exercice modéré qu'elle peut prendre sans gêne à la villa. Avec le docteur et ses enfants, nous avons comploté une course en caravane à Nice pour le mois d'août où son petit-fils aura passé les examens. Pouvons-nous espérer que Paris sera libre dans quelques jours ? La paix est signée et quelle paix !!! Mais les Jacobins se mangent entre eux et doivent surtout avoir hâte de se sauver, ils ont dû recevoir de Bismarck le salaire de la destruction de la colonne et de l'achèvement de la ruine du pays ; nous allons donc entrer dans une phase de vie publique un peu plus paisible, enveloppés dans la honte de la surveillance prussienne stipulée par M. de Bismarck ; voilà un homme qui s'entend à la vengeance et à la rapacité ; les humiliations infligées à la Prusse en 1806 sont dépassées de cent coudées ; qui sera assez fort et assez habile pour réparer nos ruines et nous faire rentrer dans la dignité du malheur, dans le travail de réparation au moral et au matériel, et montrer au monde que si nous sommes très-malheureux nous ne sommes pas tout à fait déchus ; il est bien évident, par les termes et les stipulations du traité, que la Prusse était complice et d'intelligence avec les Jacobins pour les actes sans nom qui se sont accomplis depuis le 18 mars. Dieu punira l'Allemagne, et c'est l'Internationale qui sera chargée du châtiment.

Avez-vous revu M. de Montalivet, ou est-il parti? Si vous le revoyez dites-lui que je regrette beaucoup de n'avoir pu lui faire de nouvelles visites. J'ai toujours eu de la sympathie pour ce camarade d'école qui a été puissant et est resté toujours honorable, bienveillant et digne, et je voudrais que le petit-fils qui porte son nom et qu'il destine à la marine y montre une honorabilité pareille à lui.

Toulon, le 24 mai 1871.

Mon cher ami,

Jules Simon demande le rétablissement de la colonne, c'est absurde, je voudrais que sur le piédestal dégradé, on pose un obélisque de granit, sur lequel serait gravée une inscription rappelant que sur cette base existait un monument national qui fut détruit par la République de 1871 et par les mains de la Commune de Paris : et je voudrais que cette commémoration fût ainsi, sans commentaire, présentée à la postérité dans sa hideuse et désolante vérité. Que la République soit maudite dans le temps et dans l'éternité!!!

Toulon, le 16 juin 1871.

Mon cher ami,

Je mets au chemin de fer un petit paquet pour vos fillettes contenant deux volumes de correspondance du P. Lacordaire avec des femmes du monde et qu'elles garderont comme un souvenir du vieil ami. Je n'ai pu résister au plaisir de relire ces lettres, et elles trouveront dans l'un des volumes une petite lettre à Marie sur ce sujet. Vous savez ma prédilection singulière pour cet illustre religieux ; sa parole, sa vie et son exemple exercent sur moi un effet extraordinaire ; s'il m'avait été donné de le connaître et de le fréquenter, il aurait certainement eu sur moi une influence que je n'ai trouvée chez aucun autre ; du reste, il signale quelque part dans ses lettres l'effet certain produit par sa parole sur les auditeurs les plus rebelles, et en trouve la raison dans sa foi profonde. La conclusion de cela serait que les prédicateurs et les polémistes qui ne ramènent pas les âmes manquent peut-être de quelques-unes des qualités du croyant ; c'est ce qu'il exprime en disant : *Le monde des âmes ne se relèvera tout entier qu'au jour du jugement dernier* (p. 426).

Je n'envoie pas l'histoire de Napoléon par Lanfray, et voici pourquoi : l'auteur est républicain et libre-penseur ; cela n'empêche pas cette histoire d'être un livre précieux et important en tant qu'il combat l'apothéose à outrance de M. Thiers, qui remplit ses douze premiers volumes. Il faut pour lire Lanfray avoir déjà lu beaucoup de livres sur l'histoire contemporaine et apporter dans cette lecture un esprit de critique qui n'est peut-être pas à la hauteur de l'esprit de vos petits enfants. Il faudrait leur lire cela en comité de famille et expliquer à la fois quelques prémisses et certaines déductions ; j'ai donc gardé le bouquin, pensant d'avance que vous avez bien d'autres travaux qui vous occupent exclusivement.

Toulon, le 22 juillet 1871.

Mon cher ami,

Que de douleurs et de larmes contenues dans votre lettre qui m'arrive à l'instant ! J'avais beau m'attendre à cette irréparable perte, j'espérais toujours que Dieu et la jeunesse aidant, cette chère enfant vous serait conservée. Empêché par un dérangement de santé qui me clouait au domicile, je faisais peu d'efforts pour voir le docteur, établi assez loin de Toulon, et assez difficile à accrocher, surtout quand on n'est pas un client qui l'intéresse ; je craignais son verdict et j'espérais ! Toutefois, vendredi même, ma journée s'est passée dans une mélancolie singulière et je disais à un de mes voisins de campagne que j'étais assailli par les *diables noirs*. Le même soir, je lisais dans une conférence du P. Lacordaire : « Un « pressentiment qu'est-ce que c'est ? Vous êtes seul chez vous, « une tristesse s'empare de votre âme, vous vous demandez « pourquoi ? A quelques jours de là vous apprenez qu'à cette « heure de tristesse sans cause apparente vous avez été privé « d'un ami, d'un proche parent, comment l'avez-vous su ? Vous « l'avez su par une intuition sourde, inexplicable, par une « lumière supérieure à la lumière logique, etc... »

J'espère que cette triste intuition est due à un ressouvenir et à une prière que cette aimable enfant aura portée au sein de Dieu pour le plus vieil ami de sa famille.

A présent, il faut que la mère qui vient de subir un si atroce déchirement apporte toute sa force d'âme et toute sa vertu religieuse à se fortifier contre la douleur et à conserver une santé si précieuse pour ses autres enfants. Exprimez-lui toutes mes sympathies et toute la part que nous prenons tous les deux à une désolation dont, hélas! nous avons l'expérience et la mesure.

Toulon, le 2 septembre 1871.

Mon cher ami,

Le vieux docteur vous a dit : Engraissez, ne vous fatiguez plus, prenez tout avec patience et modération, et la névropathie disparaîtra; j'estime cette consultation, et je pense que l'expérience commencée favorablement continuera à prouver sa justesse, mais il faut pratiquer la modération dans le travail, dans la fatigue et ce n'est pas chose facile à obtenir de deux enragés de travail et d'activité comme vous et Georges.

Le duc de Nemours est ici vivant simplement, buvant les eaux comme un simple mortel et s'abstenant de tout acte qui dépasse la forme de la plus modeste existence. J'ai eu l'honneur de renouveller connaissance avec lui, et comme ses frères on ne peut s'empêcher en les connaissant d'aimer et d'estimer ces personnages, dont la patrie pourrait se servir si utilement.

Avez-vous vu notre ancien camarade Montalivet?

Aix-les-Bains, le 11 septembre 1871.

Mon cher ami,

J'ai vu seulement une fois le prince de Joinville qui a manifesté en me voyant, moi et quelques autres officiers, une effusion de joie et de satisfaction sans égale; il est parti le lendemain pour Randau où toute la famille va bientôt être réunie, le duc de Nemours continue son traitement, il est toujours aimable, affable, mais fort digne, toujours prince — sans marque — mais prince. Ses filles sont venues le rejoindre. Quant à Joinville, c'est l'ardeur des premiers ans et ce je ne sais quoi de juvénile et de dévoué qui le rend si sympathique. Eh bien! les voilà ces princes qui seraient si bien dans l'exercice du pouvoir, réduits à demander comme faveur suprême de pouvoir servir leur pays et en tout cas qu'il leur soit permis d'y vivre en paix.

J'approuve fort le parti qu'ils ont pris de se mêler à la population sans affectation, sans manifester ni ambition impatiente, ni tendances conspiratrices; je suis persuadé qu'un jour viendra où l'on dira: Nous sommes bien bêtes de chercher si loin des

chefs d'État, quand nous avons sous la main la fleur des princes
européens. (Amen.)

A Monsieur Picquet

Toulon, le 11 octobre 1871.

J'ai trouvé en arrivant les élections faites et comme toujours
détestables. Où va nous conduire cette nouvelle introduction
de l'élément révolutionnaire dans les rapports intimes de l'administration départementale? Retournerons-nous de ce pas à la
Commune et serons-nous ramenés à l'ordre par l'excès du
mal? Je suis tenté de désespérer de notre pays; il faudrait
qu'un cataclysme supprimât d'un seul coup la génération
actuelle pour pouvoir réparer de si énormes malheurs. Nous
allons voir fonctionner cette nouvelle machine administrative
et pour peu que les rouges soient audacieux, que le crédit dis-
paraisse et que l'ordre soit compromis, je crains que le Bismarck ne trouve là une occasion de se répandre de nouveau
sur nos provinces et d'achever notre ruine.

Toulon, le 19 octobre 1871.

Toulon n'est pas fort gai ; comme tout le reste de notre pauvre France, il se ressent des désordres passés et il est troublé par la crainte de l'avenir. Que de choses a tuées à la fois cette période impériale suivie des orgies républicaines ! Et comment nos pauvres enfants trouveront-ils à se faire une existence assurée dans le gâchis qui peut se produire dans l'avenir ?

La société est décousue et se ressent du désordre général de la nation française. Le théâtre tâche d'attirer le public qui n'a plus de zèle pour les plaisirs, on dit cependant qu'on parviendra à ajuster quelques opéras, tout cela est triste et maussade.

A M. Rohault de Fleury

Toulon, le 11 novembre 1871.

Mon cher ami,

Que va faire l'Assemblée nationale après avoir vu l'esprit du pays ? Que fera l'armée, que l'on sait travaillée de toute façon par l'esprit d'indiscipline et de faction, que feront les populations divisées en deux grandes fractions : les gens de désordre, bien organisés, bien dressés au pillage, à l'émeute, à la révolution ; les honnêtes gens, divisés, têtus, égoïstes, ne sachant s'entendre et se réunir, ni pour résister, ni pour agir. On ne voit nulle part l'homme capable de se faire un but, un système de moyens pour l'atteindre et doué de la force et de la résolution nécessaire pour réussir; notre pauvre France est comme une épave roulée par les flots sur la côte, à la disposition des premiers pillards qui auront l'audace de chercher à se l'approprier.

Est-ce parce que vous êtes un optimiste si persistant et moi un pessimiste assez nébuleux que nous nous accordons si bien, c'est assez singulier; mais je fais souvent des efforts pour voir en beau dans nos affaires, j'y ai mis de la bonne volonté sous l'Empire et je suis toujours ramené à cette vue persistante des impasses vers lesquelles nous sommes toujours conduits. Un seul chemin me semblait une route sûre, celui de la monarchie constitutionnelle sagement, honnêtement pratiquée; on y avait réussi sous la Restauration et voilà Charles X qui fait un écart hors de la voie et tombe dans le précipice. Louis-Philippe était aussi en bon chemin, un beau jour à propos de capacités, d'élargissement de la base politique, il est pris de peur, cesse de suivre froidement le mouvement de l'opinion, et le voilà jeté en bas, et la République qui renaît malgré les souvenirs de Robespierre et du Directoire, puis l'Empire surgit, et nous sommes conduits à la ruine et à la honte, après une orgie de vingt années, où les désordres des règnes de Louis XIV et Louis XV ont été dépassés.

Mon cher ami, lorsque je me mets à causer avec vous, je me laisse aller et je me figure que vous devez en pareil cas jeter la lettre au panier, vous faites peut-être bien. Eh bien! moi, comme un vieux matelot, je fais ce que j'ai fait devant la tempête bien des fois dans ma vie, je tâche de ne pas faire de fausses manœuvre et j'attends la fin de la bourrasque. Quand le navire est au large, on a un danger de moins à courir, mais si le vent le pousse à la côte, alors le danger est grand, et le naufrage menaçant; la République est le navire poussé à la côte par le vent et la mer, il faut que la Providence lui envoie une *saute de vent* qui le relève et le pousse de nouveau au large. En quoi consiste pour la France cette *saute de vent* providentielle, voilà la question.

Adieu, en voilà assez de bavardage.

Toulon, le 15 décembre 1871.

Mon cher ami,

Les douleurs de toute sorte sont le lot du grand âge; mon pauvre petit André s'est éteint, et tous les efforts de la médecine et du docteur ont été impuissants pour conjurer cette maladie d'entrailles déjà un peu ancienne et contre laquelle, peut-être, on n'a pas assez lutté dès le début. Ah ! si sa mère eût vécu, ce grand malheur ne serait pas venu s'ajouter au premier, Mais hélas ! Dieu, en rappelant à lui cette chère mère, a enlevé la pierre angulaire de la jeune famille, et nous sommes trop vieux pour combler utilement cet immense vide. Je n'ai nul besoin de vous dire quels tristes jours nous avons passé auprès de ce pauvre enfant dont les forces s'éteignaient peu à peu. Les anciens disaient : *Ceux qui meurent jeunes sont aimés des dieux.* Je cherchais en accompagnant mon pauvre petit-fils, une consolation dans cette maxime qu'en temps prospère on prendrait pour une banalité philosophique et qui s'empreint d'un grand caractère de vérité dans des temps troublés comme les

nôtres et où l'avenir des enfants est chargé de si sombres pronostics. Malgré ces secousses ma santé n'est pas autrement
mauvaise, sauf ce rhume obstiné qui me secoue depuis trente
ans passés comme le vent secoue un vieil arbre. Ma femme est
éprouvée par les émotions récentes aidées des effets de
l'hiver.

A Monsieur Picquet

Toulon, le 19 décembre 1871.

Le malheur s'acharne sur nous ; nous venons de perdre l'aîné
de mes petits-fils. Il a succombé à une entérite, et pendant
quinze jours nous avons vu la médecine impuissante à ramener
les organes de la digestion à un état suffisamment normal pour
que les forces du pauvre enfant puissent être restaurées.

Nous voilà près de la Noël : c'est le deuxième anniversaire
de la mort de ma pauvre Marie ! En avant, en arrière, dans
l'avenir comme dans le présent on ne trouve que raison de gémir. Les anciens disaient que *ceux qui sont aimés des dieux
meurent jeunes*, c'est plus vrai que cela ne paraît et c'est surtout dans notre temps troublé qu'on trouve la chose juste.

Ollioules,   dimanche.

Les douleurs privées ont toujours leur cours ou à peu près prévu et inévitable ; elles sont bien aggravées par ces grands malheurs publics, qui bouleversent le présent et rendent l'avenir bien redoutable. Qui aurait osé prévoir, quand je faisais le procès à l'Empire, que le gouffre où il nous entraînait s'ouvrirait si large et si profond ; qui surtout aurait pu croire que le corps social était si profondément ruiné, si affreusement gangrené ? Plus je rumine les détails de cette déplorable histoire, plus je suis attentivement les tentatives de sauvetage qui sont faites tous les jours, plus il me semble apercevoir la corruption profonde de notre société et le danger de sa ruine complète et prochaine ; il faut que Dieu y mette la main, sans quoi la pauvre France s'effondrera dans l'abîme où sont tombées les grandes nations qui ont tenu autrefois le sceptre du monde ; l'excès de la civilisation engendre trop de vices et détruit trop les qualités viriles. Il me semble en lisant les détails de nos débats politiques assister aux luttes où ont succombé Rome et le Bas-Empire. La guerre a été malheureuse, parce que nous étions enivrés par trop de richesses, trop de jouissances, trop d'immoralité ; entre temps les nations pauvres du Nord n'avaient qu'un objectif, nous détruire pour se venger d'abord et ensuite pour jouir à notre place, et ils ont mis soixante ans à préparer cette horrible revanche, et devant cette énergique invasion nous n'avons pu opposer que des soldats dégénérés, des chefs sans patriotisme et des populations qui n'ont jamais réussi à se grouper dans une persévérance de sacrifice et de résistance. J'ai souvent au début de la guerre rappelé l'exemple des Espagnols et leur résistance désespérée aux armées qui avaient vaincu l'Europe et j'arrive toujours à cette conclusion : nous sommes trop riches, trop *jouisseurs* pour que la guerilla espagnole puisse se trouver, s'organiser en France et faire le vide autour des Prussiens, comme on le faisait dans les montagnes d'Aragon et les plaines de la Castille. Aujourd'hui nous assistons à des tentatives de réorganisation et entre autres à la discussion de la loi départementale, il me semble qu'il doit sortir de là l'organisation légale de quelque chose qui pourrait bien être l'équivalent de 86,000 copies de la Commune de Paris et sur cette France se dessineront les passions, les convoitises, les appétits de cette *Internationale*, société de bêtes fauves à l'affût de la vieille société à dévorer, à dépecer ; ainsi était la Pologne, brave, guerrière, mais anarchique. Elle a disparu plus par son anarchie que par le sabre de ses voisins coalisés. Elle aussi avait sauvé l'Allemagne de l'invasion turque, elle aussi était toujours prête à guerroyer pour les bonnes causes, comme nous avons sauvé les Belges, les Italiens, etc., etc., à l'heure du désastre, elle n'a trouvé que des ingrats et des égoïstes !

Je vous félicite de n'être plus mêlé par votre qualité de maire aux intrigues sociales si âpres et si difficiles à gouverner ; ici nous faisons les plus ridicules et les plus odieuses élections qui se puissent voir ; pour représenter le département, on va chercher le dictateur Gambetta ; Laurier, qui a partagé avec lui la grosse part des trente ou quarante millions qui manquent à l'emprunt Morgan ; puis je ne sais quel Ferrouillat cueilli dans je ne sais quelle bazoche et, pour couronner l'œuvre et représenter l'élément social, le conducteur du haquet d'une brasserie de dix-huitième ordre, le distributeur des bières qui en sortaient dans tous les caboulots de la ville et de la banlieue. — 40,000 abstentions des honnêtes gens et les ouvriers de l'arsenal, tous pensionnés de l'État et tous affiliés à l'Internationale, voilà le secret de cette élection.

Je vous écris de la campagne, où depuis quelques jours le vent du sud-est nous régale d'une chaleur sénégalienne, sans nous amener une goutte d'eau, le mistral tant calomnié nous reviendra enfin pour torréfier nos membres et nos appareils digestifs.

***

Toulon, le 5 janvier 1872.

Mon cher ami,

Félicitons-nous ensemble de voir engouffrée dans l'abîme du passé cette exécrable année 1871, qui résume tous les malheurs publics et privés que la colère de Dieu peut déverser sur les hommes pour les punir de leurs crimes. Souhaitons que la mémoire des hontes et des ruines qu'elle a accumulées reste dans le souvenir des générations présentes et futures pour les ramener et les maintenir dans la voie du devoir : je ne crois pas que jamais un peuple ait été frappé plus cruellement, car nous n'avons pas perdu seulement nos amis, nos parents, nos biens, nos fortunes, nous avons perdu ce qui fait l'honneur des nations, ce qui en fait la source, les principes de toute sociabilité, de toute morale, de toute espérance.

Je pense que, comme moi et plus que moi, à cause de votre connaissance personnelle, vous avez été content de Mgr Dupanloup à l'Académie ; dans ces temps de défaillance générale et de honteuses concessions, on aime à voir un courageux prélat monter sur la brèche et combattre, au nom de la conscience et de la moralité publique, les puissants, les forts, les savants,

les moralistes plus ou moins faciles, les révolutionnaires audacieux et ces ambitieux pleins de dissimulation ou de fausses
hontes. Pourquoi ces matérialistes, si savants ou si décidés
pour faire le mal, ont-ils donc des honneurs et des tombes mo-
numentales pour leurs sectaires défunts? Si j'étais si matéria-
liste que ça, je mettrais dans mon testament : « Comme je ne suis
que matière, je veux après ma mort être utile à ceux qui restent ; au lieu de me porter à l'église, on me portera chez l'équar-
risseur, on fera du noir animal, ou du savon avec ma dépouille
et on effacera toute trace de mon existence dans les papiers et
la mémoire des hommes. » Et on veut qu'avec de pareilles doctrines la nation se relève ! ! !

A Madame Picquet

Toulon, le 15 janvier 1872.

Mille remerciements pour la sympathique lettre que vous
nous avez adressée. Le souvenir des amis tels que vous est un
grand charme et une grande consolation, quand le malheur a
frappé les cœurs et modifié si profondément les existences.
Au lieu de cette maison remplie par ma pauvre fille et ses enfants, nous voilà seuls, vieillissant à côté de ce petit Léon, dont
l'enfance se développe lentement, et dont la moindre incommo-
dité est pour nous un sujet d'inquiétudes. Les pères et mères
sentent seuls ce qu'apportent de chagrins ces ravages de la
mort ; enfin il faut accepter avec résignation les épreuves des
derniers jours.

M. Thiers nous conduit je ne sais où ; il s'appellerait Gambetta ou Félix Pyat qu'il ne soignerait pas avec plus de sollicitude ce tas de malandrins qui restent dans les préfectures et les parquets et grâce à qui on peut faire impunément, et même en croyant être du parti du gouvernement, les élections les plus extravagantes et les plus menaçantes ; comme toujours, le Var et Toulon, et sa voisine Marseille, se distinguent entre toutes dans cette voie. On vient de nommer ici grâce, aux ouvriers qui vivent à l'arsenal, un ex-préfet Gambettiste du Var qui est un type de sottise, d'ignorance, d'immoralité et de friponnerie.

Du reste, je suis convaincu qu'à moins qu'il ne surgisse un homme assez fort et assez droit pour gouverner avec justice, mais avec une main de fer, nous courons à une nouvelle invasion, elle est dans la pensée et l'espérance des Allemands, qui cette fois reculeront les frontières de la France jusqu'à la Meuse et à la Saône et pourrait bien faire de vous des annexés de la Germanie. La France est sur la pente d'une irrémédiable décadence et l'immoralité qui règne partout favorise singulièrement cette chute fatale.

A Monsieur Picquet

Toulon, le 9 février 1872.

Par ailleurs on s'occupe ici de la souscription patriotique ; très-jolie invention poétique et romanesque, mais moyen médiocrement efficace pour accomplir l'œuvre difficile de la libération. Le travail national d'une part, la renaissance du crédit de l'autre et surtout la sécurité de l'avenir sont les éléments sur lesquels on pourrait fonder quelques espérances de renaissance ; et le socialisme empêche le travail et tue le crédit, et la République est la négation de toute sécurité pour l'avenir : voilà, selon moi, ce qui, l'immoralité générale aidant, affirme notre décadence.

Je défie le républicain le plus convaincu d'affirmer qu'avec l'établissement de ce régime, même honnête, la France pourra à l'avenir avoir des alliances politiques sûres, un crédit assuré, des traités de commerce avantageux. La France républicaine sera tenue en quarantaine par toute l'Europe, de plus en plus repoussée, de plus en plus isolée, de plus en plus supplantée partout ; j'ai beau relire l'histoire des plus anciennes républiques, rappeler les souvenirs des républicains modernes que j'ai vus dans le nouveau Monde, je ne trouve jamais à conclure rien de bon et d'acceptable pour la République française. Elle est et elle ne sera jamais qu'un foyer de désordres, de convoitises immondes, de guerres intérieures et extérieures, que le monde civilisé se liguera à détruire ; et malheureusement je ne vois pas l'issue par laquelle nous sortirons de cette désolante impasse. Si on m'offrait de recommencer la vie dans ces conditions de la société française actuelle, je repousserais ce don comme la plus dangereuse des malédictions.

A M. Rohault de Fleury

Toulon, le 29 mars 1872.

Mon cher ami,

Vous me dites que vous n'entendez les choses de la politique que comme un écho lointain, faut-il approuver ou blâmer cette abstention? Nous côtoyons de si près les écueils de la côte, et le pauvre navire est si mal commandé, que je trouve qu'il est difficile d'accepter le rôle de ces passagers que j'ai quelquefois vus sur les bâtiments et qui pendant la tempête s'enveloppent dans leur couverture, s'en rapportant à l'habileté du capitaine. Aujourd'hui le capitaine ne me semble guère faire bonne route, on le dit têtu comme une mule, s'obstinant à incliner vers les révolutionnaires, et faisant tout ce qu'il faut pour que le pauvre pays sorte de ses mains épuisé, dévoyé et livré aux aventuriers et à la pire catégorie des jacobins, et on ne se fait pas d'idée de la méfiance qui entre et grandit dans tous les esprits ; l'administration des villes et surtout des villages est aux mains des gens les plus incapables et les plus propres à nous mener à l'abîme.

Toulon, le 3 mai 1872.

Mon cher ami,

Si j'étais une puissance, il me plairait de faire réussir ces prévisions bienveillantes et ces espérances charitables ! Vous êtes

trop parfait pour le temps présent, temps de corruption et de désordre matériel et moral, dont je n'aperçois pas le remède prochain ; dans le cercle où se passe votre studieuse vie, vous n'entendez pas et vous ne voyez pas le mal profond qui ronge notre génération et celle qui nous suit. Ici nous sommes plus rapprochés des désordres, dont Lyon, Marseille, Toulouse sont le théâtre ; ces villes sont des foyers révolutionnaires, où les plus mauvaises passions bouillonnent dans un milieu d'impiété et de corruption.

Avez-vous remarqué à Lyon ce symptôme désolant des traités secrets intervenus entre les grandes maisons et les sicaires de la rue Grolée, pour s'assurer moyennant finances que les usines, leurs propriétés, leurs richesses seront respectées au jour de la crise attendue ? Lâcheté dans l'abstention, lâcheté plus grande dans cette prime d'assurance qui alimente le budget de la Révolution. Sans nul doute le succès de la propagande religieuse serait un remède à un si grand mal. Mais il faudrait pour cela qu'elle pénétrât dans une société de croyants, et au lieu de cela, cette semence tombe sur la terre des impies, des pétroleurs et des assassins.

Et pourtant quel pays que cette France ! Elle est mutilée, humiliée, dépouillée et pourtant son élasticité, sa richesse, son génie la fait remonter rapidement à son ancien niveau ; si elle était morale, si elle avait le culte de Dieu, de la famille, l'amour du travail et de la règle, en peu d'années elle aurait reparé ses pertes, retrouvé sa puissance, doublé son influence ; elle semble n'avoir plus de force vive que pour le plaisir et les convoitises malsaines. Et que sera la génération qui suit l'enseignement des écoles laïques, gratuites, obligatoires dont les professeurs sont des déclassés sans foi ni loi, sans conscience comme leur chef ; que dire de notre diplomatie avec ses E. Picard et ses Jules Ferry ; que voulez-vous qu'on pense de nous à l'étranger à qui nos défaites ont persuadé que nous sommes une Pologne archi-pourrie, qui n'est plus bonne qu'à démembrer et à partager ? Vous voyez que si vous êtes au pôle nord de l'optimisme, je suis bien près du pôle sud du pessimisme.

A MADAME PICQUET

Toulon, le 11 mai 1872.

Nous avons lu avec un plaisir infini cette charmante idylle qui se passe dans votre petite et heureuse maison. Nous vous avons bien vus l'un et l'autre prodiguer vos soins et votre affection à ces enfants adoptifs qui vous donnent en revanche des satisfactions de tous les moments ; nous avons été aussi ramenés par ces détails à cet enviable intérieur et à ces précieuses qualités de cœur que j'ai eu si souvent l'occasion d'apprécier. Dieu bénira vos travaux et les récompensera par la continuation du rare bonheur dont vous avez jusqu'ici joui.

En regardant par-dessus les blondes têtes de vos enfants vous voyez les désordres qui nous menacent, les malheurs publics dont tout le monde souffre dans notre pauvre France ; hélas ! hélas ! Si du moins on en pouvait prévoir la fin prochaine et probable ! Je défierais bien le plus obstiné des optimistes de me dire où peut nous mener la façon de gouverner de notre vieux président ; où aboutira-t-il en faisant le jeu des gens de la rue Grolée, en prenant pour collaborateurs les Barodet et

les Jules Ferry, et préparant l'avancement de Gambetta! Il
semble que Dieu a retiré à tout le monde le sens de ce
qui est bon, droit, courageux : prétendants blancs, prétendants
tricolores, présidents provisoires, etc., tous manquent à leur
destinée et laissent le terrain libre aux sinistres coquins qui
nous ont donné la mesure, les uns de leur incapacité, les
autres de leur scélératesse; j'ai beau me creuser la cervelle,
je ne vois pas d'issue favorable à la situation présente et il suffit
d'un ramollissement du cerveau de M. Thiers, d'un refroidisse-
ment un peu dangereux pour nous mener au bord de l'a-
bîme.

* * *

A M. Rohault de Fleury

Toulon, le 14 juin 1872.

Mon cher ami,

Eh bien ! mon bien cher optimiste, voyez-vous comme les
faits se hâtent de confirmer mes défiances à l'endroit de *l'illustre
vieillard*, dont l'immense talent ne peut être même discuté,
mais qui, homme et passionné, subit l'influence quotidienne de
ses flatteurs qui sont tous de l'école de Littré et Cie ? Les trois
dernières élections jettent une lumière redoutable sur l'avenir
qui nous talonne, le parti de l'ordre ne se fusionnera, ne se dis-
ciplinera jamais, et il est traité à l'assemblée par le président
comme une femme légitime dont l'époux ne ménage ni les
susceptibilités, ni les désirs, ni les tendances, mais en revan-

che il subit toutes les exigences, toutes les combinaisons de la gauche.

———

Toulon, le 3 août 1872.

Mon cher ami,

Nous n'allons pas mal ici et finalement, en ne secouant pas trop le vieil arbre, il porte encore quelques fruits racornis, mais enfin il vit tant bien que mal. Mes grands projets de voyages n'ont pas tenu devant les perspectives de fatigues et de détraquement possibles que pouvait produire cette chaleur effroyable. Je suis resté donc, comptant que l'automne m'apporterait de meilleures conditions, je crois avoir sagement fait. Le chemin de fer me met dans un état de fièvre nerveuse dont le cerveau doit nécessairement recevoir un ébranlement assez fort, et en arrivant dans un milieu surchauffé, il y a de quoi hâter la fin de la vieille machine. C'est ce qui est arrivé à un des mes camarades qui est arrivé à Paris pour y mourir.

Et l'emprunt, direz-vous! Ah! l'emprunt, ce qu'il prouve surtout, c'est l'inépuisable richesse de notre pays, son succès m'effraye et voici pourquoi. Ce fait inouï se produit en présence des révolutionnaires et des Allemands, les premiers voient la preuve manifeste qu'une grande source de richesse sera le produit de la guerre sociale, que la *liquidation sociale*, comme ils l'appellent, leur apportera, avec le pouvoir, les jouissances et les produits de pillage; il me semble voir une ménagerie peuplée de fauves, devant lesquels on étalerait une plantureuse

ripaille de viandes saignantes ; voyez-vous d'ici l'épileptique
surexcitation et les furibonds mouvements de cette démoniaque
réunion, c'est à faire frémir les spectateurs ; supprimez par
la pensée la barrière de fer et jugez quelle scène ! Ainsi est en
face de la France la horde des révolutionnaires.

Toulon, le 16 février 1873.

Mon cher ami,

Ce matin je ruminais avant de me lever que nous étions
depuis longtemps absents l'un et l'autre et que la correspondance était depuis longtemps aussi sans produire le dédomma-
gement de l'absence. Je comptais donc vous écrire aujourd'hui
même, et votre lettre est venue m'apporter avec des nouvelles
que j'étais impatient de recevoir un nouveau stimulant.

Je suis comme vous, rien ne m'oblige au travail et je n'ai
presque pas un moment assez inoccupé pour vaquer aux choses
qui peuvent être ajournées. Il est vrai que chez moi il y a une
large part faite au repos. Je n'ai pas comme vous la vertu de
sauter à bas de mon lit à cinq heures du matin et le livre, le
journal, la revue, que sais-je, sont là, empilés sur ma table de
nuit, comme des démons tentateurs qui me font prolonger la
matinée horizontale : puis viennent les affaires que je me suis
réservées, puis une course aux champs, quand le temps le permet, puis le cercle avec sa pitance de nouvelles du jour, et de
toutes ces combinaisons imaginées par le démon du *far niente*,
il résulte que votre vieil ami a passé sa journée à travailler

beaucoup sans rien faire et surtout sans rien produire. J'ai des arbres dans mon jardin qui sont la parfaite représentation de mon absurde personnalité, ils se couvrent de feuilles au printemps, voire même de fleurs, mais de fruits, bernique! rien!

Vous avez toujours résolu à souhait une foule de problèmes de la vie pratique où vous avez très-bien réussi et que j'ai souvent manqués en ce qui me touche. Un des plus mirifiques c'est assurément de pouvoir traverser le temps présent sans se préoccuper de la politique et de ce qu'elle nous prépare ; je vous en félicite, car c'est une lamentable chose que de voir ce qui se passe, et c'est une grande grâce de n'en pas être troublé ; où allons-nous avec votre très-habile et très-actif pilote, mais vers quel port conduit-il notre pauvre barque ?

Celui qui a inventé *le roi règne et ne gouverne pas*, se débat comme un diable pour régner et gouverner, il veut être, comme on l'a dit, roi sans héritier et César sans contrôle.

Autrefois ma pauvre Marie était pour moi un stimulant ; là où elle était je trouvais bon d'aller ; aujourd'hui rien n'excite ni mon activité, ni ma curiosité et je me figure qu'en vieillissant je rétrécirai de plus en plus le cercle de mon existence. Je rends grâce à Dieu de ne pas sentir le besoin de mouvement et de distraction et de savoir me suffire à moi-même, pourvu que j'aie quelques bribes pour entretenir la vie de l'esprit et mes souvenirs.

A M. Rohault de Fleury

Toulon, le 9 mai 1873.

Mon cher ami,

Le pauvre Hubert va se trouver bien seul quand son fils aura rejoint son collége et repris ses études qui vont exiger un travail sans relâche. Du reste, Hubert est fort heureusement pénétré de sentiments religieux profonds et défendu par une foi si vigoureuse qu'il y trouvera les éléments d'une consolation nécessaire, d'une résignation qui le rattachera à ses devoirs de père en le défendant des abattements autant que des faiblesses ; quel don et quelle force donnent les fermes croyances !

Je comprends bien les soucis et les hésitations que produit l'éventualité prochaine, à ce qu'il paraît, du mariage des deux aînés des Waresquiel ; ce changement de condition si complet, si radical, où les plus prévoyantes précautions sont quelquefois vaines, est un problème qui, encore qu'on en ait, garde toujours des inconnues. Nous autres les pères et grands-pères, nous voudrions au premier jour dégager ces inconnues, elles sont, comme tous les détails de la vie, couvertes du voile qui enveloppe l'avenir, qui n'est ouvert qu'à l'œil de Dieu.

Par le temps qui court, cet avenir s'obscurcit encore et apparaît avec un cortége de périls qui augmente l'anxiété, et pourtant il n'est pas sage de conclure à l'impossibilité et à l'éloignement indéfini des mariages. Les grands-pères d'abord, les pères et mères ensuite, quelquefois les autres parents, sans autre cause que les causes naturelles, s'en vont, et l'isolement est la loi finale de ceux qui ont trop hésité ou trop ajourné.

Pour cela, comme pour bien d'autres choses, c'est en Dieu qu'on trouve les motifs de force et d'espérance pour l'avenir.

————

Toulon, 23 mai 1873.

Vous voilà donc amené, mon cher optimiste, à juger les effets de cette politique de M. Thiers que vous m'avez toujours entendu condamner. Sa position actuellement est encore plus mauvaise, et je l'en plaindrais peu si lui seul en souffrait; mais notre pauvre pays est entraîné par lui dans une des plus inextricables positions qui se puissent concevoir, et si par malheur l'armée venait à manquer de fidélité et de dévouement à sa mission d'ordre et de défense contre les entreprises criminelles c'en serait fait de la société française, car je ne vois guère où serait la résistance à un si grand désastre.

Comment s'y prendre pour amener dans le parti conservateur quelque chose qui produise les effets de cette entente et de cette cohésion si effrayante dans le parti radical?

Les élections accomplies font préjuger pour l'avenir des résultats qui, répétés sur la grande échelle du renouvellement de l'Assemblée, nous conduiraient à l'abîme. Comment empêcher cela? Est-ce encore possible? Les conservateurs semblent ne pas comprendre la gravité du mal, et être plus attentifs à conserver les germes de division qui les rendent si impuissants. Je voudrais que quelqu'un renonçant à cette phraséologie trompeuse qui dissimule la faiblesse sous l'apparence d'une fausse fermeté, dît aux monarchistes et à la France : « Rien n'est plus respectable que les sentiments de fidélité à une idée politique et à ses représentants, mais vous, légitimistes, orléanistes, impérialistes qui voudriez ramener vos rois, le pouvez-vous, quand ces rois eux-mêmes ne veulent pas aider au succès de vos systèmes ? Est-ce que Henri V n'a pas creusé entre la France et lui un abîme infranchissable ? Est-ce qu'il est disposé à un effort, à une démarche quelconque pour le franchir ? La fidélité des légitimistes est donc vaine, improductive, sans succès possible ; est-ce que le comte de Paris qui fait des petits livres d'économie commerciale, mêlés de voyages d'agrément a montré un seul jour la résolution, l'esprit d'initiative, la volonté nécessaires pour servir de chef à son parti et attirer à lui les légitimistes ? Est-ce que le prince impérial est dans le cas de faire un appel entendu à la France? Est-ce qu'il n'est pas trop jeune et trop compromis ? Donc, aux monarchistes de toute couleur il manque le monarque. Que les monarchistes gardent dans le cœur une affection platonique pour leur idéal, mais qu'ils se réunissent tous *pratiquement* dans un système raisonné et résolu de dévouement actuel, immédiat de sauvetage de la France. On dit qu'en l'absence de monarque, il n'y a que la République de possible, eh bien ! soit, qu'ils laissent faire la République en s'opposant énergiquement, intelligemment non pas à son avénement, non pas à sa proclamation qui n'est pas un sacrement et ne lui constitue pas une durée indéfinie, mais en l'établissant dans des conditions différentes de celles que rêvent les radicaux ; alors la nomination de Barodet, de Ranc et consorts n'aura plus de raison d'être, car tout le monde adoptant de fait sinon de cœur l'établissement républicain, les partis n'auront plus à combattre que pour la meilleure constitution de cet établissement. Je n'aime pas

21.

plus la République que je n'aime la fièvre, le choléra, les rhumatismes; mais lorsqu'on est saisi de l'un de ces maux, il faut d'abord n'en pas mourir, gagner du temps jusqu'à ce que la puissance de l'organisation, le retour des saisons ou autres causes débarrassent l'organisme de ces maladies. A mon avis, la République n'est pas viable, mais le régime qui doit la remplacer n'a pas pour le moment de moyen de prévaloir; que les hommes donc qui ont la main dans les affaires publiques fassent comme les capitaines assaillis par la tempête, qu'ils jettent à la mer la partie encombrante de la cargaison, qu'ils établissent le mieux possible des mâts, des voiles et le gouvernail de fortune, et qu'ils tâchent ainsi en sauvant le navire et l'équipage de gagner un port; là on verra si l'on peut ramener la barque à son ancien état de puissance et de navigabilité, l'essentiel pour le moment est de fuir devant le temps et de ne pas laisser dériver le bâtiment par le flot et le vent et le voir sombrer sans remède.

Un des pires défauts des hommes publics chez nous, c'est de croire que le salut est dans le triomphe d'une idée unique, et que la fidélité tenace à cette idée amènera le résultat désiré; telle n'est pas la condition de nos sociétés compliquées; il ne faut pas laisser le mal envahir les différentes parties de l'organisme social; ce qui fait la force et la valeur d'une forme de gouvernement, c'est la vitalité des diverses parties de l'organisme général. Dans un pays sans finances, sans industrie, sans production, sans travail, sans ordre, sans respect pour le droit et la loi, le plus habile monarque ou le plus intelligent président serait sans force et sans pouvoir; ce n'est donc pas au sommet de la pyramide qu'il faut attacher son attention et ses efforts, c'est à sa base, à ses assises. Tout s'en va chez nous et on ne s'occupe que de savoir qui sera appelé à régir ce grand cadavre de nation qui perd tous les jours quelques-unes de ses

forces. Qui donc aura le talent et le courage de travailler à
guérir ce grand malade en renonçant à son spécifique unique,
et en l'empêchant d'abord de mourir ?

La dernière création ministérielle nous semble ici absurde.
Casimir Périer n'est pas le fils de son robuste père, c'est un
homme qui n'aura ni la force d'agir ni celle de résister, et à
voir le sans-gêne dont le radicalisme en use avec M. Thiers, il
est évident que pour les révolutionnaires sa succession est ouverte.

Qu'ils arrivent au pouvoir, qu'ils réarment la garde nationale,
qu'ils rappellent les émigrés et les Calédoniens, et nous pourrons dire *finis Galliæ*, à moins que Dieu ne s'en mêle.

Que les hommes d'ordre y pensent sérieusement, l'heure
actuelle est peut-être la dernière qui leur sera donnée pour
sauver la France d'un désastre sans nom. Vous savez que je
n'ai jamais été doué d'un grand fonds d'optimisme, j'eusse
pourtant été bien heureux de voir mes prévisions non réali-
sées.

Embrassez pour nous votre monde grand et petit, et écrivez-
moi de temps en temps.

Je suis dans les maçons qui m'ennuient, dans les locataires
qui me fatiguent : ah ! que n'ai-je un Pauneau sous la main
pour me délivrer de tous ces ennuis.

Quel bonheur de penser qu'on ne rajeunira pas et que la fin
de tous ces tracas est voisine ! Vraiment la vie est une sotte
chose. Qu'en dites-vous ? et je bénis bien le Seigneur de n'être
pour rien dans le gouvernement de ce monde.

Adieu, mon très-cher. Mille amitiés, ne m'oubliez pas auprès
de Georges et de Mme de Waresquiel.

Toulon, le 29 juin 1873.

Mon cher ami,

J'ai reçu votre lettre de Bordeaux, je dois penser et j'espère que le bien que Georges a retiré de son pèlerinage s'est soutenu, a progressé et qu'ainsi la médecine a reçu un démenti du surnaturel, et que le profit est tout pour le sentiment de foi et d'espérance. Quelle excellente chose, si pour toutes les choses de notre pauvre pays, nous trouvions la vérification de cette protection d'en-haut et la démonstration que les athées ne sont pas seulement absurdes, mais que de plus ils sont dupes au premier chef. Dieu veuille nous montrer sa bonté aussi bien dans les besoins généraux de son vieux peuple de prédilection, comme il la montre pour les misères individuelles ; nous en avons terriblement besoin, aussi bien pour la guérison des maux matériels, que pour les maladies morales de notre temps.

Toulon, le 19 juillet 1873.

Mes très-savants et très-laborieux amis, que je vous envie cette passion du travail et de l'étude qui remplit si bien votre vie ! J'espère que cet illustre et vénéré pontife vivra assez pour recevoir votre dédicace et donner à votre œuvre sa précieuse approbation ; quant à moi je serais heureux de vous revoir parmi nous et surtout je serais fort désireux de vous garder un peu de temps ; être toujours pressé, c'est le seul défaut que je vous connaisse !

Je ne suis guère surpris que vous n'ayez pas été tenté de quitter votre châlet pour aller voir le roi des rois, ce qui m'a frappé dans cet épisode, c'est la facilité avec laquelle les Parisiens sont revenus à leurs habitudes de plaisirs et d'insouciance.

A Monsieur Picquet

A la campagne d'Ollioules, le 30 juillet 1873.

Il y a longtemps que je veux me rappeler à votre bon souvenir et à celui de Mme Picquet; mais je voulais vous dire plusieurs choses à la fois et surtout vous faire savoir nos projets pour l'été; quand on est jeune on projette et exécute, quand on est vieux tout s'allonge à chaque pas et il y a loin de la coupe aux lèvres. Nous voulions partir de bonne heure et arranger une longue tournée de plaisir et d'affaires; de plaisir!... C'est un fameux euphémisme, quand il s'agit de l'acheter au prix de ce fameux lit de Procuste qu'on appelle un wagon de chemin de fer français.

A M. Georges Rohault de Fleury

Toulon, le 6 décembre 1873.

Mon cher Georges,

J'espère que ce n'est pas pour cause de maladie que je ne reçois plus de nouvelles de la rue d'Aguesseau, il me semble qu'il y a un siècle que je vous ai quittés et je m'étais fait une si douce habitude des réunions quotidiennes du soir, et des bonnes conversations qui y avaient lieu, qu'il me semble qu'il me manque quelque chose ; écrivez-moi donc, vous que la bibliothèque ne tyrannise pas au même degré que votre cher père.

Savez-vous que M. Mame fait bien les choses, et qu'il fait l'annonce dans la presse d'une façon digne de l'ouvrage et de ses auteurs ; je m'en réjouis fort et quand on me parle de vous deux, vous pensez bien que je seconde de mon mieux les intentions de votre éditeur ; je pense que l'ouvrage si recommandable d'ailleurs a été édité à un bon moment, et je ne serais pas surpris qu'avant peu on vous fît la requête d'une deuxième édition.

Comment va toute la chère famille, et les fillettes, et la maman, parlez-nous d'eux tous, et rappellez-vous quelquefois les amis de province qui vous aiment de tout leur cœur. Marguerite devait me montrer sa chambrette, je ne sais quel obstacle a empêché cette visite. Quoi qu'il en soit, je veux y mettre un souvenir. J'ai deux jolis pastels représentant deux scènes maritimes d'une très-bonne exécution et signés par l'excellent peintre provençal Courdouan, elle les mettra sur les murs de son petit logis et ils lui rappelleront le vieux matelot, l'ami de la quatrième génération ; on s'occupe d'y mettre des baguettes plus dignes de la peinture.

A M. Rohault de Fleury

Toulon, le 31 décembre 1873.

Mon cher ami,

Je ne sais comment les jours se suivent, emportant toujours la résolution prise de vous écrire, et l'exécution s'ajournant toujours. Que cela se passe ainsi chez vous, cela se conçoit, vous employez bien votre temps, mais moi qui le perds, et qui n'ai pas un moment de disponible ! Voilà ce qui ne peut s'expliquer. Je ne veux cependant pas différer de vous remercier des magnifiques étrennes que vous m'avez envoyées.

Votre livre des Évangiles, que je n'avais feuilleté que d'une façon distraite, et en prêtant l'oreille aux conversations d'à côté, je l'ai là, sous la main et je puis le ruminer à mon aise, allant d'un chapitre à l'autre et reconnaissant toujours, d'abord le sentiment de foi qui a inspiré le livre, et puis les habiletés de recherches, le talent de déduction qui se manifeste à chaque page et qui, ce me semble, fera de cet ouvrage un livre fondamental des bibliothèques des théologiens et des artistes. Merci donc mille fois, et que Dieu ajoute à toutes les bénédictions que je vous souhaite pour vous et tous les vôtres, le succès des études nouvelles que vous entreprenez et qui contribuent si heureusement à votre satisfaction et à votre santé morale et physique.

A Monsieur Picquet

Toulon, le 5 janvier 1874.

Figurez-vous donc que, cédant enfin aux pressions diverses, je me laissai mettre en route, je séjournai à Lyon, répétant que puisque Saint-Amour était pour nous désert, il n'y avait qu'à mettre le cap ailleurs; et ainsi nous avons visité Cluny, Paray-le-Monial, Nevers, Fontainebleau et enfin Paris où j'ai passé deux mois. Enfin nous sommes revenus au gîte et, comme un vieux lièvre, je me trouve là mieux que partout ailleurs, fût-ce même Paris. J'ai repris ce train-train de vie solitaire, avec mes livres, mes promenades à la campagne et mes goûts forts simples qui repoussent maintenant les relations mondaines.

Nous avons tous les symptômes de la maladie suprême des nations en décadence. Dans les hautes classes, l'absence de patriotisme sérieux, courageux et désintéressé, un byzantinisme qui confond toujours les mots et les choses, un virus révolutionnaire qui gangrène le peuple et ne lui laisse que des convoitises et des passions mauvaises; et à nos portes, toutes grandes ouvertes, appuyé sur un fleuve qui nous défendait et sur deux forteresses qui nous couvraient, une armée d'invasion qui perfectionne tous les jours ses moyens d'attaque, rend plus rapide la mobilisation de son armée, qui a tâté des douceurs de notre pays et ne rêve que de franchir les quelques lieues qui la séparent de la capitale. Là ils trouveront des auxiliaires dans ces radicaux qui les ont déjà si bien servis en 1870-71 ! On voit déjà dans toutes les mains la future frontière qui portera l'Allemagne sur la Somme et sur la Saône et le Rhône, et l'Italie rêve de devenir souveraine de l'ancienne Provence.

Pauvre chère France, devait-elle croire de tels malheurs possibles? J'ai là sous la main un livre en voie de publication sur l'histoire d'Allemagne, par Jules Zeller, lisez cela et vous verrez que le *peuple-invasion,* comme il appelle le peuple allemand, a caressé depuis plusieurs siècles le rêve qui se réalise de nos jours. Amusez-vous à relire la *Lutèce* d'Henri Heine et vous verrez ce qu'était la gallophobie allemande quand nous trouvions si charmants les poètes et les Marguerites d'outre-Rhin, il y a quelque trente ans.

A M. Rohault de Fleury

Toulon, le 6 avril 1874.

Mon cher ami,

J'ai répondu à Mme de Waresquiel, mais je veux insister et adresser aussi au grand'père et à l'oncle les félicitations et les vœux que nous faisons pour les jeunes époux, et la profonde sympathie que nous avons pour tout ce qui advient dans votre maison ; recevez donc pour vous et Georges le spécial témoignage de notre joie et de la part que nous prenons à la vôtre. Vous méritez entre tous que Dieu répande ses bénédictions sur vous tous et protége dans sa postérité le père qui a donné à sa famille et à ses amis de si beaux exemples.

Ce cher Georges est, j'en suis sûr, dans le plus parfait enchantement, voilà de nouveaux parents à aimer et son cœur est si porté à s'agrandir pour ceux qui lui sont chers! Lorsque vous serez reposés des inévitables secousses que donnent tous les grands événements de famille, vous me parlerez du bonheur de tous, et vous savez si j'en prendrai une bonne part.

Comme bien vous pensez votre souvenir revient souvent et ces jours-ci j'étais conduit par lui à revoir vos travaux. L'idée m'est venue que de tous les édifices religieux qui sont en construction en France, il n'en est peut-être aucun qui se soit autant inspiré des traditions italiennes du XIIIe et XIVe siècles, que la cathédrale qu'on construit à Marseille. Il n'en est donc aucun qui put recevoir avec autant de convenance une reproduction de la belle chaire de *Jean de Pise ;* j'ai relu le charmant mémoire de Georges sur la restauration qui a été faite en Angleterre et dont un moulage est à l'école des Beaux-Arts. Ne serait-ce pas le cas d'indiquer à l'évêque de Marseille la pensée de placer un exemplaire de cette belle œuvre dans la nouvelle cathédrale? Il y a dans la cité phocéenne une sorte de recrudescence de goûts artistiques et le pays abonde en ciments avec lesquels on fait des surmoulages qui acquièrent une dureté remarquable et qui ont un grain très-fin.

J'avais d'abord la pensée d'envoyer (à titre de prêt en raison de l'adresse personnelle que Georges a mise à l'exemplaire qu'il m'a adressé), je voulais donc envoyer ce fascicule à Mgr Place, mais il m'a semblé qu'il valait mieux vous en parler avant, afin que Georges et vous puissiez faire les remarques opportunes sur la possibilité de cette proposition.

Communiquez ces idées à Georges et s'il ne les trouve pas trop utopiques, nous trouverions facilement l'occasion de l'insinuer à Monseigneur de Marseille.

Toulon, le 6 mai 1874.

Mon cher ami,

Comment vous dirai-je la douleur qui m'accable ! Je ne trouve
au bout de ma plume, rien qui puisse l'exprimer, il faut que je
me mette dans le cœur du père pour trouver l'expression de
cet immense malheur.

Votre fille m'est si connue, si anciennement associée à mes
meilleures sympathies qu'il me semble que je dois participer à
ses joies et à ses douleurs, comme si j'étais de la famille. Toute
la journée d'aujourd'hui à la campagne, je rappellais la solennité du jour, je voyais des fleurs que je regrettais de ne pouvoir
lui offrir et ce soir m'arrive l'affreuse nouvelle de la matinée du
lundi ! Pauvres chers amis, quelle secousse, quelle désespérante situation ! J'aime à espérer que le malheur n'est pas
complet et je vais de ce pas au télégraphe pour avoir des
nouvelles.

Oh ! que la religion avec ses préceptes et ses espérances est
précieuse et consolante dans ces terribles moments !

Et vos pauvres enfants que cet événement avertit de la fragilité du bonheur, embrassez-les pour nous.

A M. Georges Rohault de Fleury

Toulon, le 14 mai 1874.

Mon cher Georges,

Votre lettre du 12 nous a profondément émus, et je suis heureux de penser que votre père et vous tous, vous êtes abrités par un sentiment religieux si droit et si puissant que vous aurez pu résister à des péripéties aussi douloureuses ; que de craintes pour l'avenir !... Il y a là de quoi briser les cœurs les plus stoïques, si la foi et l'espérance de Dieu ne vient pas en aide et n'apporte ses ineffables consolations.

J'espère que grâce au calme relatif qui va se faire dans votre chère famille, et à des soins intelligents, votre pauvre sœur se relèvera ; dans cette enveloppe frêle se trouve une âme forte, soutenue par des croyances fermes et consolantes, et pour peu que l'organisation physique résiste, le moral ressuscitera le physique ; vous êtes tous plus ou moins ainsi faits ; des douleurs immenses vous ont affligés, et des maladies, ou des faiblesses physiques qui auraient tué ou énervé d'autres hommes, vous ont trouvé résignés d'abord, confiants en Dieu ensuite et trouvant dans le cœur et dans l'esprit la source de forces nouvelles et d'un courage admirable. Dans cette cruelle occurrence, ces forces d'en-haut ne vous feront pas défaut, et je suis persuadé que c'est dans son cœur et dans sa ferme intelligence que votre sœur a trouvé les premiers éléments du mouvement favorable qui se produit en ce moment. Que Dieu vous garde cette puissante protection qui n'est appréciable et visible que pour ceux qui, comme moi, vous savent tous si bien et depuis si longtemps. Je ne veux pas vous dire de m'écrire souvent, seulement quand le bien ou le mal prendront une forme

accentuée, mettez quatre mots à la poste, le silence absolu
sera en tout cas pour moi l'indice que le mieux se produit lentement, mais de façon à laisser l'espérance d'une convalescence
réelle.

Quoique éclairée d'une triste lumière, la résolution de tran-
cher la situation de Loïde me paraît sage, et par ce que je sais
de son mari, c'est un fils de plus qui se trouve dans la famille,
espérons donc tous !

J'ai toujours pensé qu'il y avait dans la vie une certaine
compensation qui doit rendre l'espérance à ceux que le malheur atteint et qui doit donner une certaine défiance du
bonheur trop persistant. Quand je n'avais pas été frappé par
le plus irréparable des malheurs et que je voyais mon enfant se
plaindre des contrariétés inévitables de la vie, je lui répétais
qu'il fallait les accepter, comme on fait la part du feu ; que tout
ne peut pas être succès, et que le bonheur trop continu se
paye tout d'un coup et surtout par un revirement désolant, je
me suis toujours un peu défié du bien absolu, et j'ai plusieurs
fois vérifié qu'en ne perdant ni le courage, ni l'espérance on
arrivait à trouver l'équilibre de l'esprit et du cœur. Mais
comme vous deux, et moins bien que vous deux, j'ai fini par
trouver dans le travail même stérile, le moyen d'attendre le
jour de la compensation, espérons donc ! c'est chose facile à
ceux qui comme vous, mettent pour base à ces idées une foi
ferme et droite.

Quand les grands périls auront été conjurés, quand votre
intérieur prendra son allure régulière, ce qui arrivera j'espère,
dites bien aux Waresquiel quelle part nous prenons à tout ce
qui les touche ; dites à votre sœur que si la vieille amitié que
j'ai pour elle depuis sa plus tendre enfance pouvait être augmentée elle le serait par l'immense douleur qui l'a frappée à
un moment si important de son existence de mère de famille,

elle reviendra à la santé pour jouir du bonheur de sa fille, et je serai bien heureux si je vis assez pour aller encore une fois m'asseoir au milieu de vous tous.

Ne m'oubliez pas aussi auprès de la pauvre et gentille Marguerite dont le cœur si affectueux a dû être si péniblement affecté ; puisse-t-elle, quand il en sera temps, voir lever pour elle un jour pur et radieux qui portera dans la famille des impressions et des espérances sans chagrins.

A la campagne, le 17 juin 1874.

Mon cher Georges,

D'après les lettres antérieures, celle-ci pourrait bien vous trouver à la Minotière où vous auront poussé la chaleur et ce besoin d'isolement et de repos qui suit les grandes secousses physiques et morales. Dans vos excursions, votre père et vous êtes suivis d'un approvisionnement de sujets d'études et de travaux qui deviennent pour tous les deux plus qu'un délassement, un remède aux chagrins ; d'autre part Waresquiel et son fils auront repris leurs occupations forestières et vous aurez pour jeter un doux reflet sur cette période de vie champêtre cette aimable et sympathique Marguerite qui sera au milieu de vous comme un ange consolateur. Toutefois je pense que pour vous, comme pour elle, vous ne prolongerez pas indéfiniment cet isolement et que vous irez rejoindre vos parents et amis de l'Anjou.

J'espère que mon vieil ami fera tout ce qui est possible pour
résister au douloureux ébranlement qu'il a subi, il y a dans sa
riche organisation une admirable élasticité qui permet à sa
nature morale de dominer sa faiblesse et sa fragilité physique
et de maintenir ainsi une sorte d'équilibre. Vous, mon cher
ami, vous êtes pour beaucoup dans ce phénomène physiolo-
gique et psycologique, auquel je pense souvent en rappro-
chant les circonstances diverses de l'existence de votre père
et de votre famille dont, depuis un demi-siècle, je connais si
bien tous les détails ; soignez donc ensemble et l'un par l'autre
cette vie à deux, qui fait le bonheur du père et du fils, et vous
a rendus si forts contre le malheur.

A MADAME PICQUET

Toulon, le 3 juin 1874.

Je ne saurais assez vous dire le plaisir que nous avons à
recevoir de vos nouvelles surtout quand j'y trouve l'expression
du bonheur intérieur qui est un si grand bienfait du Ciel. Je
vois bien que les honneurs municipaux auxquels votre cher
mari a été de nouveau appelé vous dérobent quelques moments
du jour, mais assurément il doit recueillir de la part des honnêtes gens bien des témoignages de gratitude ; j'en juge par
une situation analogue qui a été faite à notre ancien camarade
l'amiral Martin (lequel est mon locataire). On est venu le prier
de mettre son dévouement au service de la ville qui était
depuis longtemps livrée à une administration du plus beau

rouge; il y a souscrit, a essayé de vivre avec l'ancien conseil; mais force a été de nommer une commission administrative, avec le concours de laquelle il tâche de rajuster les services divers arrivés au dernier terme du détraquement. Tous ces exemples de détail nous promettent, si la République s'établit, des jours qui ne seront pas filés d'or et de soie. On m'avait sondé pour savoir si je me laisserais ceindre de l'écharpe municipale. J'ai répondu : 1° Que j'étais un réac achevé; 2° que j'avais un très-mauvais caractère; 3° qu'à soixante-treize ans on ne pouvait être ni juré, ni fonctionnaire, ni forçat, que, par conséquent, on n'avait qu'à chercher ailleurs; ainsi on a fait.

A M. Rohault de Fleury

Aix-les-Bains, le 7 août 1874.

Mon cher ami,

Il doit y avoir chez les animaux sauvages quelque chose de semblable, quand ils retrouvent leur terrier, au plaisir que me donne l'espérance de rentrer dans mon gîte et d'y reprendre ma vie habituelle ; ce *procul negotiis* qui faisait partie du programme de vie de l'épicurien Horace, entre aussi en première ligne dans mes combinaisons. Aussi je renvoie bien loin les gens qui viennent de temps en temps me relancer pour être mêlé à quelque chose; j'ai pour locataire un contre-amiral qui a accepté la mairie de Toulon, il a beau me faire de la rhétorique pour imiter son dévouement; je le menace de doubler

son loyer, s'il s'avise de me lancer dans les jambes les
ministres, préfets, sous-préfets, etc., qui lui ont colloqué
l'affreuse corvée où il dépense ses heures de travail jour-
nalier.

A Madame Picquet

Aix-les-Bains, le 8 août 1874.

Nous sommes assez près de vous, et à moins d'événements
imprévus nous ne rentrerons pas sans être allés vous serrer la
main, et répondre ainsi à votre bien généreuse invitation ;
j'espère que votre cher mari aura laissé à Allevard ses angines,
ses bronchites, etc., et qu'en cela il aura été mieux avisé que
moi qui ne retirai de cette station thermale aucun profit. Ici
où je suis venu plusieurs fois, j'ai fini par dompter un peu
cette *loz escandalosa*, qui offusquait tant les Espagnols d'il y a
trente-sept ans.

Dans le court voyage qui m'a conduit ici, j'ai éprouvé de
telles fatigues que je crois que c'est un avertissement, qu'il
faut décidément dételer et se vouer au métier d'huître, le
seul qu'on peut faire quand on vieillit. Aussi je crois bien
que d'après cette expérience je réduirai beaucoup mon
voyage.

Notre camarade Martin, qui est à la réserve, s'est laissé
nommer maire et il travaille comme quand il était officier chargé

du détail, du matin au soir, ce qui ne l'empêche pas d'être sottisé de temps à autre par les feuilles rouges du lieu.

A M. Rohault de Fleury

Aix-les-Bains, le 30 août 1874.

Mon cher ami,

J'admire votre franche persistance de travail, que Dieu vous porte vie et santé, car vos années sont bien noblement et bien utilement remplies. Au nombre des satisfactions que tous ces projets me représentent se trouve aussi le plaisir de revoir vos enfants : la gentille Marguerite doit être devenue une maîtresse de maison fort utile, car cette enfant me semble douée d'autant d'aptitudes pratiques que de qualités aimables. Maurice continue-t-il à soigner ses bois et ses champs ? et Loïde est-elle heureuse dans sa nouvelle condition ? elle a tant de raison et tant de charme, qu'il est difficile que là où Dieu l'a placée, elle n'ait pas porté le bonheur et les qualités solides d'une épouse modèle.

A Madame Picquet

Toulon, le 3 octobre 1874.

J'ai repris en toute hâte le chemin de la maison, où je suis rentré le jeudi soir, laissant ma femme savourer les joies de la cité Phocéenne.

Je suis donc comme le lièvre rentré au gîte et demandant que le chasseur vienne m'y déranger le plus tard possible.

A M. Rohault de Fleury

Toulon, le 5 octobre 1874.

Mon cher ami,

Il y a un grand attrait dans l'idée de me trouver réuni avec vous deux et de connaître par vous cette ville éternelle dont le caractère et la physionomie est menacée d'un irréparable effacement.

Les bonnes petites causeries que nous ferons quand je verrai de près avec vous dans Rome, avec les ruines des anciens temples, les ruines nouvelles où on précipite les choses et les hommes, et les monuments de l'ère chrétienne. Il semble que le Pape soit conservé pour laisser arriver l'heure où sa mort, déterminant une péripétie nouvelle, montrera à l'Italie, à l'Allemagne du Sud, à la France et aux autres puissances, les dangers que crée la prépotence de l'Allemagne du Nord; on s'étonnera alors! Dieu veuille qu'il soit temps de reviser.

Toulon, le 24 octobre 1874.

Mon cher ami,

Votre lettre du 19 m'est arrivée, et je me demande d'après son contenu si le séjour à Rome que je supposais devoir durer jusqu'aux approches du printemps n'est pas, dans votre pensée, limité à une fin éventuelle de vos recherches savantes; il semble que vous pourriez bien songer à rentrer en plein hiver; cette idée m'a fait dresser l'oreille et m'amène à vous demander sur ce point d'être éclairé.

Mes amis se demandent si je n'ai pas perdu un peu la boule de mettre ainsi deux voyages l'un à la queue de l'autre, mais quand je leur réponds que je vais rejoindre deux amis de cœur qui me vaudront plaisir et instruction, ils m'encouragent, et quand vous m'aurez renseigné sur le temps que vous devez encore passer à Rome et le lieu où je pourrai aller descendre, je fixerai l'époque de mon départ; je voudrais que ma femme consentît à prendre la voie de mer avec laquelle tout est plus facile, mais elle résiste, et il est probable que nous irons par Gênes, non pas en gens pressés, mais en voyageurs paresseux et qui ne peuvent pas traverser les villes d'Italie sans avoir quelque peu le nez en l'air.

Allons, chers amis, encore quelque temps de notre vie mis à profit pour nous adoucir nos dernières années; à notre âge, c’est à l’amitié et aux sentiments du cœur qu’il appartient de nous procurer quelques heures sereines et je serai bien heureux de vous retrouver cette fois encore.

Faut-il un passeport et suffit-il d’avoir une pièce qui établisse notre identité ?

Quand autrefois je n’avais qu’à endosser mon uniforme et monter sur mon navire, combien tout était simple et droit ; je ne rencontre de difficultés à me mouvoir que depuis que je n’ai plus d’attaches et que je suis libre. Et qu’on dise ensuite que la liberté est le suprême bien ! ! Au diable la liberté, voire même l’égalité et encore plus la fraternité !

A Madame Picquet

Toulon, le 29 octobre 1874.

D’abord votre cher mari doit être bien *embêté* (passez-moi le mot) d’être embarqué dans cette insupportable boutique électorale, où l’on sent des ennemis lâches et insaisissables et qui entraînent à leur suite tous les imbéciles et les canailles d’une petite localité. Au fait, voilà un homme intelligent et énergique qui emploie ses loisirs et ses facultés à se rendre utile, et le caprice de ceux qui profitent de son dévouement et de son activité le repousse, sans autre motif que de suivre l’impression d’un concurrent que tout le monde estime peu ; eh bien ! notre pauvre pays est mené du haut en bas de la même façon et il ne faut pas s’étonner si devant ce spectacle de la sottise humaine, il y a tant d'honnêtes gens qui s'abstiennent ; c'est un malheur, mais en le déplorant je me demande s'il y a un autre remède que la main violente d'un dictateur ? Il y a quelques quarante ans je m'avisai de me mettre sur les rangs pour la députation dans mon pays natal, j'eus à subir les tourments de cette lutte contre des ennemis invisibles, insaisissables, inconvertissables, j'eus des colères, des chagrins, et tout ce qui s'en suit ; je maigris comme un coucou en deux semaines de ce supplice ; et quand ce fut passé, je jurai que je ne rentrerai jamais dans cet enfer et je repris le harnais, qui n'a pas toujours été léger, mais qui du moins me laissait en paix avec moi-même et avec ceux qui pesaient sur ma destinée.

Croiriez-vous que sans égard pour mes goûts sédentaires, ma femme m'encourage à faire un voyage à Rome ! Vous savez que j'ai là de vieux amis que je comptais y rallier et dont la science me promettait un résultat heureux, à l'expresse condition de rester longtemps avec eux et de faire tranquillement les pérégrinations diverses qu'on peut désirer pour connaître un peu l'Italie. Mais voilà que mes amis m'annoncent qu'ils rentreront chez eux le 25 novembre et dès lors ce voyage n'est plus qu'un déplacement fatigant auquel je résiste.

Rome, le 14 novembre 1874.

Vous allez être bien étonnée de recevoir de la ville éternelle les félicitations au sujet de la réélection de votre cher mari, ce n'est pas que j'estime plus qu'ils ne valent les maudits électeurs, mais vous teniez tous les deux au succès, et c'est une satisfaction que je suis heureux de vous voir acquise. Je félicite surtout la ville qui peut se flatter d'être représentée sur place et au département par un honnête homme; toutes les villes n'en peuvent pas dire autant. Vous savez mon aversion pour les départs, eh bien ! j'ai fini par céder à la double pression de mes amis et de ma femme et me voilà séparé de mon gîte par un nombre illimité de kilomètres et une série de plus de cent tunnels. Si j'eusse été seul, je mettais mon sac sur un paquebot ex-impérial et j'arrivais sans labeur sur la côte d'Italie. Enfin nous voilà, allant dès que le temps le permet, du Vatican au Colysée, puis aux Thermes des empereurs romains, trouvant sur la route des églises remplies de chefs-d'œuvre tant et si bien qu'on finit par n'avoir plus le sens clair et net de ce qui est beau, passable ou mauvais; à ces causes je réserve les musées du Vatican pour la bonne bouche et je dépenserai ce qui me reste de jugement pour les grands génies qui y ont marqué leur trace. Pour des touristes, même aussi peu sérieux que nous le sommes, il est certain qu'il est fort regrettable de ne plus retrouver la Rome papale et toute sa nombreuse population ecclésiastique. Rien n'est bête et bêtement fier comme les hommes et les choses d'un gouvernement sorti d'une ou plusieurs révolutions : les Piémontais font tache sur la ville des Papes; ils ont traité Rome en pays conquis, ont chassé moines et moinesses de leurs couvents et y ont établi des soldats et des commis de ministère, tout cela est plat et vulgaire, toute idée religieuse mise à part ;

la ville papale sillonnée de moines, de prélats, de gens d'église de toute sorte et de tous pays, de cérémonies religieuses avec leur pompe et leurs cortéges, plus les étrangers venus, les uns pour accomplir un vœu ou un devoir, les autres pour assister aux solennités toujours renaissantes, tout cela était nouveau, unique, et marqué de cachet ; aujourd'hui des soldats, des officiers, des employés, gardes montantes ou descendantes, noms sans éclat, tout cela est bien plat. Beaucoup de prêtres néanmoins, mais malheureux, misérables, qui n'ont plus l'assurance que donnait l'existence assurée du couvent.

Au-dessus de tout cela, le Pape qui ne sort plus du Vatican, mais qui y est visité par l'Europe entière, regretté de ses sujets romains et entouré de la plus grande considération que donnent une indépendance de caractère et de position aussi nettement maintenue.

Victor-Emmanuel ne vient à Rome que lorsqu'il ne peut faire autrement, il semble y marcher sur un sol qui lui brûle les pieds, il y est toujours sans aucun appareil de royauté et s'en va dès qu'il a fini de donner les ordres et signatures indispensables. De ces deux figures royales, il n'est personne en dehors des révolutionnaires de bas étage, qui ne puisse avoir pour l'une la sympathie et le respect, pour l'autre un sentiment de pitié et quelque peu de mépris, en voyant tant de puissance matérielle acquise et si peu de prestige conservé.

Il fait depuis deux jours un temps de chien et tous les moments dérobés aux courses sont des moments perdus. Je vais cependant tâcher d'aller à la Porta del Popolo en revenant par le Pincio et la Trinité-du-Mont.

A M. Georges Rohault de Fleury

Naples, le 1er décembre 1874.

Mon cher Georges,

Je vous écris à Paris pensant bien que vous aurez utilisé votre premier repos pour rejoindre le gîte, et si vous l'avez atteint sans encombre, je ne puis que vous féliciter d'être à la fin de vos voyages. Quant à moi, je soupire après le moment où je retrouverai mon lit, mes habitudes et mon absence de toute préoccupation de départ et d'arrivée. Notre voyage à Naples s'est fait sans trop de fatigue, mais depuis le jour de l'arrivée le temps est mauvais et nous avons eu pour nous loger des embarras et des ennuis. Enfin cela finira bientôt et j'aurai enfin un peu de repos.

J'ai eu beau parcourir les guides, je n'ai pu trouver l'indication de l'église de Sainte-Restitute; les gens de l'hôtel que j'ai consultés ne savaient guère où elle était. J'ai découvert tout seul que ce temple est une sorte d'annexe de la cathédrale de Saint-Janvier et je compte y aller au premier moment pour remplir votre commission. Je n'ai pas encore trouvé le photographe français que vous m'avez indiqué, je ferai de mon mieux pour aboutir.

J'espère que votre cher père aura bien fait son voyage et que vous êtes tous deux au comble de vos vœux, ayant en portefeuille les éléments de vos travaux, et surtout à côté de vous, tous les membres de la famille. Vous n'aurez certainement pas oublié de rappeler le vieil ami au souvenir de Marguerite, et vous lui aurez dit que j'ai gardé toujours l'affection qu'elle m'a inspirée. Je serais heureux de la revoir, mais je crois que je perds un peu beaucoup la faculté de voyages que je pouvais avoir. La vie d'hôtel, le lit d'hôtel, la préoccupation constante du lendemain, le tout couronné par l'énorme fatigue du chemin de fer, m'a mené au terme de mes forces. Cependant il en est des voyages comme du mal de mer, qui est oublié dès que la fatigue est passée.

Naples perd les trois quarts de son charme à la vue de mauvais temps. Je reviens du Musée, abîmé de fatigue et n'ayant trouvé que des choses très-curieuses, sans doute, mais très-inférieures à ce qu'on trouve à Rome. Pour l'un et pour l'autre, il faudrait avoir le temps devant soi et surtout une grande tranquillité d'esprit et de corps, ce qui n'existe que lorsqu'on a un *chez soi*.

Je ne vous dis pas de m'écrire ici, je ne pense pas que le séjour soit désormais assez long pour avoir le temps de recevoir une lettre, mais vous pourrez me donner de vos nouvelles à Toulon où je trouverai votre lettre. Soignez bien votre cher père et, entre autres choses, tempérez son ardeur au travail; il faut à notre âge tout prendre avec mesure, même ce qui est excellent. J'espère que toujours vous serez arrivés en bonne santé! et que l'hiver qui vous eût été si rude à Rome, vous sera doux sous le toit paternel.

Toulon, le 31 décembre 1874.

Mon cher Georges,

C'est de Toulon, c'est de la terre de France que je vous donne de mes nouvelles, et jamais homme ne ressentit une plus grande joie, une satisfaction plus complète que celle qui m'advint quand je me sentis sur cette terre bénie, échappé enfin aux Italiens, à leurs ruses, à leur mauvais esprit, à leurs mauvais lits, à leurs mauvaises intentions, etc. Je tomberais dans les exagérations du lyrisme si je vous décrivais les sensations que me produisait le parcours de la frontière à mon gîte, où je suis rentré avec la joie que doit avoir un vieux lièvre qui a échappé aux crocs des chiens et aux balles des chasseurs.

A peine partis, le mal s'est emparé de votre vieil ami, et j'ai lutté pendant tout le reste de ma campagne contre des douleurs néphrétiques qui à Pise sont devenues assez fortes pour m'obliger à recourir à M. Savi pour avoir l'assistance d'un médecin ; j'ai eu beaucoup à me louer des services qu'ils m'ont rendus et qui se résumaient dans la demande de me mettre en état de franchir la distance qui me séparait de ma maison. J'ai eu là un bien grand plaisir à apprendre que votre voyage s'était accompli heureusement et que le bien-être de la vie de famille dans votre maison avait mis fin aux inquiétudes que vous donnait la santé de mon vieil et cher ami.

Enfin nous voilà, grâce à Dieu, tous dans la meilleure situation pour voir venir, et ce n'est pas une mince satisfaction pour moi que de rassurer votre trop scrupuleuse conscience et d'effacer les regrets que vous semblez avoir d'être pour quelque chose dans ces misères du voyage. Tant que vous avez été là, j'allais, j'allais, vous êtes partis et alors s'est retrouvée dans toute sa vérité ce qui caractérise votre pauvre ami, il est très-bien représenté par le chiffre o en arithmétique, ou le gaz azote en chimie, quand il est accolé à un chiffre, il augmente ou diminue la valeur du chiffre suivant ; il est inerte comme l'azote, à moins qu'on ne le combine pour en faire des solutions actives, tantôt excellentes, tantôt mortelles, mais qui enfin ont une valeur et une action.

Aujourd'hui je suis redevenu le o; et je ne fais autre chose que ramener la santé qui semblait vouloir s'enfuir avant l'heure; le bien-être, le bon lit, les bons soins, l'absence de toute préoccupation voyageuse ont déjà produit leurs bons effets et on cherche ce qu'il y a de détraqué dans la machine pour la remettre en état de fonctionner.

A Monsieur Picquet

Toulon, le 4 janvier 1875.

Elles sont arrivées à bon port vos grasses messagères, et un de ces jours nous rassemblerons autour d'elles quelques amis pour unir nos souhaits et nos toasts sur les noms de nos chers Jurassiens. Nous n'oublierons pas la gracieuse jeune dame qui nous a visités et à laquelle nous n'avons pu offrir qu'une hospitalité boîteuse de gens détraqués par leur odyssée récente.

Mme Perrot vous aura dit qu'elle nous a trouvés au débotté de notre aventure italienne; j'ai rapporté de là les souffrances d'une affection néphrétique qui s'est aggravée par la fatigue, le mauvais temps, et la mauvaise humeur que me causaient l'éloignement de mon foyer et l'absence de tout secours sympathique dans un pays trop plein de spirituels égoïstes et d'insupportables ingrats. Enfin me voilà rentré au terrier et ne trouvant rien de beau, de bon, d'hospitalier autant que notre France, le plus beau royaume après le Paradis, comme le disait l'infortunée Marie Stuart. Ah ! qu'elle m'a paru belle en y entrant il y a à peine quelques jours et il a suffi du repos, du bien-être de mon modeste intérieur pour ramener un peu de bien dans cette vieille machine plus que septuagénaire qui n'est plus bonne qu'à finir sur place.

Avec votre amie de Saint-Amour nous avons ourdi des complots charmants quoiqu'un peu subversifs. D'abord votre mère doit au printemps retrouver ses frères, et vous et Mme Perrot vous vous échappez un beau jour avec votre cher mari et vous venez voir si Toulon est toujours à sa place, si sa mer est toujours bleue, son soleil brillant, si le jeune amiral est toujours fidèle à sa vocation et si les vieux amis sont toujours bons à quelque chose; ils le seront à coup sûr à vous aimer toujours comme autrefois.

Si le beau temps qui s'est fait ici dure, vous me permettrez de vous renvoyer votre boîte à volaille meublée de quelques fruits, les seules choses qui puissent vous être envoyées dans votre plantureuse et gentille ville. J'avais songé à en charger Mme Perrot, mais elle se faisait suivre de ses petits embarras personnels et j'ai préféré attendre la fin des gelées. Il paraît que vous avez été étrillées de main de maître par la neige; j'espère que vous aurez tous traversé cette crise sans encombre, je le souhaite surtout pour votre mère. Je ne vous demande pas de détails sur les menées politiques de mon bon vieil ami; et voilà comment on récompense de son dévouement et de ses sacrifices un honnête homme qui met ses facultés au service de ses concitoyens, sans autre pensée que le désir de leur être utile !

Grâce à la position momentanée du commandant du *Seignelay*, nous avons pu faire toucher du doigt à Mme Perrot les charmes d'un navire... en armement. Nous avons assisté à un petit goûter offert à des gamins presque tous de la Seyne, et elle vous aura rapporté ses impressions et fait part de la deuxième partie de cette aventure qui doit avoir lieu quand elle sera reprise du désir de revoir son fils à je ne sais quelles vacances futures. Alors nous nous reverrons j'espère quelques jours et je ne serai pas aussi écloppé que je l'étais ces jours-ci.

Toulon, le 12 janvier 1875.

Je fais mettre aujourd'hui au chemin de fer une boîte de mandarines à votre adresse, je sais que le parfum et le jus de cette gentille orange sont agréables à Mme Picquet.

Ayez la bonté de dire à M. et Mme Perrot que nous avons reçu leur carte de bonne année et que vous êtes priés de les remercier, en leur transmettant nos meilleurs souhaits. J'aurais bien besoin des bons conseils de M. Perrot, car j'ai bien de la peine à reprendre la complète jouissance de ma vieille carcasse que j'ai eu la sottise de détraquer dans mon dernier voyage d'Italie, les reins et tout ce qui s'en suit fonctionne mal et l'influence de vifs dérangements se faisant sentir sur les organes de la digestion, je suis absolument bon à rien.

Il faut espérer que le beau temps aidant, les choses reviendront à peu près à leur poste ; mais c'est un avertissement et si la santé ne revient pas il n'y aura plus qu'à se soumettre et à suivre les progrès de la décadence.

Où en êtes-vous de vos aventures politico-administratives?
Vos compatriotes devraient vous élever des statues pour tant
de dévouement désintéressé et ils s'obstinent à vous tourmenter, ainsi vont les choses du haut en bas! Cela dégoûterait du
patriotisme; quant à la République elle est jugée comme n'étant
propre qu'à ruiner le pays et le déconsidérer au dedans et au
dehors.

Nous verrons-nous quelques jours au printemps? c'est si vite
accompli ce petit voyage, quand on se porte bien.

TABLE DES MATIÈRES

Avant-Propos... v
Notice Biographique.. VII

Campagne du Chili.. 1
Campagne de Grèce.. 22
Campagne du Brésil... 56
Campagne dans le Levant...................................... 69
Campagne d'Italie.. 91
Campagne du Canada... 128
Années de retraite 159
Voyage à Rome.. 319
Les dernières lettres.. 326

Bourges. — Typ. Pigelet et Fils et Tardy.